PARA EMPEZAR:
EXPLORACIONES

Dave McAlpine
University of Arkansas at Little Rock

Leon Book
Southeast Missouri State University

Karen Cárdenas
South Dakota State University

Paul J. Hoff
University of Wisconsin, Eau Claire

**Workbook/
Laboratory
Manual**

A Companion to
*Para empezar:
Interacciones*

McGraw-Hill, Inc.

New York   St. Louis   San Francisco   Auckland   Bogotá   Caracas
Lisbon   London   Madrid   Mexico City   Milan   Montreal   New
Delhi   San Juan   Singapore   Sydney   Tokyo   Toronto

This is an  book.

Para empezar: Exploraciones
Workbook/Laboratory Manual
A Companion to *Para empezar: Interacciones*

2 3 4 5 6 7 8 9 SEM SEM 9 0 9 8 7 6

ISBN: 0-07-044980-5

This book was set in Palatino on a Macintosh computer by Linda J. Smith.

The editors were Thalia Dorwick, Susan Lake, Danielle Havens, and Carol Dondrea; the production supervisor was Louis Swaim.

Drawings were done by Tim Jones.

Semline was printer and binder.

Grateful acknowledgment is made for the use of the following readings:

Page 273, Adapted from *México desconocido;* **314,** Adapted from *Hombre internacional;* **314,** Adapted from *Muy interesante;* **315,** Adapted from *Hombre internacional.*

Contents

Capítulo 4   Las viviendas   *91*

Conceptos   *91*

Ejercicios escritos   *95*

Capítulo 9   Los eventos de la vida   *233*

Capítulo 10   El ambiente   *263*

Capítulo 11   **Las comunicaciones**   285

Capítulo 12   **Los hispanos en los EE. UU.**   305

To the Student

Welcome to *Para empezar: Exploraciones,* the companion text to *Para empezar: Interacciones.* This combined workbook and laboratory manual is truly different from others in that it is designed to function as a companion to *Interacciones,* not merely as its supplement.

The chapters in *Exploraciones* directly correspond to the chapters in *Interacciones* and present the material in the same order. Both written and oral exercises have been designed to allow you to integrate the material you have learned at each stage of the program and practice your Spanish on your own, outside of the classroom.

The chapters in *Exploraciones* contain the following sections:

Conceptos (in Chapters 1–9)

Ejercicios escritos

Ejercicios de laboratorio

CONCEPTOS

Unique to this volume are the **Conceptos** sections at the beginning of the first nine chapters. These sections consist of additional charts, examples, and explanations of the grammar presented in *Interacciones.* As a convenience to you, these sections are grouped together at the beginning of each chapter and can thus be saved for easy reference and review, facilitating your own independent study of Spanish.

EJERCICIOS ESCRITOS

Ejercicios escritos, the workbook portion of the program, is designed to give you additional written practice based on the dialogues, vocabulary, and grammar from *Interacciones.* This component includes the following sections and features:

DIÁLOGO(S)   Additional written exercises based on the dialogues interspersed throughout each chapter of *Interacciones.* The exercise types include multiple-choice, true/false, fill-in-the blank, and matching.

VOCABULARIO   Written exercises based on the theme vocabulary presented in the corresponding sections in *Interacciones.*

CONCEPTO   Additional written practice with each grammar point.

FACETAS CULTURALES   Additional cultural information on Hispanic peoples and places. (Not presented in all chapters.)

A PROPÓSITO   Presentation of a new grammar point, followed by a set of exercises. (Not presented in all chapters.)

RECOMBINACIÓN   Parallel to the **En acción** section in *Interacciones. Recombinación* integrates the material presented throughout the chapter.

EJERCICIOS DE LABORATORIO

Ejercicios de laboratorio, the laboratory manual portion of the program, is designed to give you extensive practice in listening to and speaking Spanish as well as practice with pronunciation. You will hear authentic Spanish spoken by a variety of people in the **Diálogos** from *Interacciones* as well as other conversations, advertisements, and examples of real language. This component includes the following sections and features:

PRONUNCIACIÓN   An introduction to the Spanish sound system. Emphasis is on the sounds considered to be challenging for non-native speakers of Spanish.

DIÁLOGO(S)   Extensive listening practice with the same dialogues you have read in *Interacciones*. Practice includes repetition, listening for specific information, and responding to follow-up questions.

VOCABULARIO   Listening and speaking activities based on the theme vocabulary presented in the corresponding sections in *Interacciones*. Both recognition and speaking activities are included.

CONCEPTO   Listening and speaking practice with each grammar point.

EN ACCIÓN   Parallel to the **En acción** section in *Interacciones*. This section integrates the material presented throughout the chapter.

As in *Interacciones*, the final three chapters of *Exploraciones* follow a different structure from previous chapters and give you the opportunity to review and practice the concepts and topics presented in Chapters 1–9. Additional readings and art-based activities appear in the workbook portion and additional dialogues in the laboratory component. Because no new grammar is presented, you will have every opportunity to master and internalize the language presented in previous chapters.

With these two companion volumes, you will have ample opportunities to acquire many skills in Spanish. After working with them, you will have learned to get into and out of simple social situations, to describe yourself and others, and to discuss feelings and attitudes, as well as everyday topics such as your family and your routine and leisure-time activities. You will also be able to talk about the past and the future. And you will know a lot about the rules of Spanish grammar. In short, you will be well on your way to becoming proficient in Spanish!

To the Instructor

WHAT IS *EXPLORACIONES*?

Para empezar: Exploraciones is the companion volume to *Para empezar: Interacciones*. It is not a typical workbook or ancillary. Rather, it is an integral part of the *Para empezar* program for beginning Spanish, providing explicit instruction and language experiences with the dialogues, vocabulary, and grammar of the student text.

HOW IS *EXPLORACIONES* ORGANIZED?

The materials in *Exploraciones* will allow you to teach deductively and provide students with additional practice outside of class (or in class, if you use *Exploraciones* in that setting). Each chapter contains the following sections:[*]

Conceptos (in Chapters 1–9)

Ejercicios escritos

Ejercicios de laboratorio

Conceptos sections offer ample grammar explanations that expand on the succinct presentations in *Interacciones;* they can serve as springboards to your own explanations of grammar and will help students study and review outside of class. Practice materials of many kinds—oral/aural and written—are included for all grammar topics as well as for **Diálogos** and **Vocabulario** sections. Review/reentry in each chapter provide innovative formats for integration and review of the material found in each chapter as well as throughout the program.

Many exercises in *Exploraciones* lend themselves to self-correction, and an **Answer Key** is provided in the *Instructor's Manual* for you to copy and distribute to students if you wish. Many exercises and activities are open-ended, however. Designed to be prepared by students outside of class, they can serve as the basis for in-class discussion or activities or be handed in and reviewed or graded by you, as you prefer.

WHAT IS UNIQUE ABOUT *EXPLORACIONES*?

The grammar sections (**Conceptos**) in *Exploraciones* and their relationship with *Interacciones* is the most unique feature of this workbook/laboratory manual. The materials in *Interacciones* are designed for you to use with students in class, to help students learn inductively. *Exploraciones,* in contrast, is designed to help you teach—and help students learn—deductively, using grammar rules and paradigms as a point of departure for instruction.

An example may be helpful. To teach the forms of the preterite of regular verbs, you may choose to provide students with extensive exposure to such forms via the activities in *Interacciones;* in this way many students will induce the forms and their meanings. The personalized, interactive activities in that volume build to the grammar explanation at the end of each **Concepto** section. Many instructors will wish to supplement that practice with exercises from *Exploraciones*. In contrast, you may prefer to begin with the more detailed paradigms and examples in the **Conceptos** section of *Exploraciones,* cover some of the exercises in that volume, then move toward the activities in *Interacciones*. The materials provide that option at all times.

---

[*] See *To the Student* for a detailed discussion of what is contained in each section.

WHY ARE THE **CONCEPTOS** SECTIONS AT THE BEGINNING OF EACH CHAPTER?

The **Conceptos** grammar sections in this volume appear at the beginning of each chapter (in contrast with *Interacciones*, in which **Concepto** sections appear throughout the chapters). This organization of the materials is purposeful. It allows students to tear out and hand in the exercises and activities in the rest of the chapter and leave the **Concepto** sections intact for further study and/or review. Exercises and activities coordinated with the **Concepto** sections occur throughout the **Ejercicios escritos** and **Ejercicios de laboratorio** sections.

Whether you decide to teach deductively or inductively, the *Para empezar* program offers numerous exercises and activities in both volumes that will engage your students in the learning process. We hope you will be pleased by how they will interact with you and with each other via these materials.

About the Authors

Dave McAlpine is Professor of Spanish and Director of the Division of International and Second Language Studies at the University of Arkansas at Little Rock, where he also directs the masters program in second language education. He received his B.A.E. from Wayne State College, his M.A. from the Universidad Internacional, and his doctorate from the University of South Dakota. McAlpine is Chair of the Central States Conference on the Teaching of Foreign Languages.

Leon Book is Associate Professor of Foreign Languages at Southeast Missouri State University in Cape Girardeau, where he teaches all levels of Spanish as well as methodology and other education courses. He is an active member of the Foreign Language Association of Missouri and has served on the Board of Directors of the Central States Conference on the Teaching of Foreign Languages. He received his B.S.Ed. and M.A.Ed. from Southeast Missouri State and his Ph.D. from Florida State University.

Karen Hardy Cárdenas is Professor of Spanish and Head of the Department of Foreign Languages at South Dakota State University. She received her B.A. from Grinnell College and her M.A. and Ph.D. from the University of Kansas. She has taught a wide variety of courses in Spanish language, literature, and culture. She is active in the profession, having held offices in her state organization as well as having served as Recording Secretary for the Central States Conference on the Teaching of Foreign Languages.

Paul J. Hoff is Assistant Professor of Spanish and Coordinator of Latin American Studies at the University of Wisconsin, Eau Claire, where he teaches courses in Spanish language, civilization, and foreign language methodology. He has worked extensively with the Concordia Language Villages, most recently as Dean of the Spanish Language Village. Professor Hoff received his Doctor of Arts degree in Spanish and Education from Syracuse University. He has presented numerous papers and workshops and has published articles on Spanish literature, methodology, and study abroad.

Encuentros

CONCEPTOS

Los pronombres personales (página 10)

pronombre	inglés	comentarios
yo	*I*	not capitalized
nosotros	*we*	all-male or mixed group
nosotras	*we*	all-female group
tú	*you (singular)*	informal; note accent mark
vosotros	*you (plural)*	informal; commonly used in Spain, rarely in Mexico and most of Latin America; all-male or mixed group
vosotras	*you (plural)*	informal; commonly used in Spain, rarely in Mexico and most of Latin America; all-female group
usted (Ud.)	*you (singular)*	formal
ustedes (Uds.)	*you (plural)*	informal and formal in Mexico and most of Latin America, formal in Spain
él	*he*	note accent mark
ella	*she*	remember: ll = English *y* sound
ellos	*they*	all-male or mixed group
ellas	*they*	all-female group

Speakers of Spanish convey politeness and formality not only by their tone of voice but also by the form of address they use when speaking to others. Generally, familiar pronouns are used with people you address on a first-name basis, whereas the formal **usted (Ud.)** and **ustedes (Uds.)** are used with all others.

When in doubt, use formal address. Although the pronoun **ustedes** is used to address a group of friends in most of the Hispanic world, **vosotros/vosotras** is used primarily in Spain. What word or phrase do you use for the word *you* in English when addressing a group?

The pronouns presented in *Para empezar* are regarded as standard throughout most of the Spanish-speaking world. However, you might hear others used, such as **vos**, which is frequently used to address a friend in Argentina and parts of Central America.

El verbo *estar* (página 14)

estar (*to be*)			
(yo) estoy *I am*		(nosotros) estamos (nosotras) estamos } *we are*	
(tú) estás (Ud.) está } *you are*		(vosotros) estáis (vosotras) estáis (Uds.) están } *you are*	
(él) está *he/it is (m.)* (ella) está *she/it is (f.)*		(ellos) están (ellas) están } *they are*	

Los artículos (página 21)

	DEFINITE			INDEFINITE	
	the			*a, an; one*	*some*
	SINGULAR	PLURAL		SINGULAR	PLURAL
MASCULINE	el	los	MASCULINE	un	unos
FEMININE	la	las	FEMININE	una	unas

DEFINICIONES

A **noun** is a person, place, thing, or idea.

Gender refers to whether a word is grammatically masculine or feminine. Most nouns that end in **-o** are masculine, whereas most nouns that end in **-a** are feminine: **el golfo, un lago; la playa, una isla.** There are a few exceptions, for example **el mapa, el papá, el pijama, el policía; la foto, la radio.**

The gender of nouns that do not end in **-o** or **-a** should be memorized.

el autobús	la calle
el bosque	la ciudad
el mar	la estación
el volcán	la postal

Number refers to whether a word is grammatically singular or plural. **El, la, un,** and **una** are singular articles; **los, las, unos,** and **unas** are plural. Nouns that end in a vowel are made plural by adding **-s,** whereas those ending in a consonant are made plural by adding **-es.**

la meseta	las mesetas
el mar	los mares

¡OJO! Be careful when changing the number of nouns. Some nouns take accent marks in the singular form but not in the plural: **el autobús / los autobuses, la estación / las estaciones, el volcán / los volcanes.** Other nouns take accent marks in the plural form but not in the singular: **el examen / los exámenes, el joven[1] / los jóvenes.** The use of written accent marks is very predictable. If a word ends in a vowel, **-n,** or **-s,** stress normally falls on the next-to-the-last syllable: **au-to-*bu*-ses, *bos*-que, es-ta-*cio*-nes, e-*xa*-men, *jo*-ven, *tie*-nes.** If a word ends in any other consonant, stress normally falls on the last syllable: **es-pa-*ñol*, u-ni-ver-si-*dad*.** The primary use of written accent marks in Spanish is to indicate stress that differs from what would be expected based on the spelling of the word: **au-to-*bús*, es-ta-*ción*, e-*xá*-me-nes, *jó*-ve-nes, *Mé*-xi-co, vol-*cán*.**

[1]*young man*

Los adjetivos (página 23)

Even though most of the adjectives that you have seen thus far describe people, adjectives agree with whatever noun they modify. In Spanish, adjectives that end in **-o** or **-dor** have four forms, and indicate whether the nouns they modify are masculine or feminine, singular or plural. Most other adjectives have two forms, indicating only whether the nouns are singular or plural.

El profesor está furios**o**.	*The (male) professor is furious.*
La profesora está furios**a**.	*The (female) professor is furious.*
Unas ciudades mexicana**s** son grand**es**.	*Some Mexican cities are large.*
Las carreteras estadounidens**es** son buen**as**.	*The U.S. highways are good.*

Adjectives follow patterns in showing such gender and number agreement.

-o / -a	-e	-ista
aburrido aburrida	estadounidens**e** estadounidens**e**	pesim**ista** pesim**ista**
aburri**dos** aburri**das**	estadounidens**es** estadounidens**es**	pesim**istas** pesim**istas**

-dor(a)	ANY OTHER ENDING*
habla**dor** habla**dora**	mejor mejor
habla**dores** habla**doras**	mejor**es** mejor**es**

---

*¡OJO! **Bien** (*fine, well*) and **mal** (*ill, poorly*) are adverbs and do not change in form.

Luis está bien y Luisa está bien. Pero Juan y Juana están mal.

EJERCICIOS ESCRITOS

DIÁLOGOS: En la estación de autobuses   (página 6)
En la universidad

A **Saludos y despedidas.** Write three greetings and three ways to say good-bye found in the dialogues.

SALUDOS   DESPEDIDAS

Hola, Tina, ¿Qué tal?   *adios*

Buenas Tardes,   *choa*

Oye, Joaquin, ¿Qué pasa?   *Hasta Luego.*
                                          see you later.

B **¿Qué recuerdas tú?** Using information from the dialogues, complete each sentence by writing the appropriate letter in the blank provided, as in the example.

EJEMPLO: David y Elena están __C__ .
           a.   en México   b.   en Monterrey   c.   en Tejas

1.   Elena y su familia están _____ .
     a.   bien   b.   mal   c.   nerviosos

2.   Los miembros del Club Hispánico están _____ .
     a.   en la estación de   b.   en una fiesta de   c.   en Laredo
          autobuses   despedida

3.   Jorge habla con[1] _____ .
     a.   el profesor Ramos   b.   Tomás   c.   Joaquín

4.   La fiesta ocurre _____ .
     a.   el lunes   b.   en el día   c.   en la noche

5.   El profesor Ramos está _____ .
     a.   bien   b.   mal   c.   nervioso

6.   Según[2] Joaquín, ¿qué pasa? _____ .
     a.   Una fiesta   b.   Nada   c.   El autobús

[1]habla... *is talking, speaking to*   [2]*According to*

FACETA CULTURAL: Los apellidos hispánicos   (página 7)

¿Cómo se llama? Fill in the blank with the complete name of the following members of the **Club Hispánico**, as in the example.

EJEMPLO: Carmen, daughter of José Campos Medina and Nacha Olivares Santos →

Carmen Campos Olivares

1. Felipe, son of Felipe Castro Wu and Lola Valenzuela Sánchez

_____

2. Alfonsina, daughter of Julio Gutiérrez García and Consuelo Mena Villa

_____

3. Tomás, son of Jorge Garibaldi Torres and Felicia Rodríguez Pasos

_____

4. Luisa, daughter of María Carmen López de la Cruz and Luis de la Vega Velásquez

_____

VOCABULARIO: Los saludos y las despedidas (página 8)

A **¿Saludo o despedida?** Write an S to indicate the expressions that are **saludos** and a D to indicate the **despedidas**.

1. _D_ Nos vemos. – will see you.
2. _S_ ¿Cómo estás?
3. _D_ Adiós.

4. _D_ Que te vaya bien. Hope everything goes well.
5. _S_ ¿Qué pasa?
6. _D_ Chao.

B **Un saludo apropiado.** Write four different greetings you could use with the people in the drawings, along with the responses that they might have.

señora[1] García de Muñoz —1:30 de la tarde

1. Buenas Tardes ¿Comó está usted?
Muy bien, Carlos.. ¿Y tú?

David —9:20 de la noche

Buenas noches

2. ¿Qué pasa?
Nada. ¿Y contigo?

profesora Martínez —8:35 de la mañana

3. Buenos días ¿Comó está usted?
Bien, gracias. ¿Y Tú?

Elena —4:00 de la tarde

4. Buenas Tardes ¿Que tal?
Nada de particular

[1]Mrs.

C **Dialoguitos incompletos.** Complete the following exchanges with an appropriate expression.

1. TOMÁS: Chao, Joaquín. _adios. Que te vaya bien._

   JOAQUÍN: Gracias, Tomás. _No problema, nos vemos._

2. ALFONSINA: _Chao, Maria, Hasta luego._

   MARÍA: Hasta el lunes, Alfonsina.

3. LUISA: _Hasta luego._

   FELIPE: Hasta mañana, Luisa.

VOCABULARIO: Los números del 0 al 99   (página 9)

A **¿Qué número sigue[1]?** Write each given Spanish number in digits; then write out the number that numerically follows it, as in the example.

EJEMPLO:	diez →	10	once
1.	cero	0	uno
2.	tres	3	quarto.
3.	seis	6	siete.
4.	catorce	14	quince.
5.	veinticinco	25	veintiséis
6.	cuarenta y cuatro	44	cuarenta y cinco.
7.	cincuenta y siete	57	cincuenta y ocho
8.	sesenta y dos	62	sesenta y tres
9.	ochenta y uno	81	ochenta y dos
10.	noventa y ocho	98	noventa y nueve.

[1]follows

B **Intervalos.** Complete each sequence, as in the example.

EJEMPLO: dos, tres, cuatro, → _cinco_

1. cinco, diez, quince, _viente._
2. cero, veinticinco, cincuenta, _setenta y cinco._
3. dos, cuatro, ocho, dieciséis, _diez_
4. veinte, cuarenta, sesenta, _Ochenta._
5. treinta y cinco, cuarenta y dos, cuarenta y nueve, _cincuenta y seis._

C **Matemáticas.** Write out the following math problems and their answers, as in the examples.

EJEMPLOS: 5 + 5 = → *Cinco más cinco son diez.*

21 − 14 = → *Veintiuno menos catorce son siete.*

1. 23 + 13 = _____

2. 62 + 35 = _____

3. 79 − 57 = _____

4. 43 − 19 = _____

5. 87 − 71 = _____

CONCEPTO: Los pronombres personales   (página 10)

A **Singular → plural.** Give the plural of the following singular subject pronouns.

1. él   ellos.

2. yo (*feminine*)   Nosotras.

3. usted   ustedes.

4. ella   ellas.

5. tú (*masculine*)   Vosotros.

B **Plural → singular.** Give two singular subject pronouns that could make up the group referred to by the plural subject pronoun. Specify sex where appropriate, as in the example.

EJEMPLO: vosotras → *tú (female), tú (female)*

1. nosotras _____

2. ellos   _____

3. ustedes _____

4. vosotros _____

C **¿Qué pronombre usas?** For each person or group listed, write the subject pronoun that is used to talk about the person or group. Then write the subject pronoun used to address them directly, as in the example.

	TO TALK ABOUT	TO TALK TO
EJEMPLO: mamá →	*ella*	*tú*
1. una amiga	_____	_____
2. un profesor	_____	_____
3. una profesora	_____	_____
4. dos amigas	_____	_____
5. dos profesores	_____	_____

D **Un esquema.** Fill in the chart with the appropriate pronouns.

SINGULAR	PLURAL
_yo_	{ _Nosotros._ nosotras
_Tú_	{ vosotros vosotras
usted	_ustedes._
_él_	ellos
ella	_ellas._

DIÁLOGOS: Por teléfono
 En la universidad (páginas 12, 13)

¿Qué recuerdas tú? Using information from the dialogues, complete each of the following sentences by writing the appropriate letter for each possible completion in the blank provided, as in the example.

EJEMPLO: David está _a, c_ .
a. en la aduana   b. en México   c. en Tejas

1. Elena está _____.
a. en la aduana   b. con David   c. cerca

2. David y Elena están _____.
a. contentos   b. bien   c. enfermos

3. Ana está _____.
a. aquí   b. en México   c. en Wisconsin

4. Marisol está _____.
a. muy bien   b. en clase   c. enferma

5. Los libros del profesor Ramos están _____.
a. en la aduana   b. en un pupitre   c. en la clase

6. La biblioteca está _____.
a. cerca   b. en la universidad   c. en la aduana

CONCEPTO: El verbo *estar* (página 14)

A **Un encuentro con Pilar.** Imagine that you happen to run into Pilar Moreno, an exchange student who attended your high school with her brother, Carlos. Fill in the blanks to complete the questions you might ask Pilar, then choose an appropriate response for each from the list provided and write it in the blank, as in the example.

Estoy bien, gracias. Estás furioso. Están ocupados.
Está regular. Estamos muy bien. Está enferma.

EJEMPLO: Pilar, ¿cómo _estás_ ?
Estoy bien, gracias.

1.   ¿Cómo _____ Carlos?
_____

2.   ¿Cómo _____ tu abuelita?
_____

3.   ¿Cómo _____ tú y tu novio?
_____

B   **¿Dónde están?** Complete the conversations between Elena and her aunt Ana, as in the examples.

EJEMPLO: ANA: ¿David / Nuevo Laredo? → _¿David está en Nuevo Laredo?_

ELENA: no / Laredo → _No, está en Laredo._

1.   ANA: ¿(tú) / Laredo?   _____

ELENA: sí / Laredo   _____

2.   ANA: ¿ustedes / un café?   _____

ELENA: no / la aduana   _____

3.   ANA: ¿la abuela / Saltillo?   _____

ELENA: no / Monterrey   _____

4.   ANA: ¿tus primos / Puebla?   _____

ELENA: sí / Puebla   _____

C   **En la universidad.** Carmen is explaining to Professors Ramos and Martínez how difficult it is to schedule a meeting of the **Club Hispánico.** Club members Celia and Alfonsina are also there. Complete Carmen's sentences with the appropriate form of **estar.**

Ay, profesores. ¡Esto[a] es imposible! Mañana, a las cuatro, Felipe _está_[1] en la clase de álgebra, y Tomás y Joaquín _están_[2] en la clase de historia. Y tú, Alfonsina, tú _estás_[3] en la clase de historia, ¿no? Mañana a las siete no podemos[b] porque Jorge y yo _estamos_[4] en el laboratorio de lenguas.[c] Y vosotras estáis en el gimnasio, ¿no es verdad, chicas? El jueves es mal día porque Ud., profesor Ramos, _está_[5] en Chicago, y el viernes es mal día también porque Jorge, Felipe, Tomás, y Joaquín _están_[6] en Chicago para un partido de fútbol.[d] El miércoles yo _estoy_[7] en Chicago con la clase de arte. Profesores, ¿_están_[8] Uds. en la oficina mañana? ¿No? ¡Es imposible!

[a]*This*   [b]*no... we can't*   [c]*languages*   [d]*partido... soccer match*

D **Un esquema.** Fill in the chart with the appropriate forms of **estar**.

estar	
	estamos
	estáis
está	

DIÁLOGOS: Otro encuentro En la universidad (páginas 15, 16)

A **Presentaciones.** Write five expressions used for introductions in the dialogues.

1. _____

2. _____

3. _____

4. _____

5. _____

B **Cortesía.** Write three additional courtesy expressions found in the dialogues.

1. _____

2. _____

3. _____

C **¿Qué palabra falta?** Complete each statement with the most appropriate word from the list.

abuelos   cerca   padrinos
biblioteca   Colombia   Saltillo

1. Ricardo y Francisca Guzmán son de _____ .

2. Los Guzmán son los _____ de Elena.

3. María Gómez es de _____ .

4. La librería está _____ .

5. La librería está junto a la _____ .

VOCABULARIO: Expresiones de cortesía (página 17)

A **Oraciones incompletas.** Complete the following expressions logically.

1. Con _____ .

2. ¡Ay, lo _____ !

3. —Muchas _____ .

—No hay _____ .

4. —Mucho _____ .

   —El _____ es _____ .

B **Dialoguitos incompletos.** Complete these exchanges logically.

1.   ELENA: David, quiero _____ a mi padrino, Ricardo
               Guzmán.

     DAVID: Mucho _____ , señor[1] Guzmán.

   EL SEÑOR GUZMÁN: _____

2.   FELIPE: _____

     LUISA: Encantada, Carlos.

     CARLOS: _____

3.   TOMÁS: _____ , profesor Ramos, ¿hay una librería cerca de aquí?

     PROFESOR: Sí, junto a la biblioteca.

     TOMÁS: _____

     PROFESOR: De nada.

[1]*Mr.*

VOCABULARIO: La geografía   (página 18)

A **Empareja las frases.** Match the definitions in the left column with the geographical features in the right column. Some words will not be used.

1. __i__ una cadena[1] de montañas
2. __f__ un océano o una porción determinada de un océano
3. __k__ una montaña que hace erupción[2]
4. __b__ donde el mar y la tierra[3] están en contacto
5. __a__ un lugar donde hay muchos árboles[4]
6. __h__ un pico[5]
7. __d__ una porción de tierra rodeada de[6] agua
8. __j__ un espacio entre[7] dos montañas

a. un bosque *woods*
b. una costa
c. un desierto
d. una isla
e. una llanura
f. un mar
g. una meseta
h. una montaña
i. una sierra
j. un valle
k. un volcán

[1]*range* [2]*hace... erupts* [3]*land* [4]*trees* [5]*peak* [6]*rodeada... surrounded by* [7]*between*

B **Apuntes geográficos.** Complete these statements with words from the following list. Some words will not be used. You may need to refer to the world maps found in the front of *Interacciones.*

bosque   istmo   península
golfo   llanura   río
isla   océano

1. El _____ Pacífico está al oeste[1] de México.

2. La _____ de Yucatán es un centro de la cultura maya.

[1]*al... to the west*

3. El _____ de Panamá une[2] a Norteamérica con Sudamérica.

4. El _____ de México es la parte del océano Atlántico que está

directamente al sur de los Estados Unidos.

5. Cuba es una _____ en el Mar Caribe.

6. En México, el _____ que divide a México de los Estados Unidos se

llama[3] «Bravo», no «Grande».

[2]joins, unites   [3]se... is called

DIÁLOGOS: En la Avenida Reforma en Nuevo Laredo
En la universidad (páginas 19, 20)

¿Qué recuerdas tú? Complete each sentence by writing the appropriate letter for each possible completion in the blank provided.

1. David y Elena están __C__.
   a. en la calle
   b. en México
   c. en Nuevo Laredo

2. La Avenida Reforma es una __b__.
   a. tienda
   b. calle
   c. autobús

3. Las __A__ en la Avenida Reforma son muy buenas.
   a. tiendas
   b. calles
   c. horas

4. El autobús sale a las __b__.
   a. 2:00
   b. 3:00
   c. 10:00

5. Carmen está __b__.
   a. enojada
   b. preocupada
   c. triste

6. Los alumnos del profesor Ramos están __b__.
   a. nerviosos
   b. aburridos
   c. enojados

7. La familia de Carmen está __C__.
   a. en México
   b. en Wisconsin
   c. en España

8. El examen es a las __C__.
   a. 2:00
   b. 3:00
   c. 9:00

CONCEPTO: Los artículos (página 21)

A Singular → plural. Change the following articles and nouns from singular to plural, as in the examples.

EJEMPLOS: el valle → _los valles_

una amiga → _unas amigas_

1. la montaña _____

2. el lago _____

3. la colina _____

4. el volcán _____

5. un chófer _____

6. una ciudad _____

7. una rectora _____

8. un profesor _*unos profesores.*_

B **Plural → singular.** Change the following articles and nouns from plural to singular, as in the examples.

EJEMPLOS: las playas → _*la playa*_

unos autobuses → _*un autobús*_

1. los mares _*el mar.*_

2. las selvas _*la selva.*_

3. los bosques _*el bosque.*_

4. las bahías _*la bahía.*_

5. unos rectores _*un rector.*_

6. unas estaciones _*una estación*_

7. unos exámenes _*un examen.*_

8. unas oficinas _*una officina*_

C **¿El, la, los o las?** Write the appropriate definite article for the following nouns.

1. _*el*_ compañero

2. _*las*_ abuelitas *grandmother.*

3. _*los*_ primos *cousins.*

4. _*la*_ estación *station.*

5. _*el*_ papá

6. _*el*_ volcán

7. _*los*_ rectores

8. _*la*_ universidad

9. _*el*_ profesor

10. _*las*_ despedidas *fairwell.*

D **¿Un, una, unos o unas?** Write the appropriate indefinite article for the following nouns.

1. _*la*_ profesora

2. _*unos*_ números

3. _*los*_ libros

4. _*la*_ ventana

5. _*la*_ mochila *book bag.*

6. _*un*_ hombre

7. _*la*_ biblioteca

8. _*el*_ chófer

9. _*unas*_ calles

10. _*unos.*_ mares

VOCABULARIO: Estados físicos y emocionales (página 22)

A **Contrarios.** Fill in the blank with the word from the list that conveys the opposite meaning from the word given.

bien
cansado

entusiasmado
triste

1. contento _____

2. enfermo _____

3. aburrido _____

E **Las emociones de David.** Study the following drawings of David and write how he feels in each. More than one adjective may apply.

EJEMPLO: En el número uno, David está...

1. _____

2. _____

3. _____

4. _____

C **Las reacciones.** Complete the descriptions to indicate how the following people feel in each situation. Some sentences may have more than one possible answer.

1. Professor Ramos enters the classroom carrying exams covered with red ink; steam is coming from his ears.

   El profesor está ___*furioso*___ y Felipe está ___*preocupado*___.

2. Joaquín is home in bed with a temperature of 104°F.

   Está ___*enfermo*___.

3. Tomás has just run a 10K mini-marathon.

   Está ___*cansado*___.

4. Jorge has just found out that his father is in the hospital.

   Jorge está ___*triste*___.

5. Felipe has an hour left to finish a major project, and he's working hard.

   Está ___*ocupado*___.

6. The baseball team has just won the game, and Joaquín is a real fan.

   Está _____ .

7. Jorge's dog just died.

   Jorge está _____ .

CONCEPTO: Los adjetivos   (página 23)

Ⓐ **Masculino → femenino.** Write the feminine form of these phrases, as in the example.

   EJEMPLO: el alumno hablador → _la alumna habladora_ _____

   1. el amigo triste   _____

   2. el rector joven   _____

   3. el estudiante aburrido   _____

   4. los novios enojados   _____

   5. los compañeros pesimistas _____

Ⓑ **Los amigos.** Luisa is telling María how she and other people feel. Complete the statements with the appropriate form of the adjective.

   1. (enfermo) Joaquín está _____ enfermo. _____ .

   2. (nervioso) Yo estoy _____ nerviosa, _____ .

   3. (cansado) Tomás y Felipe están _____ consados. _____ .

   4. (aburrido) La profesora está _____ aburrida _____ .

   5. (triste) Alfonsina y tú están _____ tristestristes · tristes. _____

   6. (contento) Mercedes y yo estamos _____ contentos _____ .

   7. (preocupado) María, tú estás _____ preocupada. _____ .

Ⓒ **Un esquema.** Fill in the chart with the appropriate forms of the adjectives.

ONE MALE	ONE FEMALE	MALES / MIXED GROUP	FEMALES
cansado			
	enferma		
			enojadas
		pesimistas	
joven			
	habladora		
		tristes	

D **Respuesta abierta.** Complete the sentence with an appropriate adjective.

1. Cuando estoy en la universidad, estoy ___ocupado.___ .

2. Cuando estoy en una fiesta, estoy ___contento___ . .

3. Cuando mi compañero está en un partido[1] de béisbol, está ~~estusiasmado~~. ___sonrido.___

4. Cuando mis amigos y yo estamos en la playa, estamos ___estusiasmadmos.___

5. Cuando los alumnos están en la biblioteca, están ___ocupados___ .

6. Cuando las profesoras están en la oficina, están ___Contentas___
   ___Contentos___

[1]game

VOCABULARIO: ¿Qué hora es?   (página 25)

A **Dime la hora.** Write out the time, as in the example.

EJEMPLO: 4:10 A.M. → _Son las cuatro y diez de la mañana._   Son las doce.

1. 5:30 A.M. _Son las cinco y media._

2. 1:21 A.M. _Es la una y veinteyuno_

3. 3:50 P.M. _Son las cuatro menos diez._
   Faltan diez para las cuatro.

4. 12:00 _Es mediodia_

5. 10:15 P.M. _Son las diez y cuarto de la noche_

6. 12:55 A.M. _Es la una menos cinco._

B **¿A qué hora?** At what time do the following begin and end?

EJEMPLO: el concierto   8:00 P.M.   11:00 P.M. →

El concierto comienza a las ocho de la noche. Termina[1] a las once de la noche.

		COMIENZA	TERMINA
1.	la clase de español	9:30 A.M.	10:45 A.M.
2.	la reunión del Club Hispánico	7:00 P.M.	9:25 P.M.
3.	el partido de fútbol	1:00 P.M.	3:35 P.M.
4.	el servicio religioso	10:15 A.M.	12:00

[1]It ends

DIÁLOGOS: En la universidad   (páginas 26, 27)
¡Vamos a Monterrey!

¿Qué recuerdas tú? Choose the most appropriate response to each question by writing the appropriate letter in the blank provided.

1. _____ ¿Qué acaba de recibir Felipe?
   a. Una postal   b. Una foto   c. Un abrazo

2. _____ ¿Qué día es hoy?
   a. El dos   b. El doce   c. El veinte

3. _____ ¿Dónde están David y Elena?
   a. En Laredo   b. En Nuevo Laredo   c. En el autobús

4. _____ ¿Cuántas horas están David y Elena en el autobús de Nuevo Laredo a Monterrey?
   a. Tres   b. Cuatro   c. Siete

5. _____ ¿Qué ciudad no ve David en el mapa?
   a. Nuevo Laredo   b. Saltillo   c. Monterrey

6. _____ ¿Qué ciudad está cerca de Monterrey?
   a. Nuevo Laredo   b. Saltillo   c. Laredo

7. _____ ¿Qué nombre tiene la carretera que van a tomar?
   a. La Panamericana   b. La Americana   c. La Panameña

RECOMBINACIÓN

A **Una conversación incompleta.** Fill in the blanks in the following conversation with any appropriate completion.

TOMÁS: Hola, ¿qué hay de nuevo?

FELIPE: _____. ¿Cómo estás?

TOMÁS: _____. Quiero presentarte a mi abuela, Cecilia

Pasos de Rodríguez.

FELIPE: _____, señora.

LA ABUELA: _____.

FELIPE: ¿_____?

LA ABUELA: Muy bien, gracias.

B **Combinaciones.** Write sentences with the words given, as in the example. You may use the words in any order.

EJEMPLO: está / Veracruz →

   Veracruz está en la costa.

   o   *Mi profesora está en Veracruz.*

1. ustedes / plaza

   _____

2. hay / estudiantes

   _____

3. compañeros / montañas

_____

4. isla / mar

_____

5. preocupados / examen

_____

6. profesora / Monterrey

_____

C **Comparaciones.** On a separate sheet of paper, write a paragraph of five to seven sentences in length that compares how you feel at the university (**cuando estoy en la universidad**) and how you feel elsewhere. Use at least three words from each column in your comparisons. You will need to add the appropriate forms of the verb **estar** and other words and phrases as necessary. You may need to change the endings of the words.

aburrido/a	biblioteca
contento/a	clase
enojado/a	costa
entusiasmado/a	lago
furioso/a	mar
nervioso/a	playa
optimista	sierra
triste	universidad

EJERCICIOS DE LABORATORIO

PRONUNCIACIÓN: El alfabeto español

The letters of the Spanish alphabet are listed below. Note that the letters **k** and **w** appear in words borrowed from other languages, and the letter **h** is silent.

Para pronunciar. Repeat the following letters and words after you hear them.

a	a	alegre	n	ene	nada
b	be	beso	ñ	enye	español
c	ce	cine, Cuba	o	o	otra
ch	che	chocolate	p	pe	peso
d	de	dólar	q	cu	quinto
e	e	menos	r	ere	cara
f	efe	Felipe	rr	erre	carro
g	ge	gente, gota	s	ese	Susana
h	hache	hola	t	te	tomar
i	i	interés	u	u	urbano
j	jota	Jalisco	v	ve	victoria
k	ka	kilo	w	doble ve	Washington
l	ele	loco	x	equis	taxi
ll	eye	llamo	y	i griega	Yolanda
m	eme	maravilla	z	zeta	Gonzalo

DIÁLOGO: En la estación de autobuses   (página 6)

Para repetir. David and Elena greet each other at the bus station in Laredo, Texas.

Listen to the conversation. Then listen a second time and repeat each sentence after you hear it.

DAVID: Hola, Elena. ¿Qué tal?[1] ¿Cómo estás?
ELENA: Muy bien, David. ¡Qué gusto de verte!
DAVID: ¿Y la familia? ¿Cómo están todos[2]?
ELENA: Bien, gracias.

[1]¡Qué... *How nice to see you!*   [2]*everybody*

DIÁLOGO: En la universidad   (página 6)

Ⓐ **Para repetir.** A week earlier in Eau Claire, David's friends from the University of Wisconsin's **Club Hispánico** gave him a farewell party, **una fiesta de despedida.** Here are two conversations from the first moments of that party.

Listen to the conversation. Then listen a second time and repeat each sentence after you hear it.

JORGE: Buenas noches, profesor Ramos. ¿Cómo está usted?
EL PROFESOR RAMOS: Bien, gracias, Jorge. ¿Y tú?
JORGE: Muy bien, gracias.

Ⓑ Para repetir. Listen to a conversation between Tomás and Joaquín at the same party. Then listen a second time and repeat each sentence after you hear it.

TOMÁS: Oye, Joaquín, ¿qué pasa?
JOAQUÍN: Nada. ¿Y contigo? ¿Qué hay de nuevo?
TOMÁS: Nada de particular.

Ⓒ Para repetir. Listen to four students as they say good-bye at the end of the evening. Then listen a second time and repeat each sentence after you hear it.

MARISOL: Bueno,[1] David, nos vemos. Que te vaya bien.
DAVID: Gracias, Marisol. Hasta luego.
LUISA: Chao, Alfonsina. Hasta mañana.
ALFONSINA: Hasta el lunes,[2] Luisa.

[1]*Well*   [2]*Hasta... See you (on) Monday*

VOCABULARIO: Los saludos y las despedidas   (página 8)

¿Es cierto o no es cierto? Listen to a conversation between Tomás and Joaquín. It will be said twice. Then indicate whether the following statements are true (**Es cierto**) or false (**No es cierto**). Repeat the correct answers.

		ES CIERTO	NO ES CIERTO
1.	Tomás está muy bien.	☐	☐
2.	Joaquín está mal.	☐	☐
3.	Joaquín es un estudiante con muchos exámenes.	☐	☐
4.	Hay una fiesta mañana.	☐	☐
5.	Tomás y Joaquín son amigos.	☐	☐

VOCABULARIO: Los números del 0 al 99   (página 9)

Ⓐ Los números de teléfono. Carmen has lost her address book with important telephone numbers. Give her the numbers for the people and places she inquires about, as in the example. Repeat the correct answers.

EJEMPLO: ¿la universidad? / (16–20–03) → El número de teléfono es el dieciséis, veinte, cero tres.

1.   ¿la oficina de Ana? / 12–84–65   4.   ¿la casa de Alfonsina? / 14–27–99

2.   ¿la casa de Tomás? / 18–06–11   5.   ¿el Museo de Arte? / 15–06–52

3.   ¿el Restaurante Madrid? / 13–71–48

Ⓑ La vida de Gonzalo León. Listen to a short description of Gonzalo León and his life. It will be given twice. Then answer the following questions by filling in the blanks with the numbers you hear. Repeat the correct answers. First, listen to the questions you will be asked.

1.   _____ ¿Cuántas[1] personas hay en la familia del Sr. León?

2.   _____ ¿Cuántos años tiene el Sr. León?

3.   _____ ¿Cuántos empleados[2] hay en la compañía?

[1]*How many*   [2]*employees*

4. _____ ¿En cuántas ciudades hay empleados?

5. _____ ¿Cuántas mesas hay en la oficina³ del Sr. León?

³office

CONCEPTO: Los pronombres personales   (página 10)

¿Quiénes están en el club? The following individuals are involved in the **Club Hispánico.** Restate the sentences using subject pronouns, as in the example. Repeat the correct answers.

EJEMPLO: Alfonsina está en el club. → Ella está en el club.

1. David está en el club.

2. Jorge y Joaquín están en el club.

3. La profesora Martínez está en el club.

4. Carmen y Ud. están en el club.

5. Luisa y María están en el club.

6. Tú y yo estamos en el club.

DIÁLOGO: Por teléfono   (página 12)

¿Es cierto o no es cierto? Before beginning his trip with Elena, David places a phone call to his family in Wisconsin.

Listen to the conversation. It will be said twice. Then determine whether the following statements are true (**Es cierto**) or false (**No es cierto**). Repeat the correct answers.

	ES CIERTO	NO ES CIERTO
1. Ana es la mamá de David.	☐	☐
2. David está en Wisconsin.	☐	☐
3. David está solo.¹	☐	☐
4. David y Elena están contentos.	☐	☐

¹alone

CONCEPTO: El verbo *estar*   (página 14)

Ⓐ ¿Dónde están? State where the following places and people are found by forming complete sentences with the verb **estar,** as in the example. Repeat the correct answers.

EJEMPLO: David y Elena / Laredo → David y Elena están en Laredo.

1. la abuelita / Saltillo

2. Monterrey / México

3. Nuevo Laredo y Laredo / la frontera

4. Cancún / la costa

5. nosotros / clase

6. tú / los Estados Unidos

7. yo / la universidad

Ⓑ ¿Cómo están? Say how the following people are feeling today by forming complete sentences with the verb **estar,** as in the example. Repeat the correct answers.

EJEMPLO: Ana / contenta → Ana está contenta.

1. David y Elena / contentos
2. Marisol / enferma
3. yo / regular

4. Tú / muy bien
5. Alfonsina y Carmen / nerviosas

DIÁLOGO: En la universidad (página 16)

¿Es cierto o no es cierto? On the UW-EC campus, the members of the **Club Hispánico** are meeting new people.

Listen to the following conversation between Luisa, Professor Martínez, and María. It will be said twice. Then, indicate whether the following statements are true (**Es cierto**) or false (**No es cierto**). Repeat the correct answers.

	ES CIERTO	NO ES CIERTO
1. Luisa presenta a María.	☐	☐
2. María Gómez es de Chile.	☐	☐
3. María busca[1] una biblioteca.	☐	☐
4. La librería está junto a la biblioteca.	☐	☐

[1]*is looking for*

VOCABULARIO: Expresiones de cortesía (página 17)

Ⓐ Para repetir. Listen to a brief conversation at a café between a customer and a waiter. Then listen a second time and repeat each sentence after you hear it.

CAMARERO: Buenas tardes. ¿Qué desea[1]?
CLIENTE: Un té,[2] por favor.
CAMARERO: Lo siento. No hay té.
CLIENTE: Entonces, un café con leche.[3]
CAMARERO: De acuerdo.
CLIENTE: Muchas gracias.
CAMARERO: No hay de qué.

[1]*do you want*   [2]*Un... A (cup of) tea*   [3]*café... coffee with milk*

Ⓑ Para repetir. At the same café, Jorge introduces his friend Carmen to another friend, Marcos. Listen to the conversation. Then listen a second time and repeat each sentence after you hear it.

JORGE: Carmen, quiero presentarte a mi amigo, Marcos.
CARMEN: Mucho gusto.
MARCOS: El gusto es mío.

VOCABULARIO: La geografía (página 18)

¿Qué es? Listen to the names of some well-known places. Choose from the following geographical features in order to identify the places, as in the example. Repeat the correct answers.

| desierto | lago | península | selva |
| isla | océano | río | |

EJEMPLO: Superior → el lago

1. el Misisipí
2. el Atlántico
3. el Amazonas
4. Puerto Rico
5. el Sáhara
6. Yucatán

DIÁLOGO: En la Avenida Reforma en Nuevo Laredo
(página 19)

A **Para repetir.** Elena and David have to change buses in Nuevo Laredo. While they wait, they explore the city.

Listen to the conversation. Then listen a second time and repeat each sentence after you hear it.

DAVID: ¿Dónde estamos? Digo,[1] ¿en qué calle?
ELENA: Estamos en la Avenida Reforma. Hay tiendas muy buenas aquí.
DAVID: ¡Sí! A propósito,[2] ¿qué hora es?
ELENA: Son las dos. El autobús sale a las tres. Tenemos tiempo[3] todavía.[4]

[1]*I mean*   [2]*A... By the way*   [3]*time*   [4]*still, yet*

B **Preguntas.** Listen again to the dialogue between Elena and David. Then answer the following questions and repeat the correct answers. First, listen to the questions you will be asked.

1. ¿En qué calle están David y Elena?

2. Hay muchas tiendas en la calle. ¿Son buenas o malas?

3. ¿Qué hora es?

4. David y Elena salen a las tres. ¿Salen en tren o en autobús?

DIÁLOGO: En la universidad
(página 20)

¿Es cierto o no es cierto? At the UW-EC cafeteria, David's friends and instructors are concerned about how others are doing.

Listen to the conversation. It will be said twice. Then indicate whether the following statements are true (**Es cierto**) or false (**No es cierto**). Repeat the correct answers.

	ES CIERTO	NO ES CIERTO
1. Carmen está enojada.	☐	☐
2. Los alumnos están cansados.	☐	☐
3. Carmen tiene familia en España.	☐	☐
4. Son las ocho.	☐	☐
5. Los alumnos tienen un examen.	☐	☐

CONCEPTO: Los artículos
(página 21)

A **El artículo definido.** Give the definite article (**el/la/los/las**) of the words you hear, as in the example. Repeat the correct answers.

EJEMPLO: desierto → el desierto

1. montaña
2. costa
3. océano
4. islas
5. lagos
6. valle

B **El artículo indefinido.** Give the indefinite article (**un/una/unos/unas**) of the words you hear, as in the example. Repeat the correct answers.

EJEMPLO: península → una península

1. meseta
2. volcán
3. selva
4. ríos
5. bosque
6. montañas

C **Para completar.** Listen to a short description of a trip in Mexico. It will be given twice. As you listen, write in the missing articles in order to complete the paragraph.

Nosotros visitamos muchas partes de México. Es _____[1] país muy bonito con mucha

variedad geográfica. Tiene _____[2] desierto de Sonora, _____[3] montañas de

_____[4] Sierra Madre, y _____[5] península de Yucatán. En Yucatán hay

_____[6] playas lindas en _____[7] costa y _____[8] lugares arqueológicos

muy importantes de los mayas.

VOCABULARIO: Estados físicos y emocionales   (página 22)

Empareja las frases. Joaquín's physical condition and feelings change frequently. Match the cue from column A with Joaquín's logical state from column B, as in the example. Repeat the correct answers.

EJEMPLO: en un examen → d. Joaquín está nervioso.

A

1. _____ en una fiesta
2. _____ en la biblioteca
3. _____ en una emergencia
4. _____ en una clase mala
5. _____ en el hospital

B

a. aburrido
b. contento
c. enfermo
d. nervioso
e. ocupado
f. preocupado

CONCEPTO: Los adjetivos   (página 23)

A **Amigos íntimos.**[1] Joaquín and his friend Alfonsina always react in the same way. Describe how they feel in each of the following situations, as in the example. Repeat the correct answers.

EJEMPLO: Cuando Joaquín está ocupado, ... → Alfonsina está ocupada.

1. Cuando Joaquín está entusiasmado, ...
2. Cuando Alfonsina está enojada, ...
3. Cuando Alfonsina está enferma, ...
4. Cuando Joaquín está cansado, ...
5. Cuando Joaquín está nervioso, ...

[1]close

🅑 **¿Cómo están?** Listen to five statements about members of David's family. Rephrase each statement by using the appropriate subject pronoun (**ellos/ellas**), as in the examples. Repeat the correct answers.

> EJEMPLOS: David está triste y Elena está triste. → Ellos están tristes.
>
> Yolanda está contenta y Sandra está contenta. → Ellas están contentas.

1. ...   2. ...   3. ...   4. ...   5. ...

VOCABULARIO: ¿Qué hora es?   (página 25)

🅐 **Para seleccionar.** Listen to the times of day that correspond to the following clocks. Repeat each time of day after you hear it and then give the number of the appropriate clock, as in the example. Repeat the correct answers.

 1.
 2.
 3.
 4.

 5.
 6.
 7.

> EJEMPLO: Son las dos en punto de la tarde. → Son las dos en punto de la tarde. Es el reloj dos.

1. ...   2. ...   3. ...   4. ...   5. ...   6. ...

🅑 **¿Qué hora es?** Give the correct time for each clock after you hear the question **¿Qué hora es?**, as in the example. Repeat the correct answers.

> EJEMPLO: ¿Qué hora es? → Son las nueve menos cuarto de la noche.

 1.
 2.
 3.

4. 5. 6.

DIÁLOGO: ¡Vamos a Monterrey! (página 27)

¿Qué dicen? The bus from Nuevo Laredo to Monterrey has just left. David and Elena have begun their tour of Mexico.

Listen to the dialogue. It will be said twice. As you listen, write the following information in Spanish.

1. the time of day _____

2. the time of arrival in Monterrey _____

3. David's feelings about being in Mexico _____

4. a city close to Monterrey _____

5. the highway number _____

 **EN ACCIÓN** (página 28)

A **El contestador automático.** David has called his family in Eau Claire but no one is at home. Listen to the message that he leaves. It will be said twice. Then answer the questions that follow and repeat the correct answers. First, listen to the questions you will be asked.

1. ¿Dónde está David?   4. ¿Cómo está David?

2. ¿Con quiénes está David?   5. ¿Qué hora es?

3. ¿Cómo están los tres?

B **Tres estados mexicanos.** Listen to a short narration pertaining to three of the thirty-two Mexican states. It will be said twice. As you listen, note whether the statements listed below correspond to Chihuahua (C), Baja California Norte (BCN), or Tamaulipas (T).

1. _____ Es el estado más grande.

2. _____ Ciudad Juárez es una ciudad fronteriza importante.

3. _____ Ensenada es un puerto importante.

4. _____ El turismo y la agricultura son importantes para la economía.

5. _____ Hay mucha industria.

6. _____ Tiene petróleo en las costas.

CAPÍTULO 2 La identidad

CONCEPTOS

El verbo *ser* (página 43)

ser *to be*			
(yo) soy	*I am*	(nosotros/as) somos	*we are*
(tú) eres (Ud.) es	*you are*	(vosotros/as) sois (Uds.) son	*you are*
(él/ella) es	*he/she is*	(ellos/as) son	*they are*

The verb **ser** is used

- to identify people and things

    David y Elena son primos.

- to describe people and things

    David y Sandra son altos. La abuelita es baja.

- with **de,** to indicate the origin of people and things

    Elena y su familia son de México.

- to express generalizations

    Es importante tener amigos.

- with **para,** to indicate for whom or what something is intended

    La foto de la familia de Elena es para David.

La posesión
(página 45)

my	**mi** libro **mis** libros **mi** fiesta **mis** fiestas		*our*	**nuestro** libro **nuestros** libros **nuestra** fiesta **nuestras** fiestas
your (fam., sing.)	**tu** libro **tus** libros **tu** fiesta **tus** fiestas		*your (fam., pl.)*	**vuestro** libro **vuestros** libros **vuestra** fiesta **vuestras** fiestas
your (form.), *his, her, its*	**su** libro **sus** libros **su** fiesta **sus** fiestas		*your (form.), their*	**su** libro **sus** libros **su** fiesta **sus** fiestas

Recall that, in Spanish, adjectives agree in form with the nouns that they modify. With possessive adjectives, the ending of the possessive agrees with the person or thing possessed, not with the possessor(s). Whereas all of the possessive adjectives agree in number (singular/plural) with the person or thing possessed, **nuestro/a/os/as** and **vuestro/a/os/as** also show agreement in gender (masculine/feminine). Consider the words used for *our* in these examples.

Anita and Teresa say:

Nuestro **tío** es cubano. — *Our uncle is Cuban.*
Nuestros **tíos** son cubanos. — *Our uncles are Cuban.*

Antonio and Pablo say:

Nuestra **tía** es cubana. — *Our aunt is Cuban.*
Nuestras **tías** son cubanas. — *Our aunts are Cuban.*

Possessive adjectives precede the noun they modify.

Note the several English equivalents of **su(s)**.

¿Es su profesor?
$$\text{Is he} \left\{ \begin{array}{l} \textit{your (formal: Ud.)} \\ \textit{your (plural: Uds.)} \\ \textit{his} \\ \textit{her} \\ \textit{their (m.)} \\ \textit{their (f.)} \end{array} \right\} \textit{teacher?}$$

Usually the meaning of **su(s)** will be clear in context. When context is not sufficient to clarify the meaning, use *noun* + **de** + *noun* or *pronoun*.

¿Es el profesor de Ud. (de Uds., de él, de ella, de ellos, de ellas)?

El uso de *de* para expresar posesión
(página 46)

To show possession, Spanish speakers use a **de**-phrase with *noun* + **de** + *noun* or *pronoun*; English speakers use *'s* or *s'*.

la ropa **de** Teresa — *Teresa's clothes*
la ropa **de la** niña — *the girl's clothes (one girl)*
la ropa **de las** niñas — *the girls' clothes (two or more girls)*
la ropa **del** profesor — *the professor's clothes (one male professor)*
la ropa **de los** profesores — *the professors' clothes (two or more professors)*

Note that when **de** precedes the masculine definite article **el**, the two words contract to **del: la ropa *del* profesor**.

El verbo *tener*

(página 51)

tener *to have*			
(yo) tengo	*I have*	(nosotros/as) tenemos	*we have*
(tú) tienes (Ud.) tiene	*you have*	(vosotros/as) tenéis (Uds.) tienen	*you have*
(él/ella) tiene	*he/she has*	(ellos/as) tienen	*they have*

Tener is used to show possession and age.

Tengo seis primos.
Sandra tiene 16 años.

I have six cousins.
Sandra is 16 years old.

Tener is also used for some physical descriptions and occurs as well in some idiomatic expressions.

El profesor Ramos tiene pelo negro y
largo.
Jorge tiene que estudiar.

Professor Ramos has long, black hair.

Jorge has to study.

Las preguntas con palabras interrogativas
(página 56)

To ask for information in Spanish, use one of these question words. Remember to place an inverted question mark (¿) before a written question.

¿qué?		*what?* (asks for a definition or an explanation)
¿cuál?	¿cuáles?	*which?, what?* (when choosing from two or more possibilities)
¿dónde?		*where?*
¿adónde?		*(to) where?*
¿de dónde?		*(from) where?* (origin)
¿cuándo?		*when?*
¿a qué hora?		*at what time?*
¿cómo?		*how?*
¿por qué?		*why?*
¿quién?	¿quiénes?	*who?*
¿de quién?	¿de quiénes?	*whose?*
¿cuánto?	¿cuánta?	*how much?*
¿cuántos?	¿cuántas?	*how many?*

¿Cuáles?, ¿quiénes?, and **¿de quiénes?** are used when the reference is plural.

¿Cuál es el libro de Juan?
Which book is Juan's?

pero
but

¿Cuáles son los libros de Juan?
Which books are Juan's?

¿Quién es él?
Who is he?

pero
but

¿Quiénes son ellos?
Who are they?

¿De quién es el libro?
Whose [one person] book is this?

pero
but

¿De quiénes son los libros?
Whose [two or more people] books are these?

¿Adónde? is used with verbs of motion, such as **ir** (*to go*).

¿Dónde estás?	pero	¿Adónde vas?
Where are you?	*but*	*Where are you going?*

The appropriate form of **¿cuánto?** is determined by the noun in reference.

¿Cuánto dinero tienes?	pero	¿Cuánta ropa tienes?
How much money do you have?	*but*	*How many clothes do you have?*
¿Cuántos amigos tienes?	pero	¿Cuántas amigas tienes?
How many friends do you have?	*but*	*How many female friends do you have?*

Questions seeking some kind of information (who, what, when, where, etc.) generally follow the following pattern in Spanish.

QUESTION WORD/PHRASE	VERB/PREDICATE	SUBJECT
¿Cómo	están	Uds?
¿A qué hora	es	la fiesta?
¿Por qué	no tienes tus libros	(tú)?

Las preguntas con respuestas de *sí* o *no*
(página 57)

Questions seeking yes/no answers may be formed in three ways.

- inverting subject and verb*

¿Es Luisa de Cuba?	*Is Luisa from Cuba?*
¿Tiene Luisa una hija?	*Does Luisa have a daughter?*

- rising inflection

¿Luisa es de Cuba?	*Luisa is from Cuba?*
¿Luisa tiene una hija?	*Luisa has a daughter?*

- using a tag question

Luisa es de Cuba, ¿no?	*Luisa is from Cuba, isn't she?*
Luisa tiene una hija, ¿verdad?	*Luisa has a daughter, doesn't she?*

El verbo *ir*
(página 62)

ir *to go*		
(yo) voy *I go, am going*		(nosotros/as) vamos *we go, are going*
(tú) vas (Ud.) va } *you go, are going*		(vosotros/as) vais (Uds.) van } *you go, are going*
(él/ella) va *he/she goes, is going*		(ellos/as) van *they go, are going*

---

*English often uses *does* or *do* as a grammatical mechanism to form questions. Spanish simply inverts the subject and verb.

Use a form of **ir** to express where you are going. Remember that the preposition **a**, which often follows **ir**, contracts with the masculine definite article **el** to form **al.**

Voy al lago esta tarde.   *I'm going to the lake this afternoon.*

To express *let's go,* use **vamos.**

¡Vamos a la fiesta!   *Let's go to the party!*

EJERCICIOS ESCRITOS

DIÁLOGOS: En casa de la abuela   (páginas 40, 41)
En la universidad

¿Qué recuerdas tú? Using information from the dialogues, complete each sentence by writing the appropriate letter in the blank provided, as in the example.

> EJEMPLO: Raúl es el __a__ de David.
> a. primo   b. tío   c. abuelo

1. Inés y Alfonso son los _____ de David.
   a. tíos   b. sobrinos   c. primos

2. Alfonso es el _____ de Inés.
   a. padre   b. esposo   c. tío

3. Alfonsina tiene _____ tíos.
   a. ocho   b. catorce   c. treinta y ocho

4. Emilio es el _____ de Felipe.
   a. hermano   b. primo   c. tío

5. Mercedes es la _____ de Luisa.
   a. madre   b. hija   c. sobrina

6. Mercedes está _____ .
   a. con su papá   b. con su mamá   c. en Eau Claire

VOCABULARIO: La familia   (página 42)

Ⓐ ¿Es cierto o no es cierto? Using information from the family chart on page 36, indicate whether each statement is true (**Es cierto**) or false (**No es cierto**).

	ES CIERTO	NO ES CIERTO
1. Inés es la hermana de Fernando y Ana.	☐	☐
2. Amalia es la hija de Bartolomé y Yolanda.	☐	☐
3. Bartolomé es el padre de Harvey.	☐	☐
4. Dora es la nieta de Bartolomé y Yolanda.	☐	☐
5. Bartolomé tiene dos nietas.	☐	☐
6. Harvey y Ana tienen dos sobrinos.	☐	☐

La Familia de David

Bartolomé Muñoz Torres — Yolanda Inés García de Muñoz

Alfonso Sánchez de la Cruz — Inés Muñoz de Sánchez   Fernando Muñoz García — Dora López de Muñoz   Ana Muñoz de Nelson — Harvey Nelson

Raúl Sánchez Muñoz   Amalia Sánchez Muñoz   Arturo Muñoz López   Elena Muñoz López   David Nelson Muñoz   Sandra Nelson Muñoz

B **¿Quién es quién?** Using information from the preceding family chart, fill in the blanks in the following sentences.

1. Yolanda García de Muñoz es la _____ de Inés Muñoz de Sánchez.

2. Dora López de Muñoz es la _____ de Sandra Nelson.

3. Ana Muñoz de Nelson es la _____ de Fernando Muñoz.

4. Raúl y Amalia Sánchez son los _____ de Arturo y Elena Muñoz.

5. Harvey Nelson es el _____ de Bartolomé y Yolanda.

6. Elena Muñoz es la _____ de Bartolomé y Yolanda.

7. David y Sandra Nelson son los _____ de Dora y Fernando Muñoz.

C **Mi familia.** Write five sentences about your own family, stating the names of relatives of your choice. Then tell where the relatives are from, as in the examples.

EJEMPLOS: *Nancy Smith es mi mamá. Es de Chicago.*
Tom y Carmen Baker son mis abuelos. Son de Miami.

1. _____

2. _____

3. _____

4. _____

5. _____

CONCEPTO: El verbo *ser*   (página 43)

A **¿Quiénes son todos?** Identify the following people by combining items from the two columns with the appropriate form of the verb **ser,** as in the example.

David Nelson   alumnos de esta universidad
Elena Muñoz   estudiante de español
Ricardo y Francisca Guzmán   mexicana
yo   los padrinos de Elena
nosotros   primo de Elena

EJEMPLO: *David Nelson es primo de Elena.* _____

1. _____

2. _____

3. _____

4. _____

B **¿Estás de acuerdo?** Fill in the blanks in the following sentences with the appropriate form of **ser.** Then indicate whether you think each sentence is true (**Es cierto**) or false (**No es cierto**), as in the example.

	ES CIERTO	NO ES CIERTO
EJEMPLO: Ricardo Guzmán ____*es*____ el padrino de Elena.	☑	☐
1. Elena _____ tonta.	☐	☐
2. Bartolomé y Yolanda, los abuelos de David, no _____ viejos.	☐	☐
3. Todos[1] nosotros en la clase de español _____ buenos estudiantes.	☐	☐
4. Yo _____ de los Estados Unidos.	☐	☐
5. Francisca Guzmán _____ la abuela de Elena.	☐	☐
6. Profesor(a), Ud. _____ mexicano/a.	☐	☐

[1]*All*

C **Un esquema.** Fill in the chart with the appropriate forms of **ser.**

ser	
soy	
	sois
	son

CONCEPTO: La posesión   (página 45)

A **El álbum de fotos.** David and Elena are making a photo album, and are sorting their photographs into three piles: (A) David's relatives and friends, (B) Elena's relatives and friends, and (C) relatives they have in common. Take the role of David and state the relationship as you hand each photo to Elena, as in the examples.

A

Ana de Nelson, madre
Sandra, hermana
Jorge y Felipe, amigos

B

Patricia y Cristina, amigas
Dora y Fernando, padres
Ricardo y Francisca Guzmán, padrinos

C

Inés y Alfonso Sánchez, tíos
Yolanda de Muñoz, abuela
Raúl Sánchez, primo

EJEMPLOS: Ana de Nelson → _Es mi madre._

Dora y Fernando → _Son tus padres._

Raúl Sánchez → _Es nuestro primo._

1. Yolanda de Muñoz _____

2. Amalia Sánchez _____

3. Sandra _____

4. Inés y Alfonso Sánchez _____

5. Ricardo y Francisca Guzmán _____

6. Jorge y Felipe _____

🅑 Libros encontrados.[1] Felipe has found two books just outside the Spanish classroom.

Paso 1. Write the questions he asks several passersby to determine whether the books are theirs, then write their negative answers, as in the example.

EJEMPLO: Profesor Ramos, ¿ _son sus libros_ ?

No, no son mis libros.

1. Luisa, ¿ _____ ?

_____

2. Jorge y Tomás, ¿ _____ ?

_____

3. Profesor Brewer, ¿ _____ ?

_____

4. Profesores Ramos y Martínez, ¿ _____ ?

_____

5. Carmen, ¿ _____ ?

_____

[1]*found*

Paso 2. Now write what Felipe would have asked if he had found only one book, and again write the negative answers he receives, as in the example.

EJEMPLO: Profesor Ramos, ¿ _es su libro_ ?

No, no es mi libro.

1. Luisa, ¿_____?
   _____

2. Jorge y Tomás, ¿_____?
   _____

3. Profesor Brewer, ¿_____?
   _____

4. Profesores Ramos y Martínez, ¿_____?
   _____

5. Carmen, ¿_____?
   _____

Ⓒ Para completar. Complete the paragraph logically with names, family relationships, and country of origin.

Tengo un(a) _____[1] que se llama _____[2]. Su

padre se llama _____[3] y su madre se llama _____[4].

Nuestro/a _____[5] se llama _____[6]. Es de

_____[7]. Mi _____[8] es de

_____[9] pero sus padres son de _____[10].

Ⓓ Un esquema. Fill in the chart with the appropriate possessive adjectives.

LOS ADJETIVOS POSESIVOS			
_____ abuelo	mis abuelos	nuestro abuelo	_____ abuelos
_____ abuela	_____ abuelas	_____ abuela	_____ abuelas
_____ abuelo	_____ abuelos	vuestro abuelo	vuestros abuelos
tu abuela	_____ abuelas	vuestra abuela	vuestras abuelas
su abuelo	_____ abuelos	_____ abuelo	_____ abuelos
_____ abuela	_____ abuelas	_____ abuela	sus abuelas

CONCEPTO: El uso de *de* para expresar posesión (página 46)

Ⓐ La familia y los amigos. Using the three lists in **El álbum de fotos** on page 37, identify who is associated with David (A), with Elena (B), and with both David and Elena (C), as in the examples.

EJEMPLOS: Ana de Nelson → *Es la madre de David.*
Dora y Fernando → *Son los padres de Elena.*
Raúl Sánchez → *Es el primo de David y de Elena.*

1. Yolanda de Muñoz _____

2. Amalia Sánchez _____

3. Sandra _____

4. Inés y Alfonso Sánchez _____

5. Ricardo y Francisca Guzmán _____

6. Jorge y Felipe _____

B **Sí, son de ellos.** Answer each of the following questions affirmatively, using possessive adjectives in your responses, as in the example.

EJEMPLO: ¿Son Dora y Fernando los padres de Elena? →

Sí, son sus padres.

1. ¿Es David alumno de la profesora Martínez?

   _____

2. ¿Es el Sr. Ramos profesor de Jorge y de Felipe?

   _____

3. ¿Es Yolanda la abuela de Elena y de David?

   _____

4. ¿Son los señores Guzmán los padrinos de Elena?

   _____

DIÁLOGO: Un café en Monterrey (página 47)

Las descripciones. Using information from the dialogue, write correct sentences by choosing words or phrases from column B to describe items in column A, as in the example. You will need to use the word **es** to join the elements from the two columns.

A	B
el traje de la mujer	morena
el verde	un color atractivo
la mujer	azul
la blusa	muy bonito
la guayabera	muy elegante
el hombre	blanca

EJEMPLO: _El traje de la mujer es muy bonito._

1. _____

2. _____

3. _____

4. _____

5. _____

VOCABULARIO: La ropa   (página 48)

Ropa para cada ocasión. List at least three articles of clothing appropriate for each occasion listed, as in the example.

EJEMPLO: para esta clase →
jeans, una camiseta y zapatos de tenis

1.   para ir al cine[1] con amigos
jeans, una camiseta con las sandalias.

2.   para una fiesta elegante
los pantalones, una camisa y una corbata.

3.   para la playa
Los pantalones cortos, las sandalias.

4.   para la iglesia[2]
Los pantalones, una camisa

5.   para un partido[3] de fútbol americano
La gorra, la camiseta

6.   para una entrevista[4]
Una camisa, una corbata y los pantalon

[1]movies (lit. movie theater)   [2]church   [3]game   [4]interview

VOCABULARIO: Los colores   (página 49)

A ¿De qué color(es)? Give the color(s) of the following items, as in the example.

EJEMPLO: la bandera[1] mexicana → *Es roja, blanca y verde.*

1.   la bandera estadounidense *Es roja, blanca y ~~la~~ azul.*

2.   la casa de los presidentes de los EE UU ^(Estados Unidos) *Es blanca.*

3.   la casa ideal para ti[2] *Es café*

4.   tus ojos[3] ~~Es azules~~ *Mi ojos son azules.*

5.   tus rosas favoritas *Son rojas.*

6.   tu mochila *Es anaranjada.*

7.   el libro de texto para esta clase *Es*

[1]flag   [2]para... for you   [3]eyes

B Mi ropa favorita. For each item, indicate what color(s) your favorite one is, as in the example.

EJEMPLO: suéter → *Mi suéter favorito es negro y azul.*

1.   chaqueta *Mi chaqueta ~~es~~ favorita es café.*

2. blusa / camisa _Mi camisa favorita es blanca_

3. zapatos _Mis zapatos favoritos son negro y café._

4. abrigo _Mi abrigo favorito es café._

5. traje _mi traje favorito es verde._

CONCEPTO: El verbo *tener*   (página 51)

A **¿Cuántos tienes?** Indicate how many you have of each item listed.

EJEMPLO: corbata roja → _Tengo dos corbatas rojas. (No tengo corbata roja.)_

1. pantalones grises _____

2. suéteres azules _____

3. *jeans* negros _____

4. trajes de baño _____

5. camisetas rojas _____

B **¿Qué piensas[1]?** Fill in the blanks in the following sentences with the appropriate form of **tener.** Then indicate whether you think each sentence is true (**Es cierto**) or false (**No es cierto**), as in the example.

	ES CIERTO	NO ES CIERTO
EJEMPLO: Elena _tiene_ cuatro primos.	☑	☐
1. Elena _____ pelo blanco.	☐	☐
2. Un amigo / Una amiga de mi familia _____ muchos cassettes / discos compactos.	☐	☐
3. Mis dos mejores amigos/as _____ mucho tiempo para estudiar.	☐	☐
4. Profesor(a), Ud. _____ veinte años.	☐	☐
5. Nosotros, los estudiantes, _____ buen sentido del humor.	☐	☐

[1]*do you think*

C **Un esquema.** Fill in the chart with the appropriate forms of **tener.**

tener	
	tenemos
	tenéis
tiene	

DIÁLOGOS: En casa de Elena   (páginas 52, 53)
En la universidad

Información equivocada. Each of the following sentences from the dialogues contains an error. Draw a line through the incorrect word(s) and write the correction above the sentence.

1. El tío Alfonso es muy alto.

2. Sandra es la tía de David.

3. Sandra es más alta que su papá.

4. Marisol cree que[1] es trabajadora.

5. Alfonsina dice que[2] Tomás es inteligente.

6. Felipe y sus amigos son muy pesimistas.

[1]cree... *believes that*   [2]dice... *says that*

VOCABULARIO: La descripción física y la personalidad
(páginas 54, 55)

Ⓐ **Personas famosas.** Write a sentence to describe each of the following people, as in the example. Use at least two adjectives to describe each one. Be sure to make the adjectives agree with the noun they describe.

LA DESCRIPCIÓN FÍSICA	LA PERSONALIDAD
alto/a	aburrido/a
bajo/a	agradable
bonito/a	antipático/a
débil	desagradable
delgado/a	extrovertido/a
feo/a	hablador(a)
fuerte	inteligente
gordo/a	interesante
guapo/a	serio/a
joven	simpático/a
moreno/a	tonto/a
rubio/a	trabajador(a)

EJEMPLO: Roseanne *es extrovertida y habladora.*

1. Geraldo Rivera _____

2. Fidel Castro _____

3. Pete Sampras _____

4. Janet Jackson _____

5. Michelle Pfeiffer _____

6. Whoopi Goldberg _____

7. "Neon" Deion Sanders _____

B **Mis parientes son...** Describe five of your relatives, using at least three adjectives for each, as in the example. Tell which relative you are describing, and include at least two females in your list.

EJEMPLO: *Mi abuela es vieja, baja y delgada.*

1. _____

2. _____

3. _____

4. _____

5. _____

CONCEPTO: Las preguntas con palabras interrogativas
(página 56)

¿Cómo? Imagine that you are trying to talk with people at a Spanish Club party, but you are having trouble hearing what people are saying. Write a question you could ask that would elicit a repetition of each word or phrase in boldface, as in the examples.

EJEMPLOS: **Juan** tiene tres hermanas. → *¿Quién tiene tres hermanas?*

Juan tiene **tres** hermanas. → *¿Cuántas hermanas tiene Juan?*

1. Felipe va a la fiesta **a las ocho.**

_____

2. **Felipe** va a la fiesta a las ocho.

_____

3. El hombre de París está **en la oficina.**

¿Dónde está el hombre de París?

4. El hombre **de París** está en la oficina.

¿De dónde es el hombre?

5. Los padres de Sandra están **contentos.**

_____

6. **Los padres de Sandra** están contentos.

_____

7. El Sr. Ramos va a México **en diciembre** porque es muy importante.

¿Cuándo va el Sr. Ramos va a México?

8. El Sr. Ramos va a México en diciembre **porque es muy importante.**

¿Por qué?

9. El Sr. Ramos va **a México** en diciembre porque es muy importante.

_____

CONCEPTO: Las preguntas con respuestas de sí o no
(página 57)

Imagine that you are surprised by some statements made by a classmate. To confirm what you heard, repeat each statement as a yes/no question, inverting the subject and the verb, as in the example.

EJEMPLO: Carlita tiene siete hermanos. → *¿Tiene Carlita siete hermanos?*

1. Juan está muy optimista acerca de su examen.

    _____

2. El profesor de español tiene millones de dólares.

    _____

3. La capital de México tiene 23 millones de habitantes.

    _____

4. Alicia no lleva el traje de baño a la playa.

    _____

5. El profesor / la profesora tiene 25 años.

    _____

DIÁLOGOS: En casa de Elena   **(páginas 59, 60)**
En la universidad

Nacionalidad. Write sentences about the nationality of the characters in the dialogues. Use a form of **ser** to join the elements in the two columns. Be sure to make the adjectives agree with the nouns they describe.

David y su hermana   alemán(a)
La madre de David y la madre del Sr. Kolb   brasileño/a
el padre del Sr. Kolb   estadounidense
João   holandés(a)
Misha   mexicano/a
Leon   ruso/a

1. _____
2. _____
3. _____
4. _____
5. _____
6. _____

VOCABULARIO: Los países y las nacionalidades   **(página 61)**

A **Los habitantes.** Write the nationality of the inhabitants of the capital cities given, as in the example.

EJEMPLO: París, Francia → *son franceses.*

1. Washington, D.C.; EE. UU. _____

2. Lisboa, Portugal _____

3. San José, Costa Rica _____

4. Tokio, Japón _____

5. San Juan, Puerto Rico _____

6. Madrid, España _____

7. Brasilia, Brasil _____

8. Londres, Inglaterra _____

9. Berlín, Alemania _____

B **¿De dónde son todos?** Complete the following sentences with the appropriate form of **ser** and the appropriate adjective of nationality, as in the example.

EJEMPLO: Mi abuela paterna *es mexicana.* _____

1. Yo _____

2. Mis abuelos maternos _____

3. En mi familia, nosotros _____

4. Mi mejor amigo _____

5. Mi mejor amiga _____

6. Profesor(a), Ud. _____, ¿verdad?

C **Un esquema.** Fill in the chart with the appropriate countries and adjectives of nationality.

PAÍS	UN HOMBRE	DOS HOMBRES	UNA MUJER	DOS MUJERES
Brasil				
	mexicano			
		panameños		
			puertorriqueña	
				venezolanas
Alemania				
	español			
		franceses		
			inglesa	
				japonesas
Canadá				
	costarricense			
		estadounidenses		

Nombre _____ Fecha _____ Clase _____

CONCEPTO: El verbo *ir* (página 62)

A **¿Adónde van?** The following individuals are going home to their native countries this month (**este mes**). Make logical sentences matching the names with their most likely nationalities (column A) and the cities they would likely be visiting (column B). Be sure to make the adjective of nationality agree with the subject, and provide the appropriate forms of **ser** and **ir**, as in the example. (NOTE: the ¿ ? serves as a wild card; you may use any nationality and city you wish to complete your sentence.)

A	B
alemán	Berlín
brasileño	Brasilia
chino	Cantón
francés	Londres
inglés	Nuevo Laredo
japonés	París
mexicano	Tokio
¿ ?	¿ ?

EJEMPLO: Cedrick Smythe *es inglés. Va a Londres este mes.*

1. Kengo y Noriko Kawasaki _SON japonées. Van_
2. Carlos Juárez Guzmán _es méxico. Van Nuevo Laredo este mes._
3. Paola Braga y Carmen Simões _SON brasileño. Van a Brasilia este mes._
4. Steffi Schmidt _es alemana, va a Berlín este mes._
5. Yvette y Monique Dupont _SON Francées. Van a París este mes._
6. Chan Su Wong (*male*) _es chino. Va a Cantón este mes._
7. Mi mejor amigo/a _es in_
8. Yo _sus padres -_

B **Vacaciones diferentes.** The students and faculty at UW-EC are discussing their plans for the winter holidays. Complete the sentences with an appropriate form of **ir**.

TOMÁS: Mis padres _van_¹ a Cancún pero yo _voy._² a Acapulco.

CARMEN: ¿Tus padres _van_³ a Cancún? ¡Mi prima y yo _vamos._⁴ a Cancún también!

TOMÁS: Profesor Ramos, ¿adónde _va_⁵ Ud. durante las vacaciones?

EL PROFESOR RAMOS: Mi familia y yo _vamos._⁶ a Veracruz.

CARMEN: ¿Es verdad que tú _vas._⁷ a París, Luisa?

LUISA: No, yo no _voy_⁸, pero mi esposo y mi hija _van_⁹ a París.

TOMÁS: Profesora Martínez, ¿es verdad que Ud. y su esposo _van._¹⁰ a Madrid?

LA PROFESORA MARTÍNEZ: ¡Sí! ¡_Vamos._¹¹!

C **Un esquema.** Fill in the chart with the appropriate forms of **ir**.

ir	
Vay	vamos
vas	*vais,*
va.	van

DIÁLOGO: ¡Vamos a Guadalajara! (página 64)

Para completar. Using information from the dialogue, complete the following paragraph.

David y Elena van a salir para Guadalajara mañana. Elena está _____[1] porque no quiere

dejar a sus padres y a su _____[2]. David está _____[3] porque él y Elena van a

conocer a la _____[4] del Sr. Kolb. Elena dice que[a] Guadalajara es una ciudad muy

_____[5].

[a]dice... *says that*

RECOMBINACIÓN

A **Una conversación incompleta.** Fill in the blanks in the following conversation with any appropriate completion.

LUISA: Buenos días. ¿Cómo estás?

ALFONSINA: Bien, gracias, ¿y tú?

LUISA: _____. ¿_____?

ALFONSINA: Voy a la biblioteca para estudiar.

LUISA: ¿_____?

ALFONSINA: Voy con Jorge, Felipe y Sandra.

LUISA: ¿_____?

ALFONSINA: Sandra Nelson. Es la hermana de David Nelson.

LUISA: ¡Ah, sí! Es baja y un poco gorda, ¿no?

ALFONSINA: No, no. ¡Es al revés! Sandra es _____ y _____.

LUISA: ¿Y la personalidad de Sandra?

ALFONSINA: _____.

LUISA: ¿_____?

ALFONSINA: Sí, claro. Siempre voy a las fiestas de Jorge y Joaquín.

LUISA: ¿_____?

ALFONSINA: No, no es formal. Por eso, voy a llevar _____ y _____.

LUISA: ¿De qué color?

ALFONSINA: _____.

LUISA: Bueno, yo voy a llevar _____ y _____, y Felipe y Tomás van a llevar

_____ y _____ . ¿_____?

ALFONSINA: Voy a las siete y media.

LUISA: Bueno, hasta luego.

ALFONSINA: _____.

B **Combinaciones.** Write sentences with the words given, as in the examples. You may use the words in any order. Words in parentheses may be used in any form you wish; otherwise, use the words in the form given.

EJEMPLOS: (estar) / México → *David y Elena están en México.*

o *México está en la América del Norte.*

1. cuáles / (tener)

_____

2. corbata / (rojo)

_____

3. dónde / cubanos

_____

4. por qué / (ir)

_____

5. (ser) / mexicana

_____

6. tíos / (tímido)

_____

7. camiseta / yerno

_____

C **Comparaciones.** On a separate sheet of paper, write a paragraph of five to seven sentences in length that compares two of your relatives. Use at least three words from each of the following columns in your comparisons, as well as the appropriate forms of **estar, ir, ser,** and **tener.** You may need to change the endings of some of the words and add words and phrases as necessary.

alemán	alto	antipático
español	bajo	callado
estadounidense	bonito	hablador
francés	delgado	perezoso
japonés	feo	serio
mexicano	moreno	simpático
¿ ?	rubio	trabajador

D **Un esquema.** Fill in the chart below with the appropriate forms of the verbs.

INFINITIVO	yo	nosotros	tú
	soy		
ir			
		tenemos	
			estás

EJERCICIOS DE LABORATORIO

PRONUNCIACIÓN: Las vocales

There are five basic vowel sounds in Spanish, **a, e, i, o,** and **u.** Unlike the pronunciation of vowels in English, Spanish vowels are short and crisp and are never drawn out. In approximate terms, the **a** is pronounced like the *a* in *father*. The **e** is pronounced like the *e* in *they*. The **i** is pronounced like the *i* in *machine*. The **o** is pronounced like the *o* in *hope*. The **u** is pronounced like the *u* in *June*.

Para pronunciar. Repeat each vowel and word you hear. Remember, vowels are pronounced very precisely in Spanish.

a	alegre	amor	arte	mañana	casa
e	elegante	elefante	entrar	tema	entender
i	idea	interés	inteligente	Lima	chiquitín
o	otro	obra	orgullo	gota	moral
u	uno	urbano	uso	multa	actitud

DIÁLOGO: En casa de la abuela   (página 40)

El álbum de fotos. When David and Elena arrived in Monterrey, their cousin Amalia picked them up at the bus station and drove them to Saltillo to visit their grandmother, Yolanda. David and Yolanda stay up late looking at family photos.

Listen to their conversation. It will be said twice. As you listen, write the names of the following people.

NOMBRE

1. un primo de David _____

2. la madre de Raúl _____

3. un tío de David _____

4. el esposo de Inés _____

VOCABULARIO: La familia   (página 42)

Ⓐ ¿Es cierto o no es cierto? Based on the family tree on page 52, indicate whether the statements you hear are true (**Es cierto**) or false (**No es cierto**). Repeat the correct answers.

La Familia de David

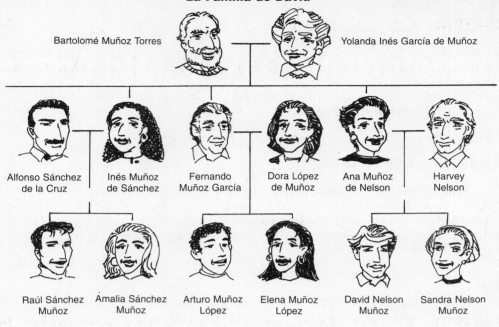

	ES CIERTO	NO ES CIERTO
1. Elena es la prima de David.	☐	☐
2. Ana es la madre de Raúl.	☐	☐
3. Fernando es el tío de David.	☐	☐
4. Bartolomé es el abuelo de Sandra.	☐	☐
5. Elena es la nieta de Ana.	☐	☐
6. David es el sobrino de Inés.	☐	☐

B **Los parientes de Elena.** Describe the members of Elena's family by stating the relationship of each person to her, as in the example. Repeat the correct answers.

EJEMPLO: Amalia → Amalia es la prima de Elena.

1. Arturo
2. Dora
3. Yolanda

4. Alfonso
5. Sandra
6. Fernando

CONCEPTO: El verbo *ser*   (página 43)

¿Quién es? Use the verb **ser** to describe and identify the following individuals, as in the example. Repeat the correct answers.

EJEMPLO: David / ser / estudiante → David es estudiante.

1. Elena y David / ser / primos
2. Elena / ser / de Monterrey
3. yo / ser / estudiante

4. Fernando / ser / de México
5. nosotros / ser / jóvenes
6. tú / ser / de los Estados Unidos

CONCEPTO: La posesión (página 45)

Mi familia y mis amigos. Take the role of David as he describes certain people. Complete each sentence by providing the appropriate possessive adjective, as in the example. Repeat the correct answers.

EJEMPLO: Soy estudiante. _____ universidad es buena. (Soy estudiante.) →
Mi universidad es buena.

1. Sandra y yo tenemos muchos parientes. _____ familia es grande.

2. Soy de Eau Claire, Wisconsin. _____ padre es de los Estados Unidos también.

3. Elena es de México. _____ país es muy bonito.

4. Raúl es mi primo. _____ padres son simpáticos.

5. Tú eres estudiante. _____ clases son importantes.

6. Uds. son de los Estados Unidos. _____ país es grande.

CONCEPTO: El uso de *de* para expresar posesión (página 46)

¿De quién es? Tell whom the following items belong to, as in the example. Repeat the correct answers.

EJEMPLO: pregunta / Elena → Es la pregunta de Elena.

1. familia / David
2. fotos / Yolanda
3. discos compactos / Harvey
4. casa / Fernando y Dora
5. diccionarios / Elena

DIÁLOGO: Un café en Monterrey (página 47)

Empareja las frases. David, Elena, and Amalia return to Monterrey, where they spend the morning seeing the sights. They take a break to get a cold drink and sit for a while.

Listen to the conversation. It will be said twice. Then match the people and clothing in column A with the adjectives in column B. Repeat the correct answers.

A
1. _____ una mujer
2. _____ un hombre
3. _____ un traje
4. _____ una blusa
5. _____ una guayabera

B
a. azul
b. blanca
c. bonito
d. elegante
e. morena
f. rubia

VOCABULARIO: La ropa (página 48)

A **¿Qué ropa lleva Elena?** The following drawings show Elena in different locations. Answer each question in order to describe her clothing choices, as in the example. Repeat the correct answers.

EJEMPLO: ¿Qué ropa lleva a la playa? → Elena lleva un traje de baño.

1. ¿Qué ropa lleva a clase?

2. ¿Qué ropa lleva a una boda[1]?

3. ¿Qué ropa lleva a las montañas?

4. ¿Qué ropa lleva a un club de tenis?

5. ¿Qué ropa lleva para esquiar?

[1]*wedding*

B **Rebajas[1] en Gigante.** Listen to a radio announcement for a sale on clothing at a local department store. It will be said twice. As you listen, fill in the missing information in order to match the clothes with their prices, as in the examples. Repeat the correct answers.

EJEMPLOS: blusas → Las blusas cuestan $19.

$28 → Las chaquetas cuestan $28.

ARTÍCULO DE ROPA	PRECIO
1. camisetas	
2. *jeans*	
3.	$20
4. suéteres	

[1]*Price cuts*

ARTÍCULO DE ROPA	PRECIO
5.	$99
6.	$15
7. vestidos	
8. zapatos	
9.	$33

VOCABULARIO: Los colores   (página 49)

¿Es cierto o no es cierto? Listen to each statement and indicate whether it is true (**Es cierto**) or false (**No es cierto**). Repeat the correct answers.

		ES CIERTO	NO ES CIERTO
1.	Las bananas son amarillas.	☐	☐
2.	Las rosas son azules.	☐	☐
3.	La bandera de los Estados Unidos es roja, blanca y gris.	☐	☐
4.	El océano es azul.	☐	☐
5.	El sol es café.	☐	☐
6.	Los tomates son rojos.	☐	☐

CONCEPTO: El verbo *tener*   (página 51)

Ⓐ ¿Quién tiene qué? Listen to statements describing what things either Daniel or Marta have. Then indicate the person to whom each statement corresponds, as in the example. Repeat the correct answers.

EJEMPLO: Tiene un traje. → Daniel tiene un traje.

1. ...   2. ...   3. ...   4. ...   5. ...

ⓔ ¿Qué tienen? Use the verb **tener** to speak about the following individuals, as in the example. Repeat the correct answers.

> EJEMPLO: Marta / tener / 20 años → Marta tiene 20 años.

1. Elena / tener / una familia grande

2. la abuela / tener / 80 años

3. David y Harvey / tener / parientes mexicanos

4. yo / tener / clases excelentes

5. tú / tener / muchos amigos

6. nosotros / tener / mucha tarea

DIÁLOGO: En casa de Elena (página 52)

Más fotos de la familia. The cousins are now at Elena's house in Monterrey, where David looks at more photographs with Elena's father, Fernando.

Listen to the conversation. It will be said twice. As you listen, write the names of the following people.

NOMBRE

1. la hermana de David _____

2. el padre de Elena _____

3. un tío de David _____

4. una muchacha alta _____

VOCABULARIO: La descripción física y la personalidad
(páginas 54, 55)

ⓐ Amigas distintas. Alberta and Antonia are exact opposites in many respects. Listen to descriptions of Alberta. Then repeat each statement and describe Antonia, as in the example. Repeat the correct answers.

> EJEMPLO: Alberta es baja. → Alberta es baja pero Antonia es alta.

1. Alberta es fuerte.

2. Alberta es rubia.

3. Alberta es gorda.

4. Alberta tiene pelo largo.

5. Alberta es habladora.

6. Alberta es simpática.

7. Alberta es interesante.

ⓑ Los parientes de Elena y David. Listen to statements describing Elena's and David's relatives. Based on the family photograph, identify the person corresponding to each description, as in the example. Repeat the correct answers.

Alfonso Inés Bartolomé Yolanda
Fernando Dora Ana Harvey
Raúl Elena David

EJEMPLO: Es joven, morena y de estatura mediana. →
Elena es joven, morena y de estatura mediana.

1.   Es vieja y tiene pelo blanco.

2.   Tiene bigote.

3.   Es joven y moreno.

4.   Tiene pelo largo y rizado.

5.   Es alto, joven y rubio.

CONCEPTO: Las preguntas con palabras interrogativas
(página 56)

¿Cuál es la respuesta? Listen to six questions pertaining to David and his relatives. Then state the most logical answer from column B, as in the example. Repeat the correct answers.

EJEMPLO: ¿Quién es estudiante en Eau Claire? → g. David es estudiante en Eau Claire.

A

1. _____ ¿Cuántos años tiene David?

2. _____ ¿Qué lenguas habla David?

3. _____ ¿De dónde es Sandra?

4. _____ ¿Dónde están David y Elena?

5. _____ ¿Quién es el padre de Elena?

6. _____ ¿Adónde van David y Elena esta noche?

B

a.   Fernando
b.   español e inglés
c.   veinte años
d.   a una fiesta
e.   en Monterrey
f.   de los Estados Unidos
g.   David

CONCEPTO: Las preguntas con respuestas de *sí o no*
(página 57)

Preguntas. Make questions from the following statements by changing the word order of the sentences, as in the example. Repeat the correct answers.

EJEMPLO: Elena es estudiante. → ¿Es Elena estudiante? *o* ¿Es estudiante Elena?

1. David tiene muchos parientes.
2. Los primos son de México.
3. Elena es joven.
4. La abuela tiene ochenta años.
5. Sandra y su padre son altos.

DIÁLOGO: En casa de Elena   (página 59)

¿Es cierto o no es cierto? When David and Elena are at her home in Monterrey, Mr. Oscar Kolb, a business associate of Elena's father, stops by for a visit.

Listen to the conversation. It will be said twice. Then indicate whether the following statements are true (**Es cierto**) or false (**No es cierto**). Repeat the correct answers.

		ES CIERTO	NO ES CIERTO
1.	David no habla español.	☐	☐
2.	La mamá de David es mexicana.	☐	☐
3.	David es estadounidense.	☐	☐
4.	La familia del Sr. Kolb vive en Saltillo.	☐	☐
5.	El padre del Sr. Kolb es de ascendencia alemana.	☐	☐

VOCABULARIO: Los países y las nacionalidades   (página 61)

El gran festival internacional. Listen to an advertisement for an international festival. It will be read twice. As you listen, write the nationality in column B for each festival item or attraction in column A.

A   B

1. los bailes   _____

2. el café   _____

3. la cerveza   _____

4. la música   _____

5. la pintura   _____

6. los vinos   _____

CONCEPTO: El verbo *ir*   (página 62)

¿Adónde va? Use the information given and the verb **ir** to state where the following students are going for their vacation, as in the example. Repeat the correct answers.

EJEMPLO: Sandra / Río de Janeiro → Sandra va a Río de Janeiro.

1. David / Guadalajara
2. Marcos y Elisa / Italia
3. Jaime y yo / Costa Rica
4. Tú / Toronto
5. Yo / Cozumel
6. Ud. / San Antonio

EN ACCIÓN

A **Te presento a mi primo, David.** David has just been introduced to one of Elena's friends in Monterrey. Take the role of David in order to answer her questions. Repeat the correct answers.

1. ¿De dónde eres?
2. ¿Es mexicana tu madre?
3. ¿Están tus padres en México?
4. ¿Tienes hermanos?
5. ¿Cuántos años tienes?
6. ¿Adónde vas mañana?

B **Un desfile de modas.**[a] David and Elena attend a fashion show in Monterrey. As you listen to the descriptions of two of the outfits, fill in the missing words. The description will be given twice.

Tere lleva pantalones cortos _____[1], y una camiseta _____[2]. La camiseta _____[3] motivos deportivos,[b] y es perfecta para la playa. _____[4] de tenis y una chaqueta _____[5] complementan este conjunto de verano.

Verónica lleva un precioso _____[6] negro que consiste en chaqueta y _____[7] para ocasiones más formales. Zapatos negros y una _____[8] blanca son los complementos perfectos en todo momento. ¡Qué _____[9]!

[a]desfile... *fashion show*   [b]motivos... *sports motifs*

CAPÍTULO 3 El horario

CONCEPTOS

Ser y estar

(página 80)

ser IS USED . . .

- to identify people and things

    Yo **soy** estudiante.
    I am a student.

    La señora Martínez **es** profesora.
    Mrs. Martínez is a professor.

- with adjectives, to identify the fundamental qualities of a person or thing

    ¿Cómo **es** Celia?
    What is Celia like (as a person)?

    Celia **es** inteligente y popular.
    Celia is intelligent and popular.

    Elena **es** bonita.
    Elena is pretty.

estar IS USED . . .

- with adjectives, to express conditions and states of health that are true at a particular moment, but are not inherent characteristics of the person or thing. Used with subjective observations to imply *looks*, *feels*, *appears*, *tastes*, or *seems*.

    ¿Cómo **está** Celia?
    How is Celia (feeling)?

    Celia **está** cansada.
    Celia is/feels tired.

    Elena **está** bonita con su vestido nuevo, ¿no?
    Elena looks good in her new dress, doesn't she?

El almuerzo de la cafetería **es** delicioso.
The lunch at the cafeteria is delicious.

El almuerzo de la cafetería **está** delicioso hoy.
The lunch at the cafeteria is/tastes (especially) delicious today.

- with **de,** to express origin

  David **es de** los Estados Unidos.
  David is from the United States.

- to express location

  David **está** en México.
  David is in Mexico.

Although the verbs **ser** and **estar** can both mean *to be*, they are not synonyms, but rather have very different meanings and usages in Spanish. Instead of memorizing when to use each verb, try to focus on the differences between the two when you see them in context. Allow yourself some time to get comfortable with all of their uses.

Ir a + infinitivo (página 85)

		ir a + INFINITIVO
	Voy	a estudiar psicología esta noche.
	¿Vas	a hablar con la profesora Martínez?
David	va	a regresar a los Estados Unidos.
	Vamos	a preparar el almuerzo a mediodía.
Carmen, ¿tú y Celia	vais	a invitar a todos los miembros del club a la fiesta?
Jorge, ¿tú y Joaquín	van	a hacer la tarea en la biblioteca?

Events and conditions in the near future can be expressed by using a form of **ir.** To indicate what you are *going to do* in the immediate future, use a conjugated form of **ir,** the particle **a,** which has no English translation, followed by the infinitive (the **-ar, -er,** or **-ir** form) of the principal verb.

El presente del indicativo (página 89)

	-ar verbs	**-er** verbs	**-ir** verbs
yo	-o	-o	-o
tú	-as	-es	-es
Ud. / él/ella	-a	-e	-e
nosotros/as	-amos	-emos	-imos
vosotros/as	-áis	-éis	-ís
Uds. / ellos/as	-an	-en	-en

Necesit**o*** un bolígrafo.
Sandra, ¿a qué hora practic**as*** el básquetbol?

I need a pen.
Sandra, what time do you practice basketball?

---

* Because the verb endings convey subject information, it is usually not necessary to express the subject unless the subject is needed to clarify or avoid confusion, or you wish to emphasize it.

¿Bebe Luisa café?	*Does Luisa drink coffee?*
Carmen, ¿tú y Marisol escribís muchas composiciones?	*Carmen, do you and Celia write many compositions?*
Jorge, ¿leen muchas novelas tú y Joaquín?	*Jorge, do you and Joaquín read many novels?*

In English, the infinitive is indicated by *to: to work, to eat, to write.* The infinitive indicates the action or state of being without showing when it is done (the tense, whether present, past, or future) or who or what performs the action (the subject). In order for the verb to convey this information, it needs to be conjugated, that is, to be given a tense and a subject. The present tense expresses what people and things do, are doing, or will do.

In Spanish, the infinitive is indicated by the ending **-ar, -er,** or **-ir.** Regular verbs follow definite, predictable patterns in their conjugations, based on their infinitive endings. To conjugate a regular verb in the present indicative tense, replace the infinitive ending with the ending appropriate for the subject you wish to express.

The same verb in the present tense in Spanish can have many English translations, depending on the context.

Trabajamos en el laboratorio.	*We work in the laboratory.*
En este momento **trabajamos** en el laboratorio.	*We are working in the laboratory at this moment.*
Esta noche **trabajamos** en el laboratorio.	*We will work in the laboratory tonight.*
¿Trabajamos esta noche?	{ *Do we work tonight?* *Are we working tonight?* *Will we work tonight?*

La a personal

(página 94)

In Spanish, the word **a** is placed in front of a direct object that is a person or group of people.[*] This **a,** often called the *personal* **a,** has no translation in English. Given the flexibility of word order in Spanish sentences, the personal **a** often helps one determine which phrase is the object and which is the subject. Note that, whereas **¿quién?** is the grammatical subject *who?*, **¿a quién?** is the grammatical object *whom?*

El profesor busca el libro.	*The professor is looking for[†] his book.*
El profesor busca al[‡] nuevo estudiante.	*The professor is looking for the new student.*
¿Miran los profesores a los estudiantes?	*Are the professors looking at the students?*
¿Miran a los profesores los estudiantes?	*Are the students looking at the professors?*
¿Quién llama?	*Who is calling?*
¿A quién llama (Ud.)?	*Whom are you calling?*

---

[*] The *direct object* of a sentence is who or what first receives the action of the verb.

direct object

I   see   the book.

subject verb

direct object

I   gave   Tom   the book.

subject verb indirect object

[†] The verbs **buscar** (*to look for*), **escuchar** (*to listen to*), **esperar** (*to wait for*), and **mirar** (*to look at*) include the sense of the English prepositions *for, to,* or *at.* Whereas in English these verbs take prepositional phrases, in Spanish they take direct objects, and thus must be followed by the personal **a** when the direct object is human.

[‡] Remember that when **a** precedes **el,** the words contract to form **al.**

EJERCICIOS ESCRITOS

DIÁLOGOS: En casa del Sr. Kolb   (página 76)
En la universidad

Ⓐ ¿Qué recuerdas tú? Using information from the dialogues, complete each sentence by writing the appropriate letter in the blank provided.

1. Héctor está _____.
   a. enfermo   b. cansado   c. ocupado

2. Héctor estudia _____.
   a. español   b. ciencias políticas   c. ingeniería

3. David estudia _____.
   a. español y ciencias   b. cálculo y física   c. ingeniería y español
      políticas

4. Jorge estudia _____.
   a. sociología   b. psicología   c. idiomas

5. A las diez Misha tiene una clase de _____.
   a. inglés   b. psicología   c. cálculo

6. Normalmente las clases de la profesora Martínez son _____.
   a. rápidas   b. interesantes   c. aburridas

7. Hoy la profesora Martínez _____.
   a. habla muy rápido   b. está enferma   c. está cansada

Ⓑ De fragmentos a frases. Using information from the dialogue **En la universidad,** combine the phrases in the following columns and write complete and accurate sentences in the blanks provided.

La clase de sociología   a las diez.
El profesor de sociología   estudia inglés.
A las diez, Leon   es a la una.
Misha tiene una clase de psicología está cansada hoy.
La profesora Martínez   está enfermo.
Un hijo de la profesora Martínez   habla muy rápido.

1. _____

2. _____

3. _____

4. _____

5. _____

6. _____

VOCABULARIO: Las materias (página 78)

Ⓐ **¿Se necesita comprender bien las matemáticas?** Indicate whether one needs (**se necesita**) to understand mathematics well in order to study the following subject areas, as in the examples.

EJEMPLOS: la física → _Para estudiar física, se necesita comprender bien las matemáticas._

la religión → _Para estudiar religión, no se necesita comprender bien las matemáticas._

1. la química _____

2. el comercio _____

3. la contabilidad _____

4. el alemán _____

5. la enfermería _____

6. el español _____

Ⓑ **Personas famosas y sus estudios.** For each of the following people, write two subject areas you believe he or she might logically have studied, as in the example.

EJEMPLO: Ernest Hemingway → _la literatura_ _____ _la composición_

1. Steven Jobs _____ _____

2. Frank Lloyd Wright _____ _____

3. Thomas Jefferson _____ _____

4. Lee Iacocca _____ _____

5. Henry Kissinger _____ _____

6. Sigmund Freud _____ _____

Ⓒ **¿A qué hora?** Tell what time you have the following subjects this semester (if at all), as in the examples.

EJEMPLOS: el español → _Tengo la clase de español a las nueve._

el japonés → _No tengo clase de japonés este semestre._

1. las matemáticas _____

2. la economía _____

3. la música _____

4. la contabilidad _____

5. la biología _____

6. la composición _____

CONCEPTO: Ser y estar (página 80)

Ⓐ **¿De dónde son y dónde están?** Use the information in the columns to give each person's nationality and where they are right now (each happens to be in his or her capital city), as in the example.

EJEMPLO: Fidel Castro / Cuba / La Habana →

Fidel Castro es cubano y está en La Habana.

1.   Brigitte Bardot y Catherine Deneuve / Francia / París

_____

2.   Boris Becker y Steffi Graff / Alemania / Berlín

_____

3.   Bill y Hillary Clinton / EE. UU. / Washington, D.C.

_____

4.   Fernando Valenzuela / México / México, D.F.

_____

5.   Julio Iglesias y Severiano Ballesteros / España / Madrid

_____

Ⓑ Para completar. Complete the following paragraph by filling in the blanks with the correct form of either **ser** or **estar,** according to the context.

¡Hola! Tú me conoces.[a] Me llamo Carmen y _____[1] de España. Ahora _____[2]

aquí en Wisconsin porque _____[3] estudiante en la universidad UW-EC que

_____[4] en la ciudad de Eau Claire. En este momento mis compañeros y yo

_____[5] en una clase de física porque vamos a _____[6] ingenieros. El profesor

_____[7] el Sr. Pakaday. Como persona, el Sr. Pakaday _____[8] amable y simpático,

y _____[9] muy inteligente, pero como profesor, _____[10] un poco aburrido. Hoy

nosotros _____[11] muy aburridos porque el profesor, desafortunadamente, no

_____[12] muy bien preparado para la clase.

[a]me... *know me*

DIÁLOGOS: En la Universidad de Guadalajara
En la universidad   (páginas 81, 82)

¿Qué recuerdas tú? Using information from the dialogues, complete each of the following statements by writing the appropriate letter for all possible completions in the blank provided.

1.   Pedro va a _____.
   a.   ser profesor   b.   terminar sus estudios   c.   enseñar

2.   Beatriz va a _____.
   a.   ser administradora de   b.   enseñar idiomas   c.   ser mujer de negocios
        empresas

3.   Jorge va a _____.
   a.   hacerse enfermero   b.   estudiar en la   c.   estudiar todas las
                                         biblioteca   noches

4. María va a _____.
   a. hacerse enfermera
   b. seguir sus estudios de historia
   c. estudiar medicina

5. Luisa quiere _____.
   a. ir a la biblioteca
   b. practicar en Miami
   c. ser abogada

VOCABULARIO: Las profesiones y las ocupaciones (página 83)

A **Empareja las frases.** Match the following celebrities and fictional characters in the left column with their professions or trades in the right column.

1. _J_ Columbo
2. _b_ Peg Bundy
3. _d_ Danielle Steele
4. _C_ Pablo Picasso
5. _i_ Vidal Sassoon
6. _A_ F. Lee Bailey
7. _K_ Dan Rather
8. _e_ Paul Prudhomme
9. _F_ Florence Nightingale
10. _G_ Lee Iacocca

a. abogado
b. ama de casa
c. artista
d. autora
e. cocinero
f. enfermera
g. gerente
h. músico
i. peluquero
j. policía
k. reportero

B **Ideas del futuro.** Write sentences about five people in your life, telling what profession each wants to be (**quiere ser**) and at least two subjects each one needs to study (**necesita estudiar**), as in the example.

EJEMPLO: *Mi amigo Jack quiere ser policía. Necesita estudiar ciencias políticas y sociología.*

1. Mi amiga Carol quiere ser veterinarian. Necesita estidiar ciencias veterinarias y química.

2. Mi amiga quiere ser lenguas. Necesita estud alemán y italiano.

3. mi amigo

4. _____

5. _____

CONCEPTO: *Ir a + infinitivo* (página 85)

A **Ropa apropiada.** Professor Brewer is chatting with Tomás Muñoz, a student from Argentina. He is telling Tomás where his family and acquaintances are planning to spend the break between the fall and winter terms. Finish his statements by adding what the individuals are likely to wear in order to be comfortably and appropriately dressed, as in the example.

EJEMPLO: Mis estudiantes Felipe y Jorge van a la playa de Daytona. →

Probablemente van a llevar trajes de baño y camisetas.

1. Mi esposa y yo vamos a Colorado para esquiar.[1]

_____

2. En Colorado, yo voy a una conferencia de profesores en Denver.

_____

3. La profesora Martínez también va a la conferencia en Denver.

_____

4. El profesor Ramos va a Atlanta a visitar a sus padres.

_____

5. Luisa Vargas va a Miami.

_____

6. Mis vecinos[2] van a Cancún y Cozumel.

_____

7. ¿Y tú, Tomás? Tú vas a la Argentina, ¿verdad?

_____

[1]para... *to ski*   [2]*neighbors*

B **Guías universitarios.** Imagine that you are meeting with Margarita and Antonio, two high school students from El Salvador who are touring your campus. Complete the sentences in which they tell you what professions they (and others) are interested in. Then write a sentence in which you tell them at least two subjects they are going to study while in college, as in the example.

EJEMPLO: MARGARITA: Yo / contadora →

Yo voy a ser contadora.

TÚ: *Entonces, vas a estudiar contabilidad y economía.*

1. ANTONIO: Mi hermano Marcos / profesor de inglés

_____

TÚ: _____

2. MARGARITA: Mi hermana Cecilia / enfermera

_____

TÚ: _____

3. ANTONIO: Mi amiga Holly y yo / gerentes de una firma de contadores

    _____

    _____

    TÚ: _____

4. MARGARITA: Yo / actriz

    _____

    TÚ: _____

5. ANTONIO: Mis compañeros Will y Patrick / ingenieros

    _____

    TÚ: _____

6. MARGARITA: Mi prima Rebeca / consejera

    _____

    TÚ: _____

C **Preguntas personales.** Answer the following questions with complete sentences about your plans for this coming Friday. Use the construction **ir a** + *infinitive* in your responses.

1. En tu opinión, ¿va a ser un día difícil o no?

    _____

2. ¿Vas a tener un examen? ¿En qué clase(s)?

    _____

3. ¿Vas a ir a la biblioteca? ¿al laboratorio de lenguas?

    _____

4. ¿Con quién(es) vas a estar, posiblemente?

    _____

5. ¿Dónde vas a estar a las nueve de la noche, probablemente?

    _____

6. ¿Con quién(es) vas a estar, posiblemente?

    _____

D **Un esquema.** Fill in the chart with the appropriate words.

Yo			estudiar en la biblioteca.
¿	vas		en la biblioteca también?
¿Ud.			también?
Alfonsina		a	

	vamos			
¿	vais		estudiar	?
¿Uds.			estudiar en la biblioteca también?	
	van			

DIÁLOGO: Antes de clase   (página 87)

A **Las actividades de Héctor.** State whether Héctor does the following things at home (**en casa**), in class (**en clase**), or in both places (**los dos**), as in the example.

EJEMPLO: escuchar al profesor → _en clase_____

1.   leer libros   _____

2.   escribir los puntos importantes   _____

3.   llevar papel y bolígrafo   _____

4.   entender[1] las explicaciones[2] del profesor _____

5.   usar un bolígrafo   _____

[1]to understand   [2]explanations

B **Preguntas.** Using information from the dialogue, answer the following questions with complete sentences.

1.   ¿Qué clase tiene Héctor ahora?

_____

2.   ¿Por qué no lleva Héctor los libros a clase?

_____

3.   ¿Qué lleva Héctor a clase?

_____

4.   ¿Explica bien los conceptos el profesor o no?

_____

5.   ¿Dónde escribe el profesor los puntos importantes?

_____

VOCABULARIO: La sala de clase   (página 88)

A **Empareja las frases.** Match each subject area listed in the left column with an item from the right column that you associate with that subject.

1. —— la contabilidad
2. —— la informática
3. —— la literatura
4. —— las comunicaciones
5. —— el español
6. —— la composición

a. una calculadora
b. un diccionario
c. un satélite
d. una computadora
e. un lápiz
f. un libro
g. el papel

ⓑ Mi clase. Make two lists of items normally associated with Spanish classrooms and classwork: at least five things that are already in the room when you arrive (**En mi clase hay...**) and five things that you take with you (**Yo llevo...**), as in the example.

EN MI CLASE HAY...   YO LLEVO...

EJEMPLO: *una mesa para el profesor o la profesora*   *un diccionario*

_____   _____

_____   _____

_____   _____

_____   _____

CONCEPTO: El presente del indicativo   (página 89)

ⓐ Actividades diarias. Using the frequency continuum as a guide, express how often you or people you know do the following activities, as in the examples.

|—————|—————|—————|—————|—————|—————|—————|

nunca   casi[1] nunca   raramente[2]   a veces   con frecuencia   casi siempre   todos los días

EJEMPLOS: estudiar → *(No) Estudio todos los días.*

recibir postales → *Mis padres casi nunca reciben postales.*

1. correr _____
2. tomar el desayuno[3] _____
3. arreglar mi cuarto _____
4. comprar libros _____
5. leer el periódico _____
6. escribir cartas _____
7. abrir las ventanas _____
8. asistir a mis clases _____
9. comer _____
10. hablar por teléfono _____

[1]*almost*   [2]*rarely*   [3]*breakfast*

B **En la clase.** There are some things students do in class, and some things they don't. Using the following infinitives, list at least three things students do and at least three things students don't do in class, as in the examples.

aprender	escribir	leer
beber	escuchar	practicar
comer	estudiar	preguntar
correr	hablar	vender

EJEMPLOS: *Los estudiantes hablan en la clase.*

Los estudiantes no comen en la clase.

_____

_____

_____

_____

_____

_____

_____

_____

C **Nosotros juntos.** Imagine that your Ⓘ is trying to get you to do the following things, but you refuse to do the work alone. Tell him or her that you are both doing the activities listed, as in the example.

¡OJO![1] Remember that the text uses symbols to represent persons whom you will choose to use in your responses. For example, in this and subsequent activities, the icon Ⓘ represents a person (**individuo**) who is special in your life. When you see one of these symbols, state the name of someone you know who fits the description of the symbol. For instance, when you see Ⓘ, say the name of your boyfriend/girlfriend, husband/wife, best friend, roommate, or favorite relative.

¿Quién es tu persona especial (Ⓘ)? _____

EJEMPLO: Tú arreglas la cama,[2] ¿no? →

No, nosotros/nosotras dos arreglamos la cama.

1. Tú limpias la casa, ¿no?

_____

2. Tú preparas las palomitas de maíz,[3] ¿no?

_____

3. Tú asistes hoy a la clase de español, ¿no?

_____

4. Tú debes estudiar, ¿no?

_____

5. Tú decides adónde vamos esta noche, ¿no?

_____

[1]*Careful! Note!*   [2]*bed*   [3]palomitas... *popcorn*

D **Un esquema.** Fill in the chart with the appropriate verb forms.

INFINITIVO	yo	tú	Ud./él/ella	nosotros/as	vosotros/as	Uds./ellos/ellas
pronunciar					pronunciáis	
			debemos		debéis	
	recibo				recibís	
	llamo				llamáis	
vender					vendéis	
			decide		decidís	

DIÁLOGOS: En un café en Guadalajara (páginas 91, 92)
En la universidad

Los datos. Using information from the dialogues, complete the following chart.

¿QUIÉN?	¿QUÉ?	¿CUÁNDO?
	tiene una clase a las cuatro	los jueves
	llama a un amigo si pierde una clase	
	tiene un examen de química	
Joaquín		los martes y jueves
	llama a María	

VOCABULARIO: Los días de la semana (página 93)

A **Mi horario.** List the classes you have this semester, along with the days that they meet, as in the example.

EJEMPLO: _Tengo la clase de español los lunes, miércoles y viernes._

_____

_____

_____

_____

_____

B **¿Qué día?** Write the day(s) you associate with the following items, as in the example. Include the general time of day (**por la mañana, por la tarde, por la noche**).

EJEMPLO: un servicio religioso → *el domingo por la mañana*

1. tu clase de español _____

2. arreglar tu cuarto _____

3. el laboratorio de idiomas _____

4. estudiar en la biblioteca _____

5. la reunión de tu club favorito _____

6. una visita a un pariente favorito _____

7. comer pizza _____

8. llamar por teléfono a una persona importante (¿a quién?) _____

CONCEPTO: La a personal

(página 94)

Ⓐ **¿Qué o a quién busca David?** David is having one of those days in which he cannot seem to find anything or anyone. Indicate what he is looking for, including the personal **a** as necessary, as in the examples.

EJEMPLOS: su boleto[1] de autobús → *David busca su boleto de autobús.*

su abuela → *David busca a su **abuela.***

1. su pasaporte _____

2. el álbum de fotos _____

3. el Sr. Kolb _____

4. su tío Arturo _____

5. su mapa de México _____

6. un calcetín _____

7. un amigo _____

8. su sacapuntas _____

[1]*ticket*

Ⓑ **Diálogo incompleto.** Read the following dialogue, which takes place in a residence hall cafeteria. For each blank, decide whether or not a personal **a** is needed.

ENRIQUE: Hola, _____[1] Joaquín, ¿cómo estás?

JOAQUÍN: Bien, _____[2] Enrique, ¿y tú?

ENRIQUE: Regular, gracias. Humm, dime, _____[3] Joaquín, ¿qué haces aquí? Tú no vives aquí, ¿verdad?

JOAQUÍN: No, yo no vivo aquí, pero sí vive aquí _____[4] Carmen.

ENRIQUE: ¿Carmen? ¿Cuál _____[5] Carmen?

JOAQUÍN: Bueno, busco _____[6] Carmen Campos.

ENRIQUE: Pero, ¿_____⁷ quién es _____⁸ Carmen Campos?

JOAQUÍN: Tú conocesª _____⁹ Carmen, Enrique.

ENRIQUE: ¿Sí? Yo no conozcoᵇ _____¹⁰ Carmen Campos.

JOAQUÍN: Sí, hombre, la rubia muy atractiva en nuestra clase de química.

ENRIQUE: Pero, hombre, hay por lo menosᶜ _____¹¹ cinco rubias muy atractivas en nuestra clase de química.

JOAQUÍN: ¡Por lo menos! En realidad, hay seis rubias, siete morenas y tres pelirrojas, todas muy bonitas. En clase, no miro _____¹² la profesora, miro _____¹³ las chicas.

ENRIQUE: Comprendo perfectamente. Por eso es mi clase favorita. Pero, ¿cuál rubia es _____¹⁴ Carmen?

JOAQUÍN: Ella ayudaᵈ _____¹⁵ la profesora con los laboratorios.

ENRIQUE: ¡Ah, sí! Y, también ayuda _____¹⁶ Joaquín algunas veces, ¿no?

JOAQUÍN: Exacto. Necesito _____¹⁷ mucha ayuda, y por esoᵉ busco _____¹⁸ Carmen.

ENRIQUE: Bueno, amigo, yo siempre miro _____¹⁹ todas las muchachas que entran en la cafetería, y tu Carmen no está aquí.

JOAQUÍN: Entonces, voy a esperarᶠ _____²⁰ Carmen aquí en la cafetería.

ENRIQUE: Y vamos a mirar _____²¹ todas las rubias.

JOAQUÍN: ¿Y _____²² las morenas, _____²³ las pelirrojas... ?

ENRIQUE: ¡También!

JOAQUÍN: ¡Qué buena es la vida!

ªknow, are acquainted with ᵇknow, am acquainted with ᶜpor... at least ᵈhelps ᵉpor... that's why ᶠwait for

DIÁLOGO: La despedida   (página 95)

Para completar. Using information from the dialogue, fill in the blanks in the following paragraph. Remember that in a narrative like this, the verbs should all be in the third person form (**él/ella, ellos/ellas**).

David nunca _____¹ a olvidar la ciudad de Guadalajara, ni a la familia

Kolb. El Sr. Kolb cree que su familia _____² a extrañar mucho a su nuevo

amigo. Héctor y Matilde _____³ ir a los Estados Unidos algún día. David

responde que en Wisconsin ellos _____⁴ su casa.

RECOMBINACIÓN

A **Una conversación incompleta.** Fill in the blanks in the following conversation with any appropriate completion.

ELENA: Estudias para ser ingeniero, ¿no?

HÉCTOR: Sí, y por eso, estudio _____ y _____.

ELENA: Pero, tú _____ y _____ poemas también, ¿verdad?

HÉCTOR: Sí, porque la literatura es muy interesante. Soy aficionado.

ELENA: ¿ _____ ?

HÉCTOR: Los martes y los jueves tengo clase de física a las tres.

ELENA: ¿ _____ ?

HÉCTOR: Para mí, no. Me gustan las ciencias. ¿y a ti?

ELENA: _____

HÉCTOR: Bueno, necesito ir al laboratorio. Nos vemos.

ELENA: _____

B **Combinaciones.** Write sentences with the words given, as in the example. You may use the words in any order. Words in parentheses may be used in any form you wish; otherwise, use the words in the form given.

EJEMPLO: (estar) / México →

Monterrey y Guadalajara están en México.

o *México está entre los Estados Unidos y Guatemala.*

1. ingenieros / (estudiar)

_____

2. gerente / escritorio

_____

3. pizarra / (escribir)

_____

4. domingos / (trabajar)

_____

5. (necesitar) / enfermera

_____

6. (buscar) / contador(a)

_____

7. informática / (deber)

C **Comparaciones.** On a separate sheet of paper, write a paragraph of five to seven sentences in length that compares the class schedules of two people you know. Use at least three words from each of the four columns in your comparisons. You will need to conjugate the verbs and add words and phrases as necessary.

las ciencias	abogado/a	aprender	lunes
el comercio	contador(a)	asistir	martes
las comunicaciones	empleado/a	desear	miércoles
la historia	gerente	estudiar	jueves
las matemáticas	médico/a	tomar	viernes
las ciencias políticas	periodista	vender	sábado
¿ ?	profesor(a)	vivir	domingo

EJERCICIOS DE LABORATORIO

PRONUNCIACIÓN: Word stress and written accents

In Spanish, word stress and the use of written accents are predictable, and are based on the following rules.

1. If a word ends in an **n, s,** or a vowel, the stress normally falls on the next-to-last syllable.

    can-tan   e-**xa**-men   **lu**-nes   **vier**-nes   **chi**-co   pu-**pi**-tre

2. If a word ends in a consonant other than **n** or **s,** the stress normally falls on the last syllable.

    com-**prar**   co-**rrer**   es-pa-**ñol**   li-ber-**tad**   mu-**jer**   na-cio-**nal**

3. Any exception to rules 1 and 2 will require a written accent mark on the stressed vowel.

    u-**nión**   a-**diós**   a-**sí**   ca-**fé**   **Mé**-xi-co   **lá**-piz

4. Exclamatory and interrogative words have a written accent on the stressed vowel.

    ¡**Cómo** no!   ¡**Qué** bueno!   ¿**Cuántos** años tienes?   ¿De **dónde** eres?

5. Certain one-syllable words will have accent marks to distinguish them from their homonyms.

    de of **dé** give   **si** if **sí** yes
    el the **él** he   **te** you (*object pronoun*) **té** tea
    se (*reflexive pronoun*) **sé** I know   **tu** your **tú** you (*subject pronoun*)

Para pronunciar. The following words will be said twice. Repeat each word the first time you hear it. The second time, circle the stressed syllable.

1.		2.		3.	
compran		ciudad		perdón	
buscan		hablar		televisión	
estudian		mejor		volcán	
preparan		mujer		adiós	
cantas		papel		autobús	
escribes		pedir		francés	
pones		pensar		lógico	
visitas		postal		océano	
abuela		rector		península	
hermana		saber		chófer	
padre		televisor		débil	
sobrino		universidad		difícil	

DIÁLOGO: En casa del Sr. Kolb   (página 76)

Ⓐ **Para repetir.** Al llegar a Guadalajara, David y Elena visitan a Héctor y Matilde, los hijos del Sr. Kolb. Hablan de sus estudios universitarios.

Listen to the conversation. Then listen again and repeat each sentence after you hear it.

ELENA: Héctor, ¿qué tienes?[1] ¿Estás muy cansado?
HÉCTOR: Sí. Tengo mucho trabajo en mis clases.
ELENA: ¿Qué materias estudias?
HÉCTOR: Estoy en el segundo curso[2] de ingeniería. Tengo que estudiar cálculo, física, estadística...
MATILDE: ¿Qué estudias tú, David?
DAVID: Estudio ciencias políticas y también español.

[1]¿qué... *what's with you?*   [2]segundo... *second level, year*

Ⓑ ¿Es cierto o no es cierto? Listen to the conversation again and indicate whether the following statements are true (**Es cierto**) or false (**No es cierto**). Repeat the correct answers.

	ES CIERTO	NO ES CIERTO
1. Héctor está cansado.	☐	☐
2. Héctor está en el segundo curso de enfermería.	☐	☐
3. Héctor tiene que estudiar cálculo y otras materias.	☐	☐
4. David estudia ingeniería.	☐	☐
5. David estudia estadística.	☐	☐

VOCABULARIO: Las materias   (página 78)

Ⓐ El horario de Joaquín. Joaquín, a friend of David's who studies at UW-EC, always writes his schedule in his notebook. Listen to Joaquín explain his schedule and repeat each of his statements after you hear it.

	lunes	martes	miércoles	jueves	viernes
			mi horario		
8:00	historia		historia		historia
9:00	francés	francés	francés	francés	laboratorio de lenguas
10:00		inglés		inglés	
11:00					
12:00	almuerzo	almuerzo	almuerzo	almuerzo	almuerzo
1:00					
2:00	física	física	laboratorio	física	física
3:00		arte		arte	
4:00					
5:00					
6:00					

1. ...   2. ...   3. ...   4. ...   5. ...   6. ...

B **Tu horario.** Imagine that the following is your schedule for the semester. Answer the following questions based on the information in the schedule, as in the example. Repeat the correct answers.

Mi horario				
lunes	martes	miércoles	jueves	viernes
10:00 español	español	español	español	laboratorio de lenguas
11:00	geografía		geografía	
12:00 computación		computación		computación
1:00 almuerzo	almuerzo	almuerzo	almuerzo	almuerzo
2:00 sociología		sociología		sociología
3:00	ciencias políticas		ciencias políticas	

EJEMPLO: ¿Tienes clase a las 8:00? → No, no tengo clase a las ocho.

1.   ¿Tienes la clase de español por la mañana o por la tarde?

2.   ¿Qué días tienes la clase de computación?

3.   ¿Qué días tienes la clase de geografía?

4.   ¿A qué hora tienes la clase de sociología?

5.   ¿Cuántas materias estudias?

6.   ¿A qué hora tomas el almuerzo?

7.   ¿Qué estudias los martes y jueves a las tres de la tarde?

CONCEPTO: *Ser y estar* (página 80)

La familia de David. David is describing his family's life in Eau Claire, Wisconsin. Listen to the description. It will be said twice. Then answer the following questions and repeat the correct answers. First, listen to the questions you will be asked.

1.   ¿Dónde está la familia de David?

2.   ¿De dónde es la mamá de David?

3.   ¿Quién es Sandra?

4.   ¿Es Sandra alta o baja?

5.   ¿Dónde está David?

6.   ¿Cómo está David?

DIÁLOGO: En la Universidad de Guadalajara (página 81)

Para repetir. En la Universidad de Guadalajara, Elena y David hablan con unos estudiantes universitarios sobre sus planes para el futuro.

Listen to the conversation. Then listen a second time and repeat each sentence after you hear it.

ELENA: Pedro, ¿qué vas a hacer después de terminar[1] tus estudios?
PEDRO: Voy a enseñar lenguas.
ELENA: La enseñanza[2] es muy importante. ¿Y tú, Beatriz?
BEATRIZ: Voy a ser administradora de empresas.

[1]después... *after finishing*   [2]*teaching*

DIÁLOGO: En la universidad (página 82)

¿Qué vas a hacer? Los estudiantes de UW-EC también hablan de sus planes para el futuro.

Listen to their conversation. It will be said twice. Then indicate whether the following statements correspond to the short and long range plans of Jorge, María, or Luisa. Repeat the correct answers.

	JORGE	MARÍA	LUISA
1. Va a ser médica.	☐	☐	☐
2. Va a trabajar en Miami.	☐	☐	☐
3. Va a ser enfermero.	☐	☐	☐
4. No va a estudiar más historia.	☐	☐	☐
5. Va a ser abogada.	☐	☐	☐
6. Va a estudiar en la biblioteca esta noche.	☐	☐	☐

VOCABULARIO: Las profesiones y las ocupacions (página 83)

A **¿Qué hacen?** State the professions of the following individuals, as in the example. Repeat the correct answers.

EJEMPLO: ¿Qué hace Laura? → Laura es médica.

1. ¿Qué hace Nuria?

2. ¿Qué hace Rafael?

3. ¿Qué hace Javier?

4. ¿Qué hace Manuel?

5. ¿Qué hace Carolina?

6. ¿Qué hace Josefina?

7. ¿Qué hace María?

B **¿Quién lo hace?** Listen to some short job descriptions. They will be said twice. Then match each description with the most logical occupation from the following list, as in the example. Repeat the correct answers.

EJEMPLO: (Cocina en un restaurante.) → Un cocinero cocina en un restaurante.

cajero   médico
cocinero   profesor
escritor   veterinario

1. ...   2. ...   3. ...   4. ...   5. ...

CONCEPTO: *Ir a* + infinitivo (página 85)

Ⓐ Preparativos para la fiesta. The **Club Hispánico** is planning a party. Taking Carmen's point of view, say what the following people are going to do in order to get ready, as in the example. Repeat the correct answers.

EJEMPLO: María / comprar la comida → María va a comprar la comida.

1. Luis / invitar a los estudiantes

2. Felipe y yo / reservar la sala

3. Ud. / decorar la sala

4. Uds. / llamar por teléfono a sus amigos

5. Tú / preparar la comida

6. Yo / buscar la música

Ⓑ ¿Qué van a hacer mañana? For the following people, tomorrow will be like today. Based on what is happening today, say what is going to happen tomorrow, as in the example. Repeat the correct answers.

EJEMPLO: Tengo tres clases hoy. → Mañana voy a tener tres clases también.

1. Estudio en la biblioteca hoy.

2. Joaquín habla con sus amigos hoy.

3. David y Elena visitan Guadalajara hoy.

4. Los profesores enseñan en la universidad hoy.

5. Vas a la biblioteca hoy.

6. Hablamos por teléfono hoy.

DIÁLOGO: Antes de clase (página 87)

¿Es cierto o no es cierto? David y Elena conversan con Héctor, quien se prepara para ir a su próxima clase.

Listen to their conversation. Feel free to rewind the tape to listen again, if necessary. Then determine whether the following statements are true (**Es cierto**) or false (**No es cierto**). Repeat the correct answers.

	ES CIERTO	NO ES CIERTO
1. Héctor estudia economía.	☐	☐
2. Héctor tiene clase a las doce.	☐	☐
3. Héctor no lleva los libros a clase.	☐	☐
4. Héctor tiene que escribir en la clase.	☐	☐
5. El profesor es bueno.	☐	☐

VOCABULARIO: La sala de clase (página 88)

Para completar. It is the first day of class and professor Ramos is explaining procedures for the course. Listen to the explanation. It will be said twice. As you listen, fill in the missing words.

Este semestre vamos a estudiar la geografía de México. Por lo tanto, vamos a examinar diferentes mapas del país. Yo voy a poner muchos datos[a] importantes en la _____[1] y también en la _____[2]. Así que Uds. van a necesitar _____[3] y _____[4] o _____[5] todos los días. También deben traer[b] un _____[6]. Y para los _____[7], el _____[8] está en mi _____[9].

[a]*facts, data*   [b]*bring*

CONCEPTO: El presente del indicativo (página 89)

Ⓐ **Un día típico.** Say what the following people do during a typical day at the university, as in the example. Repeat the correct answers.

EJEMPLO: Carmen / conversar en la cafetería → Carmen conversa en la cafetería.

1.   David / estudia en la biblioteca
2.   Jorge y Luisa / practica en el laboratorio de lenguas
3.   nosotros / lee novelas
4.   yo / tomar un examen
5.   tú / trabajar en la librería
6.   Usted / tomar café por la mañana
7.   Alfonsina y Carmen / comer al mediodía
8.   nosotros / escribir composiciones
9.   yo / asistir a mis clases
10.   Sandra / correr por la tarde

Ⓑ **¿Qué hacen David y Elena?** Form complete sentences in order to describe David's travels in Mexico, as in the example. Repeat the correct answers.

EJEMPLO: Elena / invitar / a David → Elena invita a David.

1.   David / conversar / con Elena
2.   David y Elena / viajar / en autobús
3.   David y Elena / visitar / a su abuela
4.   David y su abuela / mirar / fotos
5.   David / leer / un libro sobre México
6.   David y Elena / decidir / ir a Guadalajara
7.   Elena / enseñar / su país a su primo
8.   David / escribir / a sus amigos

DIÁLOGO: En la universidad   (página 92)

Empareja las frases. En la Universidad de Wisconsin–Eau Claire, los amigos de David conversan sobre sus planes para la semana.

Listen to the conversations. They will be said twice. Then match the items in the two columns. There may be more than one possible answer. Repeat the correct answers.

1. _____ el día del examen de química

2. _____ los días en que Joaquín tiene clase con Leon

3. _____ un día difícil para todos

4. _____ los días favoritos de Luis y Felipe

a. lunes
b. martes
c. miércoles
d. jueves
e. viernes
f. sábado
g. domingo

VOCABULARIO: Los días de la semana   (página 93)

¿Qué día es hoy? Use the calendar to answer the following questions, as in the example. Repeat the correct answers.

EJEMPLO: ¿Qué día es el 4 de enero? → El 4 de enero es sábado.

enero						
lunes	martes	miércoles	jueves	viernes	sábado	domingo
		1	2	3	4	5
6	7	8	9	10	11	12
13	14	15	16	17	18	19
20	21	22	23	24	25	26
27	28	29	30	31		

El diez y siete. de eneros es viernes. _y lunes hay en el mes de enero_

1. ¿Qué día es el 17 de enero?
   El 26 de enero es domingo.
2. ¿Qué día es el 26 de enero?
   Manana es Lunes.
3. Si hoy es el 5 de enero, ¿qué día es mañana?

4. ¿Cuántos lunes hay en el mes de enero?

5. ¿Cuántos días hay en el mes?   _31 dias_
   en el mes.

CONCEPTO: La a personal   (página 94)

Para decidir. Listen to the following sentences. Then add the personal **a** if necessary, as in the examples. Repeat the correct answers.

EJEMPLOS: David busca _____ el mapa. → David busca el mapa.

David busca _____ Elena. → David busca a Elena.

1. Elena busca _____ el cuaderno.

2. Elena y David visitan _a_ la familia Kolb.

3. Elena y David visitan _____ la universidad.

4. Joaquín escucha _a_ sus amigos.

5. Luisa tiene _____ tres hermanos.

6. Sandra invita _a_ sus tíos. *Uncles + aunts!*

DIÁLOGO: La despedida   (página 95)

Empareja las frases. La familia Kolb invita a David y a Elena a cenar[1] en la Plaza de los Mariachis. Allí todos conversan y escuchan la música.

Listen to their conversation. It will be said twice. Then match the descriptions in the left column with the people to whom the descriptions correspond in the right column. Repeat the correct answers.

1. _____ Está contento de su visita a Guadalajara.
2. _____ Es amable y generosa.
3. _____ Van a visitar los Estados Unidos algún día.
4. _____ Invita a dos nuevos amigos a su casa.
5. _____ Vive en Wisconsin.

a. la familia Kolb
b. David
c. Héctor y Matilde
d. Elena

[1] *to have dinner*

EN ACCIÓN   (página 96)

Ⓐ Empareja las frases. Listen to six women briefly describe a typical day. Then match the women in the left column with their professions in the right column, as in the example. Repeat the correct answers.

EJEMPLO: Susana (Me llamo Susana. Trabajo en programas de televisión y también en el teatro. Prefiero el teatro pero hay más dinero en la televisión. ¡Ahora soy famosa!) →
a. Susana es actriz.

MUJERES

1. _____ María
2. _____ Isabel
3. _____ Genoveva
4. _____ Claudia
5. _____ Elisa

PROFESIONES

a. actriz
b. ama de casa
c. administradora de empresas
d. cocinera
e. dependiente
f. profesora

Ⓑ El horario de una mujer de negocios. Carmen Ramírez is a successful business executive in Guadalajara. Her schedule for the next week is summarized on the following calendar. Use the calendar to answer the following questions about her plans, as in the example. Repeat the correct answers.

```
┌─────────────────────────────┐
│  _____   │
│  lunes ___tenis, 6:00___    │
│                             │
│  _____   │
│  martes __reunión, 10:00__  │
│                             │
│  _____   │
│  miércoles _México, D.F.__  │
│                             │
│  _____   │
│  jueves __Monterrey_____   │
│                             │
│  _____   │
│  viernes _enseñar clase__   │
│                             │
│  _____   │
│  sábado __Saltillo_____   │
│                             │
│  _____   │
│  domingo _fiesta, 8:00___   │
│  _____   │
└─────────────────────────────┘
```

EJEMPLO: ¿Cuándo va a estar en Monterrey? → Va a estar en Monterrey el jueves.

1.   ¿Cuándo va a tener una reunión importante?

2.   ¿A qué hora va a ser la reunión?

3.   ¿Cuándo va a viajar a la capital (México D.F.)?

4.   ¿Cuándo va a tener una fiesta?

5.   ¿A qué hora va a practicar el tenis el lunes?

6.   ¿Cuándo va a enseñar una clase?

CAPÍTULO 4 Las viviendas

CONCEPTOS

Algunos verbos irregulares (página 109)

You know already that **ser, estar,** and **tener** do not follow the patterns of conjugation for regular verbs studied in **Capítulo 3;** rather, they have their own forms. Infinitives that have such unpredictable forms are considered *irregular*. The following infinitives are fairly predictable in all forms except the **yo** form.

dar (*to give*)	
doy	damos
das	dais
da	dan

saber (*to know*)	
sé	sabemos
sabes	sabéis
sabe	saben

ver (*to see*)	
veo	vemos
ves	veis
ve	ven

hacer* (*to do, to make*)	
hago	hacemos
haces	hacéis
hace	hacen

poner* (*to put*)	
pongo	ponemos
pones	ponéis
pone	ponen

---
*Note that the **yo** form inserts a **-g-** before the final **-o.**

salir* (to leave; to go out)	
salgo	salimos
sales	salís
sale	salen

decir*† (to say, tell)	
digo	decimos
dices	decís
dice	dicen

oír*† (to hear)	
oigo	oímos
oyes	oís
oye	oyen

venir*† (to come)	
vengo	venimos
vienes	venís
viene	vienen

Los verbos de cambio radical (página 115)

e → ie	
pensar (ie) (to think)	
pienso	pensamos
piensas	pensáis
piensa	piensan

e → i	
servir (i) (to serve)	
sirvo	servimos
sirves	servís
sirve	sirven

o → ue	
poder (ue) (to be able, can)	
puedo	podemos
puedes	podéis
puede	pueden

u → ue	
jugar (ue) (to play)	
juego	jugamos
juegas	jugáis
juega	juegan

---

* Note that the **yo** form inserts a **-g-** before the final **-o.**
† Note the changes in the **tú, Ud./él/ella,** and **Uds./ellos/ellas** forms.

The following are some common verbs that have stem changes.

e → ie	e → i	o → ue	u → ue
empezar (ie)	pedir (i)	almorzar (ue)	jugar (ue)
entender (ie)	repetir (i)	devolver (ue)	
pensar (ie)	servir (i)	dormir (ue)	
preferir (ie)		mostrar (ue)	
querer (ie)		poder (ue)	
		recordar (ue)	
		soler (ue)	
		volver (ue)	

No entiendo la tarea.
¿Siempre repites el vocabulario en el laboratorio?
¿Recuerda Ud. mi nombre?
Luisa vuelve a Miami en junio.
El profesor juega al tenis.
Jaime y yo almorzamos en la cafetería.
Carmen, ¿tú y Celia ya devolvéis los libros a la librería?
¿Suelen Uds. comer pizza los domingos?
Alfonsina y Marisol piensan salir esta noche.
Joaquín y Jorge quieren pedir cerveza pero no pueden.

Verbs can be thought of as having two parts: a stem, which conveys the meaning of the verb, and an ending, which conveys grammatical information such as subject (**yo, tú, ...**), tense (present, past, future), and mood (subjunctive, indicative). You have already learned that, to conjugate verbs, the endings change as the subject changes. For stem-changing verbs, the stems of the **yo, tú, Ud./él/ella,** and **Uds./ellos/ellas** forms also change. In vocabulary lists, the stem change will always be shown in parentheses after the infinitive.

Los verbos reflexivos

(página 121)

levantarse (*to get up; to rise, stand up*)	**divertirse (ie)** (*to amuse oneself; to have fun, a good time*)
me levanto	me divierto
te levantas	te diviertes
se levanta	se divierte
nos levantamos	nos divertimos
os levantáis	os divertís
se levantan	se divierten

A reflexive verb is one in which the subject and the object are the same.[*] While the standard English translation may not reflect this relationship, it is usually clear. Compare the following pairs of sentences.

_____

[*] Some verbs with reflexive constructions do not have true reflexive meaning. Instead, the reflexive verb undergoes a meaning change. For example, **ir** = *to go*, **irse** = *to go away, leave*; **reunir** = *to gather*, **reunirse** = *to meet, get together*.

Luisa acuesta a Mercedes.	*Luisa puts Mercedes to bed.*
Luisa **se acuesta.**	*Luisa goes to bed (lit., puts herself to bed).*
El gato divierte a la niña.	*The cat amuses the child.*
El gato **se divierte.**	*The cat is having fun (lit., amuses itself).*
Tomás pone la ropa en el armario.	*Tomás puts his clothes in the closet.*
Tomás **se pone** la ropa.	*Tomás puts on his clothes (lit., puts his clothes on himself).*

In Spanish, as in English, reflexive verbs include a pronoun that renames the subject. Unlike in English, however, the reflexive pronouns can either be attached to the end of the infinitive or placed in front of the conjugated verb.

Me voy a sentar ahora.	Voy a sentar**me** ahora.
Me prefiero duchar.	Prefiero duchar**me.**

The following is a list of some common reflexive verbs.

acostarse (ue)	divertirse (ie)	levantarse	quitarse
afeitarse	dormirse (ue)	llamarse	reunirse (me reúno)
bañarse	ducharse	maquillarse	secarse
cepillarse	irse (me voy)	peinarse	sentarse (ie)
despertarse (ie)	lavarse	ponerse (me pongo)	vestirse (i)

EJERCICIOS ESCRITOS

DIÁLOGOS: En las afueras de la ciudad (página 106)
En la universidad

Ⓐ ¿Qué recuerdas tú? Using information from the dialogues, complete each sentence by writing the appropriate letter for all possible completions in the blank provided.

1. En esa zona hay _____.
   a. casas particulares
   b. edificios nuevos
   c. construcciones típicas

2. La población de esa zona _____.
   a. vive en apartamentos
   b. aumenta rápido
   c. quiere casas particulares

3. Luis va a celebrar _____.
   a. el cumpleaños de Tomás
   b. en su apartamento
   c. en la biblioteca

4. Alfonsina invita a Marisol a _____.
   a. pasar por la biblioteca con ella
   b. la oficina de su profesora
   c. su apartamento

5. Marisol le debe a su profesora _____.
   a. una tarea de antropología
   b. unos libros de la biblioteca
   c. un trabajo escrito

6. Luisa va a traer fotos _____.
   a. del condominio donde viven sus tíos
   b. de una casa particular
   c. mañana

Ⓑ ¿Dónde está? Using information from the dialogues, complete the following statements by filling in the blank with the most appropriate word.

1. En la urbanización que Elena, David, y el señor Cardoza ven, no hay _____

   particulares; hay _____ .

2. Ese tipo de construcción es _____ en una _____ moderna.

3. No van a hacer la fiesta en el _____ de Luis, sino en la _____

   de Jorge y Joaquín.

4. Alfonsina sale de la _____ a las cuatro. Luego[1] va a pasar por la

   _____ .

5. Los tíos de Luisa tienen un _____ en la Florida.

¹*Then*

VOCABULARIO: Las viviendas

(página 108)

¿Dónde viven? Indicate what kind of housing you associate with the following, as in the example.

EJEMPLO: el presidente de los EE. UU. → *una casa*

1. tu familia _____
2. un estudiante de primer año _____
3. un viejo rico en la Florida _____
4. los recién casados[1] _____
5. una fraternidad _____
6. tú, aquí en la universidad _____
7. tú, en diez años _____

[1]recién... *newlyweds*

CONCEPTO: Algunos verbos irregulares

(página 109)

Ⓐ ¿Cuántas veces? Using the frequency continuum as a guide, express how often you do the following activities, as in the example.

|——|——|——|——|——|——|——|
nunca casi nunca raramente a veces con frecuencia casi siempre todos los días

EJEMPLO: decir la verdad → *Casi siempre digo la verdad.*

1. salir con amigos _____
2. saber las respuestas _____
3. hacer la tarea de español _____
4. ver televisión _____
5. venir a esta clase _____
6. dar una fiesta _____
7. oír un tren _____
8. poner los libros en el suelo _____
9. decir mentiras _____
10. traer los libros a clase _____

Ⓑ ¿A qué hora? Express what you do and when you do it by using the appropriate forms of the most logical verbs from the following list. Do not repeat any verbs.

dar	hacer	saber	venir
decir	poner	salir	ver

¡OJO![1] Remember that the text uses symbols to represent persons whom you will choose to use in your responses. For example, in this and subsequent activities, the icon Ⓘ represents a person (**individuo**) who is special in your life. When you see one of these symbols, substitute the name of someone you know

[1]*Careful! Note!*

who fits the description of the symbol. For instance, when you see Ⓘ, substitute the name of your boyfriend/girlfriend, husband/wife, best friend, roommate, or favorite relative.

¿Quién es tu persona especial (Ⓘ)? _____

1. _____ mi tarea a la(s) _____ (*time*).

2. _____ para mi primera clase _____ .

3. _____ a esta clase _____ .

4. _____ «buenos días» a (Ⓘ) _____ .

5. _____ la tele _____ .

6. _____ un paseo _____ .

Ⓒ Una clase típica. Write statements or questions about a typical class meeting by using one item from each of the following columns, as in the example. Do not repeat subjects or verb phrases, but use items from the third column as often as necessary to complete your statements.

¡OJO! Remember that the text uses symbols to represent persons whom you will choose to use in your responses. For example, in this and subsequent activities, the icons Ⓟ and Ⓔ represent a professor or another student whom you know. When you see one of these symbols, substitute the name of that person.

yo	(no) poner los libros en el suelo	a las ocho
Ⓟ	(no) ver la tele en clase	sólo los viernes
mis amigos y yo	(no) saber las respuestas	todos los días
los estudiantes	(no) venir a clase	durante la clase
Ⓔ	(no) hacer tarea de otra clase	raramente
tú	(no) oír	muy bien
usted	(no) salir temprano de la clase	algunas veces
ustedes	(no) dar respuestas correctas	casi siempre
	(no) decir la verdad	frecuentemente

EJEMPLO: *Los estudiantes dan respuestas correctas casi siempre.*

1. _____

2. _____

3. _____

4. _____

5. _____

6. _____

7. _____

8. _____

D **Un esquema.** Fill in the following chart with the appropriate verb forms.

INFINITIVO	yo	nosotros/as	ellos/as
		hacemos	
	sé		
			oyen
dar			
			salen
poner			
	digo		
			vienen

DIÁLOGOS: Se alquilan cuartos En la universidad

(páginas 111, 112)

A **Empareja las frases.** Using information from the dialogues, make correct statements by combining elements from the two columns. Write your statements in the blanks provided.

La casa de la Sra. Santos es
Las alcobas en la casa de la Sra. Santos son
Los estudiantes prefieren
A veces Jorge almuerza en
La sala de la casa del profesor Brewer tiene
Luisa y su esposo van a tener
En el sótano van a poner

los armarios grandes.
la cafetería.
dos sofás y muchos sillones.
la lavadora y la secadora.
una cocina con un horno de microondas.
vieja pero cómoda.
muy grandes.

1. _____

2. _____

3. _____

4. _____

5. _____

6. _____

7. _____

B **Para completar.** Using information from the dialogues, complete the following summary by filling in the blanks with the appropriate words.

Arreglamos nuestras casas para el beneficio de las personas que viven allí o que llegan de visita. Por

ejemplo, en la casa de la Sra. Santos, las alcobas son grandes porque los _____[1] que

van a Guanajuato para estudiar quieren tener mucho espacio. También prefieren los

_____[2] grandes.

Jorge come a veces en la _____³, pero prefiere almorzar y desayunar en

un _____⁴ en el _____⁵. El profesor Brewer tiene una

_____⁶ enorme y puede invitar a muchos alumnos. Luisa está pensando en la

_____⁷ ideal que ella y su esposo van a tener. Ellos quieren tener una cocina con

un horno de _____⁸ y un _____⁹. En el sótano van a poner la

_____¹⁰ y la secadora.

A PROPÓSITO: Las formas progresivas (página 113)

estar + present participle { stem + **-ando** (**-ar** verbs)*
stem + **-iendo** (**-er** and **-ir** verbs)*

¡Silencio! **Estoy** pens**ando**.	*Quiet! I'm thinking.*
En este momento **estamos** com**iendo**.	*We're eating at this moment.*
¿Qué **estás** escrib**iendo**?	*What are you writing?*

To indicate that an action is in progress at a given point in time, Spanish can use either the present tense or a progressive form. Whereas the present tense can have various meanings,[†] the progressive emphasizes that an action is in progress at the moment in question.

The Spanish progressive, composed of a form of **estar** plus the present participle, corresponds in form to the English progressive: *I am reading, he is walking, they are studying.* The use of the progressive is more limited in Spanish than in English, however. Whereas English can use the progressive to tell what is going to happen (*We're going to Colorado tomorrow.*) and to tell what someone is doing over a period of time, though not necessarily at that moment (*My son is studying Spanish at the university this semester.*), Spanish uses the progressive primarily to describe an action actually in progress.

---

[*]Some present participles do not follow the basic pattern of formation. For example, **-er** and **-ir** verbs whose stems end in a vowel undergo a spelling change.

creer → cre**y**endo   leer → le**y**endo   oír → o**y**endo   traer → tra**y**endo

In addition, **-ir** stem-changing verbs also show a stem change in the stem vowel of the present participle.

decir (digo) → d**i**ciendo	preferir (ie) → pref**i**riendo	servir (i) → s**i**rviendo
divertir (ie) → div**i**rtiendo	pedir (i) → p**i**diendo	vestir (i) → v**i**stiendo
dormir (ue) → d**u**rmiendo	repetir (i) → rep**i**tiendo	

[†] Recall that the present tense can be used for English present, present progressive, and future, depending on the context. Take, for example, the various meanings of the sentence **Voy a la biblioteca** when used in response to three different questions.

1.	¿Qué haces los martes a las dos?	*What do you do on Tuesdays at two o'clock?*
	Voy a la biblioteca.	*I go to the library.*
2.	¿Qué haces ahora?	*What are you doing right now?*
	Voy a la biblioteca.	*I'm going to the library.*
3.	¿Qué haces mañana?	*What are you doing (will you do) tomorrow?*
	Voy a la biblioteca.	*I'm going (I will go) to the library.*

A **Los gerundios.** Give the present participles for the following infinitives, as in the examples.

EJEMPLOS: hablar → _hablando_

ver → _viendo_

vestir (¡OJO!) → _vistiendo_

1. comer _____

2. visitar _____

3. escribir _____

4. invitar _____

5. arreglar _____

6. leer (¡OJO!) _____

7. servir (¡OJO!) _____

8. dormir (¡OJO!) _____

9. pedir (¡OJO!) _____

10. oír (¡OJO!) _____

B **Los sinónimos.** Rewrite the following present-tense verbs in the present progressive, as in the examples.

EJEMPLOS: hablo → _estoy hablando_

¿comes? → _¿estás comiendo?_

repiten (¡OJO!) → _están repitiendo_

1. tomamos _____

2. lee (¡OJO!) _____

3. entran _____

4. abren _____

5. pedimos (¡OJO!) _____

6. salgo _____

7. juego _____

8. ¿duermes? (¡OJO!) _____

9. pongo _____

10. empieza _____

C **¿Qué estás haciendo?** Express what you are doing on a typical Tuesday at each of the times listed, as in the example.

EJEMPLO: a las diez de la mañana →
Estoy estudiando en la biblioteca.

1. a las siete de la mañana

   _____

2. a mediodía

   _____

3. a las tres de la tarde

   _____

4. a las siete de la tarde

   _____

5. a las diez de la noche

   _____

6. a medianoche

   _____

VOCABULARIO: Los cuartos y los muebles de la casa
(página 114)

A **¿Qué habitación?** State which room of the house you associate with the following items, as in the example.

EJEMPLO: una cama → *el cuarto* _____

1. un refrigerador _____

2. una mesa _____

3. una ducha _____

4. un tocador _____

5. un sillón _____

6. un televisor _____

7. una lavadora _____

8. un inodoro _____

B **Mi casa ideal.** Describe the furniture you would have in the following ideal rooms, as in the example.

EJEMPLO: Para mí un dormitorio ideal tiene *una cama enorme, dos mesitas, dos lámparas,*

una cómoda, un tocador y un espejo.

1. Para mí una cocina ideal tiene _____

   _____

2. Para mí una sala ideal tiene _____

   _____

3. Para mí un comedor ideal tiene _____

_____

4. Para mí un baño ideal tiene _____

_____

5. Para mí un patio ideal tiene _____

_____

6. Para mí un sótano ideal tiene _____

_____

CONCEPTO: Los verbos de cambio radical (página 115)

A **Un sábado típico.** Read the following information about the activities of Mercedes and her mother, Luisa, on a typical Saturday. Then answer the questions with short answers.

MERCEDES

Duerme hasta las 9:30. Desayuna y almuerza en casa. Generalmente quiere ir al parque porque piensa pasar tiempo con los amigos. Cuando pide permiso para ir, su mamá le dice que puede. Va al parque y vuelve a casa a las 5:00.

LUISA

Empieza el día a las 7:00. Suele desayunar en casa. Prefiere pasar tiempo con los amigos, por eso juega al béisbol o al tenis. A veces no puede porque trabaja en la biblioteca. Siempre vuelve a casa a las 5:00. Repite la rutina cada sábado.

1. ¿Quién duerme tarde? _____

2. ¿A qué hora empieza Luisa el día? _____

3. ¿Dónde suelen desayunar las dos? _____

4. ¿Adónde quiere ir Mercedes, generalmente? _____

5. ¿Qué piensa hacer ella? _____

6. ¿Qué pide Mercedes? _____

7. ¿Recibe permiso? _____

8. ¿Va al parque Mercedes? _____

9. ¿Puede Luisa jugar al béisbol o al tenis todos los sábados? (¿Por qué puede o por qué no puede jugar?)

_____

10. ¿Qué hacen Mercedes y Luisa a las cinco? _____

B **Carmen y Felipe.** Complete the following statements about Carmen and Felipe by filling in the blanks with the correct form of the infinitives in parentheses. Then state whether or not, as a general rule, the statement applies to you and other students in your institution, using the **nosotros** form of the same verb, as in the example.

EJEMPLO: (preferir) Felipe _prefiere_____ estudiar en la biblioteca por la tarde. →

Mis compañeros y yo preferimos estudiar en casa por la tarde.

o _Mis compañeros y yo también preferimos estudiar en la biblioteca por la tarde._

1. (soler) Carmen _____ estudiar con sus amigos.

   _____

2. (volver) Felipe y Carmen _____ de noche a la universidad para

   estudiar en la biblioteca.

   _____

3. (poder) Felipe y Carmen _____ tomar el autobús a la universidad.

   _____

4. (servir) Felipe y Carmen frecuentemente _____ vino en casa.

   _____

5. (pedir) Felipe y Carmen _____ vino en el café.

   _____

6. (entender) Felipe y Carmen no _____ perfectamente el inglés.

   _____

7. (decir) Ellos _____ que el inglés es difícil.

   _____

C **Un párrafo.** Use the following elements to write a paragraph about Carmen and her friends, being sure to make all necessary changes and additions, as in the example. NOTE: A double slash mark (/ /) indicates where a new sentence begins.

Carmen / soler / salir / sábado / noche / / Este / noche / querer / ir / cine / con / amigos / Felipe y Alfonsina / / Preguntar / si / ellos / poder / ir / / Felipe / querer / saber / a qué hora / empezar / película / / Carmen / decir / que / película / empezar / siete / / Alfonsina / decir / que / ella / preferir / ir / fiesta / Marisol / / Carmen / no / oír / bien / y / Alfonsina / repetir / idea / / Felipe / recordar / que / fiesta / Marisol / empezar / nueve / / Ellos / ir / cine / y / después / volver / fiesta / /

EJEMPLO: *Carmen suele salir los sábados por la noche.* _____

_____

_____

_____

_____

_____

_____

_____

_____

_____

D Un esquema. Fill in the following chart with the appropriate verb forms.

INFINITIVO	yo	nosotros/as	ellos/as
		pensamos	
	quiero		
			prefieren
jugar			
			almuerzan
poder			
	repito		
			recuerdan

DIÁLOGOS: Turistas de los EE. UU. En la universidad (páginas 117, 118)

A Preguntas. Answer the following questions with complete sentences.

1. ¿Quién está de vacaciones en San Miguel de Allende? _____
2. ¿Quién es Jennifer? _____
3. ¿De qué color son los ojos de David? _____
4. ¿A qué hora se levanta Felipe generalmente? _____
5. ¿Qué hace Felipe en la mañana? _____
6. Según[1] Carmen, ¿qué debe ponerse? _____
7. ¿A qué hora tiene que irse Luis de la fiesta? _____
8. ¿A qué hora se acuesta Luis? _____

[1]According to

B Dialoguitos incompletos. Complete each of the mini-conversations by choosing the most logical response from the following list.

—A las once de la noche, ¿por qué?
—Por el color del pelo y de los ojos.
—Sí, porque hace frío esta mañana.

—Porque siempre me acuesto a las diez.
—No, con un suéter, tienes suficiente.
—¡Qué horario más rígido tienes!

1. —¿Te pones un suéter hoy?

   —_____

2. —¿Necesito ponerme el abrigo esta mañana?

   —_____

3. —¿Cómo puedes decir que Jennifer parece hispana?

   —_____

4. —¿Por qué te vas tan temprano?

    —_____

5. —¿A qué hora te acuestas?

    —_____

VOCABULARIO: El cuerpo   (página 120)

A **Asociaciones.** Write the part or parts of the body you generally associate with each of the following items, as in the example.

EJEMPLO: los guantes → *las manos, los dedos* _____

1. la corbata _____

2. la gorra _____

3. los zapatos de tenis _____

4. el anillo de bodas[1] _____

5. el suéter _____

6. los calcetines _____

7. el peine[2] _____

8. la afeitadora[3] _____

9. las medias _____

[1]anillo... *wedding ring*   [2]*comb*   [3]*razor*

B **El monstruo que come la ciudad.** Imagine that you are a newspaper reporter covering a story about a monster attacking your city. On a separate sheet of paper, write a paragraph of seven to ten sentences in length in which you describe the monster to your readers. Feel free to add details about color and size!

CONCEPTO: Los verbos reflexivos

(página 121)

A **¡Qué curioso!** Imagine that you are talking with some friends, and it turns out that your daily routine is different from theirs. Complete the comparisons of your activities by expressing what you and your friends do differently, as in the examples.

EJEMPLOS: —Nos divertimos mucho en la clase de matemáticas.

— *¿Sí? Yo no me divierto en la clase de matemáticas; me divierto en la clase de biología.*

— *Nos vamos para la universidad a la una.*

—¿Sí? Yo no me voy para la universidad a la una; me voy a las ocho.

1. —_____

—¿Sí? Yo no me levanto tan pronto como me despierto; me levanto quince minutos después.

2. —Nos lavamos el pelo por la mañana.

—_____

3. —Nos ponemos la ropa después del desayuno.

—_____

4. —_____

—¿Sí? Yo no me cepillo el pelo; me peino.

5. —En clase nos sentamos enfrente.

—_____

6. —_____

—¿Sí? Yo no me quito los zapatos al entrar[1] en la casa.

7. —Nos bañamos por la noche.

—_____

8. —_____

—¿Sí? Yo no me afeito por la noche; me afeito por la mañana.

[1]al... *upon entering*

B **Al mismo tiempo.** Say at what time you do the following activities. Then indicate whether you and your current (or imaginary) roommate/Ⓘ generally do these activities at the same time or not, as in the example.

¿Quién es tu persona especial (Ⓘ)? _____

EJEMPLO:

Me despierto a las seis y media.

Mi ①y yo no nos despertamos al mismo tiempo.

1. _____

_____

2. _____

_____

3. _____

_____

4. _____

_____

5. _____

_____

6. _____

_____

7. _____

_____

8. _____

_____

C **Preguntas personales.** Answer the following questions with complete sentences.

¿Quién es tu persona especial (①) ? _____

1. ¿A qué hora te levantas generalmente? ¿y ⓘ?

_____

_____

2. ¿Te levantas cuando te despiertas o te duermes de nuevo[1]? ¿y ⓘ?

_____

_____

3. ¿A qué hora sueles acostarte generalmente? ¿y ⓘ?

_____

_____

4. ¿Qué prefieres, acostarte tarde o levantarte temprano? ¿y ⓘ?

_____

_____

5. ¿Te pones la ropa antes o después de desayunar? ¿y ⓘ?

_____

_____

6. En tu familia o entre tus amigos, ¿quién se levanta primero y quién se acuesta primero?

_____

_____

7. ¿Dónde se divierten más tú y tus amigos?

_____

_____

8. ¿Dónde te aburres más? ¿y ⓘ?

_____

_____

[1]de... *again*

Ⓓ **Un esquema.** Fill in the chart with the appropriate verbs and pronouns.

		seco.	
¿	te		?
¿Ud.			?
Mercedes			
		secamos.	

¿	os	secáis?
¿Uds.		?
María y Mercedes		

DIÁLOGO: La fiesta de cumpleaños (página 123)

A **¿Qué recuerdas tú?** Using information from the dialogues, complete each sentence by writing the appropriate letter for each possible completion in the blank provided.

1. La casa de Jorge y sus compañeros es _____.
   a. económica para seis personas
   b. pequeña
   c. bonita

2. En la casa de Jorge y sus compañeros _____.
   a. celebran un compleaños
   b. hay un patio
   c. llevan abrigos

3. En la casa de Jorge y sus compañeros _____.
   a. nadan en la piscina
   b. preparan comidas
   c. miran la tele

4. La noche de la fiesta de cumpleaños _____.
   a. tienen una fiesta en el patio
   b. hay seis personas
   c. hace frío

B **Una composición breve.** On a separate sheet of paper, write a brief composition of seven to nine sentences in length summarizing the dialogue. Include the following information.

PÁRRAFO I

What is the group celebrating? (**El Club Hispánico celebra...**)
Where do Alfonsina and Luis go? (**Alfonsina y Luis van a...**)
What does Jorge say when Alfonsina and Luis arrive? (**Cuando llegan Alfonsina y Luis, Jorge dice...**)

PÁRRAFO II

How does Joaquín explain the economic advantages of renting a house? (**Joaquín explica que para seis personas...**)
Why does Jorge think a house is more comfortable? (**Jorge cree que una casa es más cómoda porque...**)
What does Joaquín say about where they will have parties in the future? (**Joaquín dice que también...**)

 RECOMBINACIÓN

A **Una conversación incompleta.** Fill in the blanks in the following conversation with any appropriate completion.

MARISOL: ¿Quieres ir al cine esta noche?

JORGE: Sí, _____ pero no _____. _____ limpiar la casa.

MARISOL: ¿Limpiar la casa? ¿Esta noche? ¿Por qué tienes que limpiar la casa el viernes por la noche?

JORGE: Bueno, mañana _____ mucha gente para una fiesta.

MARISOL: ¿Una fiesta? ¿Hay una ocasión especial?

JORGE: Sí, _____ .

MARISOL: ¿ _____ ?

JORGE: Los miembros del Club Hispánico. ¿Por qué no vienes tú?

MARISOL: ¿Yo? Ay, no puedo. Mañana _____ con Sandra a la casa de sus padres aquí en la ciudad.

JORGE: Ah, _____ . Bueno, la próxima vez, entonces.

MARISOL: Sí, la próxima vez _____ Sandra y yo.

JORGE: Bueno, nos vemos.

MARISOL: _____ .

B **Combinaciones.** Write sentences with the words given, as in the example. You may use the words in any order. Words in parentheses may be used in any form; otherwise, use the words in the form given.

EJEMPLO: (estar) / México →

David está de vacaciones en México.

o _El presidente de México está visitando los Estados Unidos hoy._

1. (preferir) / condominio

   _____

2. guantes / ¿por qué?

   _____

3. (ver) / espejo

   _____

4. (soler) / (servir)

   _____

5. ducha / sótano

   _____

6. (vestirse) / dormitorio

   _____

7. alfombra / cocina

   _____

8. (acostarse) / jardín

   _____

C **La lógica.** Choose one element from each of the following columns to write five logical sentences. You may need to change the endings of some of the words and add any necessary words.

yo	afeitarse	por la mañana
¿tú?	bañarse	por la noche
El profesor Ramos	despertarse	temprano
Jorge	pedir	todos los días
mi amiga	poder	en el baño
nosotros	querer	en la casa de Jorge
María y Luisa	soler	en la ducha
	divertirse	en la sala de clase
	hablar	en una fiesta
	vivir	en un apartamento
		para trabajar

1. _____

2. _____

3. _____

4. _____

5. _____

D **Comparaciones.** On a separate sheet of paper, write a paragraph of seven to nine sentences in length that compares your daily routine with that of someone else. Use at least three words from each of the four columns in your comparisons. You will need to conjugate the verbs and add words and phrases as necessary.

alfombra	almorzar	acostarse	cabeza
cama	pedir	bañarse	cuerpo
comedor	poder	divertirse	mano
dormitorio	preferir	ducharse	nariz
patio	querer	lavarse	ojo
sillón	servir	levantarse	pelo

EJERCICIOS DE LABORATORIO

PRONUNCIACIÓN: *l, ll, y*

The Spanish pronunciation of the l resembles the *l* sound in English. In many Spanish-speaking countries the ll and the **y** are pronounced like the *y* in the English word *yellow*. Remember that as a separate word, the Spanish **y** (*and*) is pronounced like the Spanish vowel **i**.

Para pronunciar. Repeat the following sentences.

1. La salsa es excelente.

2. Los López lamentan la noticia.

3. El actor se llama Guillermo.

4. La paella es maravillosa.

5. Yolanda y yo caminamos por la calle.

DIÁLOGO: En las afueras de la ciudad   (página 106)

Preguntas. El Sr. Eugenio Cardoza, socio del Sr. Kolb, les muestra la ciudad de Guadalajara a David y a Elena. Ahora miran una urbanización nueva en las afueras de la ciudad.

Listen to the conversation. It will be said twice. Then answer the following questions and repeat the correct answers. First, listen to the questions you will be asked.

1. ¿Miran una urbanización en el centro o en las afueras de Guadalajara?

2. ¿Son condominios o edificios de apartamentos los edificios que ve David?

3. ¿Es clásica o moderna la construcción en esta zona?

4. ¿Aumenta rápido o despacio la población en esta zona?

DIÁLOGO: En la universidad   (página 106)

Empareja las frases. Los amigos de David en Eau Claire conversan en la cafetería.

Listen to the conversations. Feel free to rewind the tape to listen again, if necessary. Then match the statements in the left column with the people in the right column. Repeat the correct answers.

1. _____ Es su cumpleaños.

2. _____ Hacen una fiesta en su casa.

3. _____ Va a ir a la biblioteca antes de la fiesta.

4. _____ Estudia filosofía.

5. _____ Tiene familia en Miami.

a. Alfonsina
b. Jorge y Joaquín
c. Luisa
d. Marisol
e. Tomás

VOCABULARIO: Las viviendas (página 108)

¿Qué tipo de vivienda es? Listen to descriptions of a neighborhood in Guadalajara and choose the appropriate vocabulary word from the following list, as in the example. Repeat the correct answers.

la casa particular   el edificio de apartamentos
el coche   la residencia
la colonia   el vecino
el condominio

EJEMPLO: (Es el modo de transporte que el Sr. Kolb usa para ir al trabajo.) → Es el coche.

1. ...   2. ...   3. ...   4. ...   5. ...   6. ...

CONCEPTO: Algunos verbos irregulares (página 109)

A **David y yo.** Imagine that you and David have similar lifestyles. Point out the similarities by saying that you do the same things that David does, as in the example. Repeat the correct answers.

EJEMPLO: David sale de casa a las siete. → Yo salgo de casa a las siete también.

1. David trae los libros a la clase.
2. David viene tarde a las fiestas.
3. David dice cosas chistosas.[1]
4. David ve fútbol en la televisión.

5. David sabe mucha información.
6. David hace la tarea en casa.
7. David pone los cuadernos en la mochila.
8. David le da regalos a su abuela.

[1]*funny*

B **En el apartamento.** Berta, Delia, and Lupe live in the same apartment. Take the role of Lupe in order to explain the following activities and situations, as in the example. Repeat the correct answers.

EJEMPLO: Berta / poner la mesa → Berta pone la mesa.

1. Delia / ver televisión por la noche
2. Yo / no oír el teléfono
3. Nosotras / hacer la tarea por la tarde

4. Berta y Delia / decir la verdad
5. Berta / saber mucho español
6. Delia y yo / salir de casa temprano

DIÁLOGO: Se alquilan cuartos (página 111)

¿Es cierto o no es cierto? David y Elena viajan con el Sr. Cardoza a Guanajuato para visitar a la Sra. Santos, la hermana del Sr. Cardoza. La Sra. Santos vive en una casa enorme y alquila[1] cuartos a los estudiantes de la Universidad de Guanajuato.

Listen to the conversation. It will be said twice. Then indicate whether the following statements are true (**Es cierto**) or false (**No es cierto**). Repeat the correct answers.

	ES CIERTO	NO ES CIERTO
1. El Sr. Cardoza es el hermano de la Sra. Santos.	☐	☐
2. La Sra. Santos vive en Guadalajara.	☐	☐
3. La Sra. Santos vive sola.	☐	☐

[1]*rents*

4. Las alcobas de la casa son grandes. ☐ ☐
5. Elena dice que los estudiantes prefieren las alcobas sin armarios. ☐ ☐

DIÁLOGO: En la universidad (página 112)

¿Que recuerdas tú? Los amigos de David conversan en la biblioteca.

Listen to their conversations. Feel free to rewind the tape to listen again, if necessary. Then answer the following questions by writing the appropriate letter in the blank provided. Repeat the correct answers. First, listen to the questions you will be asked.

1. ¿Dónde prefiere comer Jorge? _____
   a. en la cafetería   b. en un restaurante   c. en su casa

2. ¿Cuándo se reúnen los hispanos del Club Internacional? _____
   a. el martes   b. el miércoles   c. el viernes

3. ¿Cómo es la sala de la casa del profesor Brewer? _____
   a. grande   b. pequeña   c. enorme

4. ¿En qué piensa Luisa? _____
   a. en su esposo   b. en su futura casa   c. en un examen

A PROPÓSITO: Las formas progresivas (página 113)

Dos formas del presente. Change the following statements from the present progressive to the simple present, as in the example. Repeat the correct answers.

   EJEMPLO: David está visitando México. → David visita México.

1. María está pensando en su futura casa.

2. Alfonsina y Jorge están estudiando para un examen.

3. Yo estoy conversando con mi familia.

4. Tú estás participando en las actividades del Club Internacional.

5. Uds. están limpiando la casa.

6. Ud. está trabajando ahora.

VOCABULARIO: Los cuartos y los muebles de la casa
(página 114)

Empareja las frases. Listen to an advertisement for a sale on furniture and home accessories at a large department store. It will be said twice. Then match the household items with the rooms of the house for which they are advertised. Repeat the correct answers.

1.	___ alfombras	8.	___ refrigeradores	a.	la sala
2.	___ camas	9.	___ relojes	b.	el comedor
3.	___ espejos	10.	___ secadoras	c.	la alcoba
4.	___ lavadoras	11.	___ sillas	d.	el sótano
5.	___ lavaplatos	12.	___ sillones	e.	la cocina
6.	___ mesas	13.	___ sofás	f.	el patio
7.	___ plantas	14.	___ televisores		

CONCEPTO: Los verbos de cambio radical   (página 115)

Ⓐ Comparaciones. Take the role of David to compare what he and his family do in Eau Claire to what he is doing in Mexico, as in the example. Repeat the correct answers.

	EN WISCONSIN	AQUÍ EN MÉXICO

EJEMPLO: (almorzar   al mediodía   a la una) →
En Wisconsin almorzamos al mediodía. Aquí en México almuerzo a la una.

1.	pedir	un refresco	una cerveza
2.	preferir	la *pizza*	las enchiladas
3.	dormir	ocho horas	siete horas
4.	jugar	básquetbol	fútbol
5.	almorzar	a las doce	a la una
6.	volver	a casa temprano	a casa más tarde

Ⓑ Planes y actividades. Describe the plans and activities of different people by using the following information, as in the example. Repeat the correct answers.

EJEMPLO: Alfonsina / querer / ir a México → Alfonsina quiere ir a México.

1. Ramón / pensar / viajar a Chile
2. Tú / querer / visitar España
3. Luisa y Carlos / preferir / viajar a Puerto Rico
4. Nosotros / soler / repetir el vocabulario en la clase de español
5. Jaime / servir / comida en la cafetería
6. Uds. / poder / aprender mucho

DIÁLOGO: Turistas de los EE. UU.   (página 117)

Preguntas. Los primos visitan la ciudad de San Miguel de Allende, monumento histórico nacional. Allí conocen[1] a un estadounidense, Roger Austin, y a su familia. Roger es estudiante de arte en el Instituto Allende. Ahora conversan en la Biblioteca Pública.

[1]*they meet*

Listen to the dialogue. Feel free to rewind the tape to listen again, if necessary. Then answer the following questions and repeat the correct answers. First, listen to the questions you will be asked.

1. ¿De dónde es Roger Austin?
2. ¿Qué estudia Roger Austin en México?
3. ¿Quiénes acaban de llegar a México?
4. ¿Por qué cree David que Jennifer parece mexicana?
5. ¿De qué color es el pelo de David?
6. ¿De qué color son los ojos de David?

DIÁLOGO: En la universidad   (página 118)

¿Es cierto o no es cierto? En la UW-EC los amigos del Club Hispánico conversan y hacen planes.

Listen to the conversations. Feel free to rewind the tape to listen again, if necessary. Then decide whether the following statements are true (**Es cierto**) or false (**No es cierto**). Repeat the correct answers.

	ES CIERTO	NO ES CIERTO
1. Felipe se levanta temprano.	☐	☐
2. Felipe hace la tarea por la tarde.	☐	☐
3. Carmen y Marisol piensan ir al lago.	☐	☐
4. Las gafas de sol[1] protegen[2] los ojos.	☐	☐
5. Luis siempre se acuesta a las doce.	☐	☐

[1]gafas... *sunglasses*   [2]*protect*

VOCABULARIO: El cuerpo   (página 120)

¡A Jorge le duele todo! Jorge has been playing soccer for about five hours. He is tired and doesn't feel well. Based on the drawing, tell where he hurts, as in the examples. Repeat the correct answers.

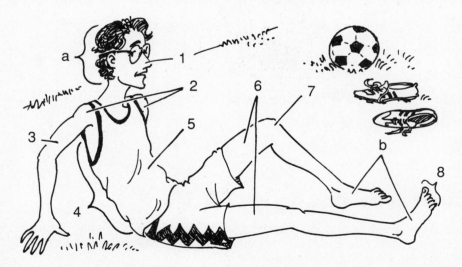

EJEMPLOS: a. A Jorge le duele la cabeza.
           b. A Jorge le duelen los pies.

1. ...   2. ...   3. ...   4. ...   5. ...   6. ...   7. ...   8. ...

CONCEPTO: Los verbos reflexivos   (página 121)

Ⓐ Preparativos para una fiesta. The students of the **Club Hispánico** are getting ready for a party. Based on the drawings, explain what they are doing by choosing from the following verbs, as in the example. Repeat the correct answers.

bañarse	lavarse los dientes
cepillarse el pelo	maquillarse
ducharse	ponerse los zapatos

EJEMPLO: ¿Qué hace Tomás? → Tomás se lava los dientes.

Tomás

1.   ¿Qué hace Alfonsina?

Alfonsina

2.   ¿Qué hacen Jorge y Felipe?

Jorge y Felipe

3.   ¿Qué hace Joaquín?

Joaquín

4.   ¿Qué hace Luisa?

Luisa

5. ¿Qué hace Carmen?

Carmen

ⓑ El horario de Marisol. A typical morning schedule for Marisol follows. Take the role of Marisol in order to answer questions about your daily routine, as in the example. Repeat the correct answers.

EJEMPLO: ¿A qué hora te lavas el pelo? → Me lavo el pelo a las siete y media.

7:15	se despierta
7:20	se levanta y se quita el pijama
7:30	se ducha y se lava el pelo
7:45	se seca y se cepilla el pelo
8:00	se pone ropa informal
8:10	desayuna
8:35	se lava los dientes
8:40	se maquilla
8:50	estudia
9:20	se va para la universidad

1. ¿A qué hora te despiertas?

2. ¿A qué hora te levantas?

3. ¿A qué hora te duchas?

4. ¿Qué tipo de ropa te pones?

5. ¿Qué haces después de desayunar?

6. ¿A qué hora te vas para la universidad?

DIÁLOGO: La fiesta de cumpleaños (página 123)

¿Por qué? Alfonsina y Luis llegan a la casa de Jorge y Joaquín. Son los primeros en llegar a la fiesta de cumpleaños de Tomás.

Listen to the conversation. Feel free to rewind the tape to listen again, if necessary. As you listen, note four of the five reasons why Jorge and Joaquín like their house so much.

¿Por qué les gusta la casa?

1.

2.

3.

4.

A Preguntas de un nuevo amigo. Roger Austin has just introduced David to Francisco, a Mexican friend from San Miguel de Allende. Take the role of David in order to answer Francisco's questions with the information given, as in the example. Repeat the correct answers.

> EJEMPLO: ¿Entiendes español? (sí) → Sí, entiendo español.

1. ¿Quieres estudiar en México? (sí)

2. ¿Cuándo salen Uds. para la Ciudad de México? (hoy)

3. ¿Cuándo vuelves a Wisconsin? (este verano)

4. ¿Cuándo empiezas otro semestre? (septiembre)

5. ¿A qué hora almuerzan Uds. en Wisconsin? (a mediodía)

6. ¿En Wisconsin oyes noticias de México? (sí)

B Las actividades de Carmen. Listen to Carmen describing some of her daily activities. Feel free to rewind the tape to listen again, if necessary. As you listen, note the activities on the following schedule. Then answer questions about her typical day and repeat the correct answers. First, listen to the questions you will be asked.

EL HORARIO DE CARMEN

8:00	_____	1:00	_____
8:30	_____	2:30	_____
9:00	_____	4:00	_____
9:30	_____	6:00	_____
10:00	_____	6:30	_____
11:00	_____	10:00	_____
12:00	_____	11:30	_____

1. ¿A qué hora se despierta Carmen?

2. ¿A qué hora sale para la universidad?

3. ¿Qué clase tiene a las diez?

4. ¿Qué hace al mediodía?

5. ¿Qué hace a la una?

6. ¿Qué deporte juega?

7. ¿Qué hace a las diez de la noche?

8. ¿A qué hora se acuesta?

5 La vida urbana

CONCEPTOS

Verbos y frases verbales + infinitivos
(página 140)

Many verbs and verb phrases can be followed by an infinitive, so that two verbs occur in a series.

deber
decidir
desear
esperar
gustar
necesitar   } + *infinitive*
pensar (ie)
poder (ue)
preferir (ie)
querer (ie)
saber

Debemos terminar la tarea.
¿Quieres salir esta noche?
Prefiero ir a la fiesta más tarde.
Piensan* jugar al tenis mañana.

We should finish the homework.
Do you want to go out tonight?
I prefer to go to the party later.
They plan to play tennis tomorrow.

---

*Note that **pensar** has slightly different meanings when followed by an infinitive. Instead of meaning *to think*, it can mean *to plan* or *to intend*: ¿**Piensan venir mañana?** *Do you plan (intend) to come tomorrow?*

Some Spanish verbs, when followed by an infinitive, require a preposition or **que** before the infinitive. These words have no English translation, but are simply required for the construction.

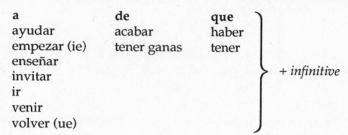

a	**de**	**que**
ayudar	acabar	haber
empezar (ie)	tener ganas	tener
enseñar		
invitar		
ir		
venir		
volver (ue)		

} + *infinitive*

Acabo **de** llegar.
Los niños empiezan **a** hacer mucho
  ruido.
No tengo ganas **de** tomar el autobús esta
  mañana.
Van **a** comprar muchos juguetes.
Hay **que*** venir a clase todos los días.

I just arrived.
The kids are beginning to make a lot of
  noise.
I don't feel like taking the bus this morning.

They're going to buy a lot of toys.
One (You) must come to class every day.

El pretérito

(página 153)

The simple past tense in Spanish is called the *preterite*, and its endings are as follows.

hablar (*to speak*)	
hablé	hablamos
hablaste	hablasteis
habló	hablaron

comer (*to eat*)	
comí	comimos
comiste	comisteis
comió	comieron

escribir (*to write*)	
escribí	escribimos
escribiste	escribisteis
escribió	escribieron

Hablé con la profesora.
Comimos a las dos.
Escribieron la carta.

I spoke with the teacher.
We ate at two o'clock.
They wrote the letter.

The preterite is used to describe *completed* past actions or conditions (as opposed to *ongoing* events or conditions in the past, which are expressed by the imperfect), no matter how long the action or condition lasted or took to complete. Note the accent marks on the first and third person singular forms and the identical endings for **-er** and **-ir** verbs.

SPELLING CHANGES

Verbs ending in **-car**, **-gar**, and **-zar** have a spelling change in the **yo** form of the preterite.

buscar: busqué, buscaste, buscó...
almorzar: almorcé, almorzaste, almorzó...
pagar: pagué, pagaste, pagó...

---

* **Hay que** + infinitive is used when the reference is to no one in particular: **Hay que estudiar en esta clase.** One (You) must study in this class.

STEM CHANGES

- **-Ar** and **-er** stem-changing verbs show no stem changes in the preterite.

acostarse (ue)	
me acosté	nos acostamos
te acostaste	os acostasteis
se acostó	se acostaron

volver (ue)	
volví	volvimos
volviste	volvisteis
volvió	volvieron

- **-Ir** stem-changing verbs show a stem change in the preterite only in the third-person singular and plural forms:

dormir (ue, u)*	
dormí	dormimos
dormiste	dormisteis
durmió	durmieron

servir (i, i)*	
serví	servimos
serviste	servisteis
sirvió	sirvieron

Adjetivos y pronombres demostrativos
(página 160)

DEMONSTRATIVE ADJECTIVES

MASCULINE	FEMININE		
este	esta	*this*	*refers to objects close to the speaker*
estos	estas	*these*	
ese	esa	*that*	*refers to objects close to the person spoken to*
esos	esas	*those*	
aquel	aquella	*that (over there)*	*refers to objects remote from both the speaker and the person spoken to*
aquellos	aquellas	*those (over there)*	

Demonstrative adjectives modify nouns (*this* pencil, *that* chair, *those* people, etc.) and indicate where things are located in space relative to the speaker. Remember that, as with all adjectives in Spanish, demonstrative adjectives must agree with the noun they modify in gender and number.

Este vuelo es muy largo.	*This flight is very long.*
Aquella parada de autobuses está lejos de mi casa.	*That bus stop (over there) is far from my house.*
No me gustan **esos** zapatos.	*I don't like those shoes.*

---

* The first vowel(s) in the parentheses indicate(s) the stem change in the present tense (**duermo, sirvo**), and the second vowel(s) indicate(s) the stem change in the preterite (**durmió, sirvió**).

DEMONSTRATIVE PRONOUNS

MASCULINE	FEMININE	
éste	ésta	*this one*
éstos	éstas	*these (ones)*
ése	ésa	*that one*
ésos	ésas	*those (ones)*
aquél	aquélla	*that one (over there)*
aquéllos	aquéllas	*those (ones) (over there)*

Note that demonstrative pronouns carry an accent mark on the stressed syllable. Apart from the accent mark, demonstrative pronouns have the same spelling as demonstrative adjectives.*

No quiero aquella novela. Quiero **ésta.**   *I don't want that novel. I want this one.*

NEUTER DEMONSTRATIVE PRONOUNS

esto	*this*
eso	*that*
aquello	*that (remote)*

Neuter demonstrative pronouns refer to unknown objects or to abstract, nonspecific references. Note that they carry no accent mark and have only one form.

¿Qué es **esto?**   *What's this?*
No creo **eso.**   *I don't believe that.*

---

* The **Academia Real** of Spain has recently ruled that these accent marks are required only to avoid confusion. Thus, students should not be surprised to see demonstrative pronouns without accent marks.

EJERCICIOS ESCRITOS

DIÁLOGOS: En una farmacia en Querétaro (páginas 136, 137)
En la universidad

Ⓐ ¿Adónde van? Using information from the dialogues, complete each item by filling in the blank with the appropriate word.

1. Para buscar aspirinas, Roger va a la _____ .

2. Si la jaqueca es fuerte, David cree que deben ir a una _____ o un

   _____ .

3. Cuando su prima Celia llega de Barcelona, Carmen va al _____ para

   buscarla.

4. Para comprar sobres especiales, Felipe busca la _____ estudiantil.

5. Jorge va al _____ para unos vídeos porque Carmen y Celia vienen a su

   casa.

6. Para comprar postre, Marisol dice que cerca hay una _____ excelente.

Ⓑ Más detalles. Using information from the dialogues, answer the following questions in complete sentences.

1. ¿Qué quiere comprar Roger y por qué?

   _____

2. ¿Dónde es posible comprar eso?

   _____

3. ¿Qué dice David que la mamá de Roger necesita hacer si está muy mal?

   _____

4. Antes de buscar a su prima Celia en el aeropuerto, ¿adónde tiene que ir Carmen?

   _____

5. ¿Por qué necesita Felipe comprar sobres?

   _____

6. ¿En qué sitios puede Felipe encontrar sobres?

   _____

7. ¿Por qué van Jorge y Joaquín al videocentro?

   _____

8.   ¿Qué va a hacer Marisol para la fiesta?

_____

VOCABULARIO: Lugares en la ciudad   (página 138)

Ⓐ **¿Qué tipo de tienda es?** Match the names of the stores in the left column with the appropriate type of store from the right column.

1. _____ Blockbuster
2. _____ Pay Less
3. _____ Tiffany's
4. _____ Toys R Us
5. _____ The Gap
6. _____ B. Dalton

a. tienda de ropa
b. librería
c. supermercado
d. tienda de juguetes
e. zapatería
f. videocentro
g. joyería

Ⓑ **Aquí en la ciudad.** For each of the following specialty stores, name one in your town, as in the example. If there is no such store in your town, write **No hay un(a)... aquí.**

EJEMPLO: cine → ___Cinema 21_____

1. tienda de ropa   _____
2. joyería   _____
3. farmacia   _____
4. panadería   _____
5. papelería   _____
6. tienda de discos   _____
7. videocentro   _____
8. agencia de viajes   _____

CONCEPTO: Verbos y frases verbales + infinitivos
(página 140)

Ⓐ **Actitudes.** Describe your attitude toward the following activities by choosing a verb from the following list for each item and constructing sentences, as in the examples.

deber
necesitar
pensar
poder (ue)

preferir (ie)
querer (ie)
tener ganas de
tener que

EJEMPLOS: estudiar esta noche →

___No quiero estudiar esta noche._____

comprar sobres mañana →

___Tengo que comprar sobres mañana._____

1. ir a la biblioteca hoy

   _____

2. hacer trabajo de laboratorio esta semana

   _____

3. escribir una composición este semestre

   _____

4. aprender vocabulario

   _____

5. tomar un examen la próxima semana

   _____

6. ir al médico pronto

   _____

B **Mi rutina.** Write sentences that are true for you. For each sentence, choose one element from each column, as in the example. Be sure to add any missing words, if necessary, to complete the verb + infinitive constructions.

A	B	C	D
el lunes	por la mañana	ir	dormir tarde
el miércoles	por la tarde	preferir	estudiar en la biblioteca
el viernes	por la noche	tener	levantarme temprano
el sábado		tener ganas	salir con amigos
el domingo		deber	ir al centro comercial
hoy		pensar	llamar a mis padres

EJEMPLO: *El lunes por la mañana tengo que levantarme temprano.*

1. _____

2. _____

3. _____

4. _____

5. _____

6. _____

C **Un esquema.** Fill in the chart with the appropriate preposition or **que,** if necessary.

Necesito		ir a la farmacia.
Voy		comprar un carro.
Hay		estudiar con frecuencia.
No debo		acostarme tarde el domingo.
Tengo		caminar por esta calle.

Quiero		llegar a clase a tiempo.
Tengo ganas		hacer un viaje.

DIÁLOGOS: El transporte
En la universidad

(páginas 142, 144)

Ⓐ **Para completar.** Using information from the dialogue **El transporte,** complete the paragraph with items from the following list.

autobuses
camiones
coches
mapa

parque
restaurantes
supercarretera
tránsito

Antes de salir de Querétaro, David y Elena conversan con Roger en un _____1.

Allí miran un _____2 de México. David ve que hay una

_____3 que va de Querétaro a México. Roger observa que entre

Querétaro y México hay mucho _____4; algunos de los vehículos que

van allí son _____5, _____6 y

_____7. David hace una pregunta. Quiere saber si en México hay

_____8 cerca de las carreteras.

Ⓑ **Oraciones completas.** Using information from the dialogue **En la universidad,** match phrases from the two columns to form complete sentences, as in the example. Write your sentences in the blanks provided.

EJEMPLO: *A Cecilia no le gustan los vuelos transatlánticos.*

A Celia no le gustan
Según Celia, durante el vuelo
Felipe normalmente viene a la universidad
Cuando hay nieve o hielo, Felipe viene a la universidad
Joaquín dice que en la universidad
Luis dice que David debe estar
Según Tomás, David va

en el centro de México.
a pie.
la película era muy interesante.
al sudoeste y al este de México.
en bicicleta.
el estacionamiento es un problema.
los vuelos transatlánticos.

1. _____

2. _____

3. _____

4. _____

5. _____

_____

6. _____

_____

_____

7. _____

_____

VOCABULARIO: El transporte (página 145)

A **Empareja las frases.** Match the names in the left column with their corresponding modes of transportation in the right column.

1. _____ Schwinn

2. _____ Mack

3. _____ Greyhound

4. _____ Boeing

5. _____ Mercedes-Benz

6. _____ Harley-Davidson

7. _____ Checker

a. camión
b. avión
c. tren
d. taxi
e. motocicleta
f. bicicleta
g. autobús
h. automóvil

B **¿Cómo prefieres ir?** For each situation, state which mode of transportation you prefer, as in the example.

EJEMPLO: para ir de Chicago a Milwaukee →

Prefiero tomar el tren. _____

1. para ir de tu cuarto a la biblioteca

_____

2. para ir de Nueva York a Madrid

_____

3. para ir del hotel en Guanajuato a la estación de autobuses

_____

4. para ir de esta sala de clase a tu café favorito

_____

5. para ir de un bar a tu cuarto

_____

VOCABULARIO: Los números de 100 para arriba (página 146)

Ⓐ ¿En qué año? Write out the year in Spanish in which the following events occurred in the history of Mexico, as in the example.

EJEMPLO: Cristóbal Colón descubrió América en (1492) →

mil cuatrocientos noventa y dos.

1. Hernán Cortés conquistó a los aztecas en (1521)

   _____

2. Miguel Hidalgo inició la guerra[1] por la independencia de México en (1810)

   _____

3. El gobierno de los EE. UU. reconoció[2] la República Federal méxicana en (1825)

   _____

4. Los estadounidenses invadieron México en (1846)

   _____

5. Los mexicanos perdieron la guerra[3] con los EE. UU. en (1848)

   _____

6. Los mexicanos escribieron una constitución nueva en (1917)

   _____

7. Lázaro Cárdenas ocupó la presidencia entre (1934)

   _____

   y (1940) _____

8. Lázaro Cárdenas nacionalizó la industria petrolera en (1938)

   _____

[1]_war_   [2]_recognized_   [3]perdieron... _lost the war_

Ⓑ ¿Cuánto cuesta(n)? Write out in words the prices of the following items on the menu, as in the examples.

EJEMPLOS: McPollo →

Cuesta siete mil cuatro cientos pesos viejos.

Papas a la francesa (grandes) →

Cuestan tres mil quinientos pesos viejos.

1. Papas a la francesa (chicas)

   _____

2. Hamburguesa

   _____

3. Quarter Pounder con queso

_____

4. McNuggets (20 piezas)

_____

5. McNuggets (6 piezas)

_____

6. Menú completo: Big Mac

_____

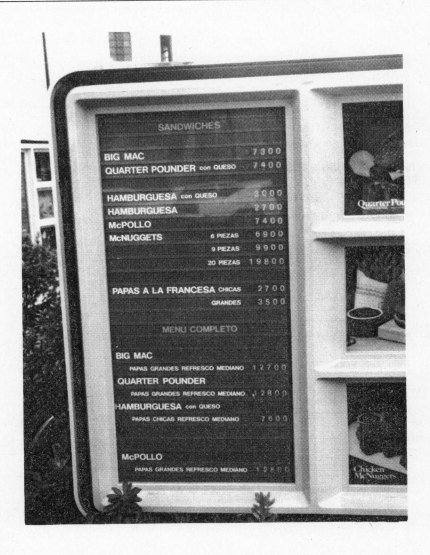

VOCABULARIO: Las direcciones   (página 148)

Ⓐ **¿Dónde queda?** Using the map of Mexico found on page xxiv of *Interacciones*, state where the first place is located in relation to the second, as in the example.

EJEMPLO: Monterrey / Nuevo Laredo →

Monterrey está al sur de Nuevo Laredo.

1. Veracruz / México, D.F.

   _____

2. Guadalajara / Aguascalientes

   _____

3. Veracruz / Oaxaca

   _____

4. Acapulco / Oaxaca

   _____

5. Nuevo Laredo / Ciudad Juárez

   _____

6. Monterrey / Guadalajara

   _____

B **¿Cómo llego?** Using the street map provided, write how you would go from the first location to the second, as in the example. Use as many of the following vocabulary words and phrases as possible.

a la derecha/izquierda de	entre
al lado de	frente a
cerca/lejos de	junto a
enfrente de	

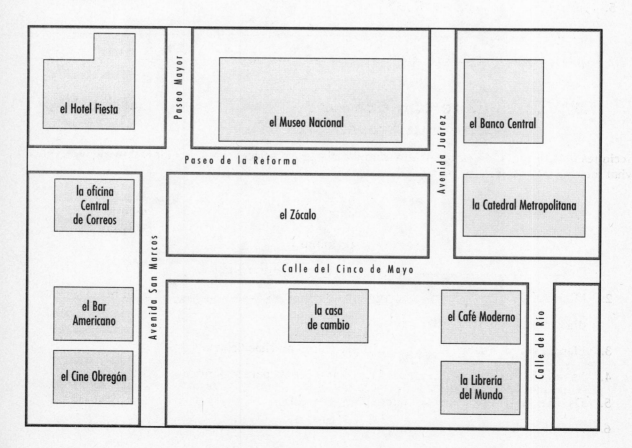

EJEMPLO: Hotel Fiesta / Catedral →

Tomo el Paseo de la Reforma hasta la Avenida Juárez y doblo a la derecha.
La Catedral está enfrente del zócalo.

1. Cine Obregón / Café Moderno

_____

_____

2. Librería del Mundo / Oficina Central de Correos

_____

_____

3. Museo Nacional / Bar Americano

_____

_____

4. Banco Central / Hotel Fiesta

_____

_____

5. Hotel Fiesta / Librería del Mundo

_____

_____

DIÁLOGOS: ¿Qué compraron? En la universidad

(páginas 150, 151)

Acciones del pasado. Using information from the dialogues, select verbs from the following list to state what the characters did in the past.

ayudó	habló	salió
caminaron	miraron	vieron
encontró	perdió	volvieron
entraron	preguntó	

1. Elena _____ a la Sra. Austin a encontrar regalos.

2. Mientras David y Roger visitaban museos, las mujeres _____ muchas cosas diferentes, todas atractivas.

3. Elena y la Sra. Austin _____ en muchas tiendas.

4. La Sra. Austin _____ algunas cosas para su familia.

5. David _____ qué compraron ellas.

6. Anoche Celia y Carmen _____ vídeos en la casa de Jorge y Joaquín, y esta mañana _____ un rato por la universidad.

7. Felipe preguntó dónde Tomás _____ su cartera.

8. Tomás _____ con Alfonsina por la noche.

9. Tomás y Alfonsina _____ a las residencias después de la película.

10. Para buscar trabajo, Joaquín _____ con los directores de personal.

CONCEPTO: El pretérito (página 153)

A **¿Sí o no?** Did you do the following things yesterday? Form a question based on the infinitive, then answer it, as in the example.

EJEMPLO: ¿estudiar? → *¿Estudiaste ayer?*

Sí, estudié ayer. / No, no estudié ayer.

1. ¿hablar por teléfono? _____

2. ¿escribir una carta? _____

3. ¿llegar a clase a tiempo? _____

4. ¿salir con tus amigos? _____

5. ¿correr en el parque? _____

6. ¿tomar un taxi? _____

B **Anoche.** Select appropriate verbs from the following list to state four things you did and didn't do as you got ready for bed last night, as in the example.

afeitarse (las piernas, la cara)   lavarse la cara   preparar la ropa de hoy
bañarse   lavarse los dientes   quitarse la ropa
cepillarse el pelo   maquillarse   tomar medicina
ducharse   peinarse
hablar por teléfono

SÍ   NO

EJEMPLO: *Me quité la ropa.*   *No me maquillé.*

1. _____   _____

2. _____   _____

3. _____   _____

4. _____   _____

C **La lista.** Imagine that on Wednesday you run across your list of things to do from the previous Monday and that you managed to complete only five of the ten. Look at the list of chores and write the four things you did, in the left column, and the four things you still have to do, in the right column, as in the example.

arreglar mi cuarto
correr en el parque
escribir una carta
ir a la biblioteca
ir a la librería

lavar ropa
leer dos capítulos de biología
limpiar mi cuarto
llamar a la oficina de asistencia financiera
pasar por el supermercado

COSAS QUE HICE[1]

COSAS QUE TENGO QUE HACER

EJEMPLO: _Lavé la ropa._

Tengo que limpiar mi cuarto.

_____

_____

_____

_____

_____

_____

_____

_____

[1]*I did*

D **Un esquema.** Fill in the following chart with the appropriate forms of the preterite.

INFINITIVO	yo	nosotros/as	ellos/as
		bebimos	
	hablé		
			estudiaron
divertirse			
			salieron
comer			
	caminé		
			aprendieron

DIÁLOGOS: En el mercado
En la universidad

(páginas 155, 157)

A **¿Es cierto o no es cierto?** Using information from the dialogue **En la universidad,** indicate whether the following statements are true (**Es cierto**) or false (**No es cierto**).

	ES CIERTO	NO ES CIERTO
1. María compró un abrigo de poliéster.	☐	☐
2. Alfonsina dice que los abrigos de lana son baratos.	☐	☐

3.   Carmen todavía compra sus libros en el centro comercial, pero con
     menos frecuencia.   ☐   ☐

4.   Jorge encontró unos platos feos de porcelana para su tío.   ☐   ☐

5.   Jorge no puede encontrar estatuas para su tía en su país.   ☐   ☐

Ⓔ Composición. On a separate sheet of paper, write a short composition summarizing what happens in the dialogue **En el mercado.** You may want to use the following questions as a guide.

> ¿Dónde están Elena y David?
> ¿Qué mira Elena?
> ¿Cómo son los aretes? ¿Cuánto cuestan?
> ¿Dónde vieron otros aretes?
> ¿Cómo son los otros aretes que vieron?

A PROPÓSITO: El *se* impersonal   (página 158)

In English, impersonal subjects are often used to express actions without referring to specific individuals:

> *They* say that the new jewelry store is very elegant.
> Where do *you* find the dictionaries in the bookstore?

Such impersonal expressions use **se** in Spanish, with the third-person singular or plural of the verb form.

> **Se dice** que la joyería nueva es muy elegante.
> ¿Dónde **se encuentran** los diccionarios en la librería?

The impersonal **se** may be used to express the passive voice as well.

> Aquí **se habla** español.   *Spanish is spoken here.*
> No **se venden** periódicos allí.   *Newspapers are not sold there.*

Ⓐ Empareja las frases. Match the signs that might be seen in stores or restaurants with their English equivalents.

1. _____ Se prohíbe fumar.

2. _____ Se hablan inglés y español.

3. _____ Aquí se venden revistas.

4. _____ No se permite sacar fotos.

5. _____ Se buscan empleados.

6. _____ Se arreglan cámaras.

7. _____ Se necesita contador.

8. _____ Se alquilan apartamentos.

a. *Accountant needed.*
b. *No photos permitted.*
c. *No smoking.*
d. *Cameras repaired.*
e. *Magazines sold here.*
f. *Apartments for rent.*
g. *Spanish and English spoken here.*
h. *Help wanted.*

B **Preguntas.** Answer the following questions in complete sentences about the library at your college or university, using the impersonal **se** whenever possible.

1. ¿Cómo se dice *library* en español?

   _____

2. ¿Cómo se dice **librería** en inglés?

   _____

3. ¿Se prohíbe fumar en la biblioteca?

   _____

4. ¿Se permite comer y/o beber en la biblioteca?

   _____

5. ¿Se venden periódicos y/o revistas?

   _____

6. ¿Se pueden ver vídeos en la biblioteca?

   _____

7. ¿Se buscan estudiantes para trabajar en la biblioteca?

   _____

8. ¿Se usan índices electrónicos para buscar libros?

   _____

9. ¿Qué se lee en la biblioteca con más frecuencia en tu opinión?

   _____

10. ¿Para qué más se usa la biblioteca además de[1] estudiar?

   _____

[1]además... *in addition to, besides*

VOCABULARIO: ¿De qué material es? (página 159)

A **¿Qué cuesta más?** State which of the following you believe costs more, as in the example.

EJEMPLO: ¿las frutas de plástico o las de cerámica? →

Creo que las frutas de cerámica cuestan más.

1. ¿una corbata de seda o una de lana?

   _____

   _____

2. ¿los zapatos de tenis de cuero o los de algodón?

   _____

   _____

3. ¿una mochila de nilón o una de cuero?

_____

_____

4. ¿una copa de cristal o una de plástico?

_____

_____

5. ¿unos aretes de plata o unos de oro?

_____

_____

6. ¿una mesa de madera o una de metal?

_____

_____

B **Preferencias.** State which material you prefer for the following items, as in the example.

EJEMPLO: los suéteres →

Prefiero los suéteres de algodón.
_____

1. los calcetines

_____

2. los abrigos

_____

3. las sillas

_____

4. las blusas

_____

5. los collares

_____

6. las estatuas

_____

CONCEPTO: Adjetivos y pronombres demostrativos
(página 160)

A **Vamos a salir.** Felipe and Tomás are getting ready to go out. Felipe is going to play tennis while Tomás is going to a dance club and wants to dress up. Fill in the blanks in their conversation with the appropriate demonstrative adjectives, as in the example.

cerca de Felipe

camisa blanca
camiseta gris
pantalones blancos
zapatos de tenis blancos
calcetines grises

cerca de Tomás

camisa gris
camiseta blanca
pantalones grises
zapatos de tenis negros
calcetines blancos

lejos de los dos

corbata gris
saco negro
zapatos negros
pantalones cortos de tenis blancos
calcetines negros

TOMÁS: Oye, Felipe, para ir a la discoteca esta noche, pienso llevar ___*esa*___ camisa blanca,

_____¹ pantalones grises, _____² corbata gris, _____³ saco

negro, _____⁴ calcetines grises, y _____⁵ zapatos negros. ¿Qué piensas?

FELIPE: En mi opinión, está muy bien. Para jugar al tenis, prefiero todo blanco: _____⁶

zapatos de tenis blancos, _____⁷ calcetines blancos y _____⁸ pantalones

cortos de tenis.

Ⓑ Vamos de compras. Two ladies are shopping and discussing their purchases. Fill in the blanks in
their statements with the appropriate form of the demonstrative pronoun, as in the example.

EJEMPLO: Preferimos la ropa de esta ropería. La ropa de ___*aquélla*___ en la calle Guadalupe

no es muy buena.

1. Es interesante este brazalete, pero prefiero _____ que tienes tú.

2. Voy a comprar este saco. _____ de la otra tienda son feos.

3. ¿Prefieres estos zapatos o _____ cerca de ti?

4. ¿Cuál vas a comprar, esa blusa que tienes en la mano o _____ que tengo yo?

5. No puedo decidir entre estos pantalones o _____ que tienes tú o _____ que

vimos en la otra tienda de ropa. ¿Cuánto cuestan los tres?

C **Un esquema.** Fill in the chart with the appropriate forms of demonstrative adjectives and pronouns.

DEMONSTRATIVE ADJECTIVE	NOUN	→	DEMONSTRATIVE PRONOUN
	sellos	→	éstos
	blusas	→	aquéllas
esa	estatua	→	
estas	joyas	→	
aquel	panecillo	→	
	collares	→	ésos
este	postre	→	
	flor	→	ésta

DIÁLOGO: La capital (página 162)

A **¿Qué recuerdas tú?** Complete each sentence by writing the appropriate letter(s) for each possible completion, as in the example.

EJEMPLO: _a, c_ llegan al Zócalo.
   a. David   b. Roger   c. Elena

1. La capital de México es _____.
    a. grande   b. increíble   c. aburrida

2. A David le fascina _____ de la ciudad.
    a. el tamaño   b. la historia   c. la variedad

3. Elena tiene planeada _____ para mañana.
    a. una excursión   b. una fiesta   c. unas sorpresas

4. Los primos van a _____ mañana.
    a. Teotihuacán   b. unas ruinas   c. la capital
                                arqueológicas

5. Van a hacer la excursión _____.
    a. solos   b. con Roger y su familia c. a eso de las nueve

B **Reacciones y opiniones.** Using information from the dialogue, match phrases in the left column with appropriate phrases from the right column. Write your complete sentences in the blanks provided.

David cree que	a eso de las nueve.
Dicen que	la capital de México es increíble.
A David no le gusta	con la familia de Roger también.
A David le fascinan	la variedad, la historia y la importancia arqueológica de la región.
Elena dice que	México es la ciudad más grande del mundo.
Van a hacer la excursión	tiene unas sorpresas planeadas.
Salen para las ruinas	el tamaño de la ciudad.

1. _____
   _____
   _____

2. _____
   _____
   _____

3. _____
   _____
   _____

4. _____
   _____
   _____

5. _____
   _____

6. _____
   _____

7. _____
   _____

RECOMBINACIÓN

A **Una conversación incompleta.** Fill in the blanks in the following conversation with an appropriate verb from the list. Note: All verbs should be in the preterite tense.

afeitarse	ducharse	regresar
comenzar	hablar	salir
comer	levantarse	tomar
desayunar	llamarse	ver

Hoy por la tarde encuentras a Jorge en el centro estudiantil.

TÚ: ¿Fuiste al cine anoche?

JORGE: Pues, sí y no. Joaquín y yo _____[1] una película, pero no en el cine. Fue una de la serie de películas en español que presenta el Departamento de Lenguas de la universidad. La película _____[2] «El gringo viejo».

TÚ: ¿Te gustó?

JORGE: A mí, sí, pero a Joaquín, no. La verdad es que Joaquín _____[3] antes del fin de la película y _____[4] a casa.

TÚ: ¿Sí? ¡Increíble!

JORGE: Sí. Yo creo que es una película muy buena. En mi opinión, la historia de México es muy interesante.

TÚ: ¿Y después?

JORGE: Bueno, unos miembros del Club Hispánico y yo fuimos a un restaurante a tomar algo de comer y

beber. Yo _____⁵ una cerveza, nada más, pero algunos

_____⁶ pizza. Todos nosotros _____⁷ de

muchas cosas hasta medianoche.

TÚ: ¿Hasta medianoche? ¿No estás cansado hoy?

JORGE: Sí, un poco, pero esta mañana _____⁸ a las nueve porque mi primera

clase no _____⁹ hasta las once.

TÚ: ¿_____¹⁰ en la cafetería antes de tu clase?

JORGE: No. Sólo _____¹¹ y _____¹².

B Combinaciones. Write sentences with the words given, as in the example. You may use the words in
any order.

EJEMPLO: Ayer / zapatería →

Ayer no encontré zapatos en la zapatería.
_____

1. anoche / no

_____

2. el lunes pasado / farmacia

_____

3. cristal / puesto de regalos

_____

4. quinientos / abrigo de cuero

_____

5. norte / estación del tren

_____

6. izquierda / joyería

_____

7. piscina / a tres cuadras

_____

8. supermercado / anteayer

_____

C La lógica. Choose one element from each of the following columns to write at least five logical
sentences or questions. You may add any necessary words.

¿Quién es tu persona especial (Ⓘ)* ? _____

A	B	C	D
un(a) amigo/a y yo	comprender	parada de autobuses	ayer
Ⓘ	comprar	clase	la semana pasada
yo	bajarse	fiesta	anteayer
Ⓘ y yo	ver	oficina de correos	generalmente
¿tú?	mandar	cine	anoche
¿Uds.?	bailar	supermercado	el viernes pasado

1. _____
   _____

2. _____
   _____

3. _____
   _____

4. _____
   _____

5. _____
   _____

Ⓓ Comparaciones. On a separate sheet of paper, write a paragraph of seven to nine sentences in length that compares your daily routine during the week to what you did last weekend, as in the examples. Use at least three words from each of the four columns in your comparisons. You will need to conjugate the verbs and add words and phrases as necessary.

A	B	C	D
generalmente	levantarse	biblioteca	cerca de
el sábado pasado	dormir	piscina	frente a
todos los días	comer	centro comercial	enfrente de
el domingo pasado	estudiar	pastelería	a la izquierda de
soler	comprar	supermercado	después de
el viernes pasado	acostarse	banco	fuera de

EJEMPLOS: *Generalmente me levanto temprano, pero el sábado pasado me levanté muy tarde.*

No suelo acostarme después de las once, pero el viernes pasado me acosté a la una.

_____

*¡OJO! Remember that the text uses symbols to represent persons whom you will choose to use in your responses. For example, in this and subsequent activities, the icon Ⓘ represents a person (**individuo**) who is special in your life. When you see one of these symbols, substitute the name of someone you know who fits the description of the symbol. For instance, when you see Ⓘ, substitute the name of your boyfriend/girlfriend, husband/wife, best friend, roommate, or favorite relative.

EJERCICIOS DE LABORATORIO

PRONUNCIACIÓN: *c, z, q*

Before **a**, **o**, and **u**, the Spanish **c** has a hard [k] sound (as in **caminar** and **correr**). Similarly, the letter combinations **que** and **qui** are pronounced with the [k] sound (as in **quince** and **aquel**). The letter **c** before **e** and **i** and the letter **z** produce an [s] sound in words such as **cinco, once,** and **azul**. In many parts of Spain, the soft **c** and the **z** are pronounced like the English *th* in *thanks* (in words such as **cinco, once,** and **azul**).

Para pronunciar. Repeat the following sentences.

1. ¿Cuánto cuesta la camisa?

2. Carlos corre por la calle.

3. ¿Qué compras en la zapatería?

4. Hay cinco cosas que necesito.

5. Cenamos con Celia y Carmen.

6. Cecilia lleva zapatos azules.

DIÁLOGO: En una farmacia en Querétaro (página 136)

Empareja las frases. David, Elena, Roger Austin y su familia hacen una excursión a Querétaro. Después de un día largo visitando las iglesias históricas y los museos, Roger pide que paren[1] en una farmacia.

Listen to the conversation. Feel free to rewind the tape to listen again, if necessary. Then match the statements you hear in column A with the people in column B. Repeat the correct answers.

A

1. _____ Tiene jaqueca.[2]

2. _____ Necesita comprar aspirinas.

3. _____ Piensa que es necesario ir a una clínica o un hospital.

4. _____ Está segura de que tienen aspirinas en las farmacias.

B

a. Elena
b. David
c. Roger
d. la mamá de Roger

[1]*they stop* [2]*headache*

DIÁLOGO: En la universidad (página 137)

¡Hay mucho que hacer! En Eau Claire, los amigos de David se preparan[1] para ir a varios lugares.

Listen to the conversations. Feel free to rewind the tape to listen again, if necessary. Then answer the questions and repeat the correct answers. First, listen to the questions you will be asked.

1. ¿Tiene Carmen un día ocupado o tranquilo?

2. ¿Quién viene de España?

[1]*se... get ready*

3. ¿Qué necesita Felipe?

4. ¿Adónde van Joaquín y Jorge?

5. ¿Qué va a llevar Marisol a la casa de Joaquín y Jorge?

VOCABULARIO: Lugares en la ciudad (página 138)

¿Dónde está Elena? You will hear Elena describe some of her activities. Listen to each statement. Then say where Elena is when she does each activity, choosing the most logical place from the following list, as in the example. Repeat the correct answers.

el centro comercial	la farmacia	la oficina de correos
el cine	la librería	la pastelería
la discoteca	el mercado	la universidad

EJEMPLO: Bailo y escucho música. → Elena está en la discoteca.

1. ... 2. ... 3. ... 4. ... 5. ... 6. ... 7. ... 8. ...

CONCEPTO: Verbos y frases verbales + infinitivos
(página 140)

Los planes de Tomás. Listen to Tomás talk about his plans for this evening. They will be said twice. Then answer the questions and repeat the correct answers. First, listen to the questions you will be asked.

1. ¿Qué debe hacer Tomás?

2. ¿Qué quiere hacer esta noche?

3. ¿Por qué prefiere hacer la tarea por la mañana?

4. ¿Qué tiene ganas de hacer Tomás?

5. ¿Qué van a hacer Tomás y sus amigos esta noche?

DIÁLOGO: En la universidad (página 144)

¿Es cierto o no es cierto? Los miembros del Club Hispánico conversan antes de clase.

Listen to the conversations. Feel free to rewind the tape to listen again, if necessary. Then determine whether the following statements are true (**Es cierto**) or false (**No es cierto**). Repeat the correct answers.

	ES CIERTO	NO ES CIERTO
1. Celia es la prima de Carmen.	☐	☐
2. Celia llegó a los EE. UU. en autobús.	☐	☐
3. Felipe viene a clase en carro.	☐	☐
4. Joaquín y Jorge vienen a la universidad en carro.	☐	☐
5. Las universidades en Bolivia tienen menos problemas con el estacionamiento.	☐	☐
6. Ahora David está en el norte de México.	☐	☐

VOCABULARIO: El transporte (página 145)

¿Cómo van? There are many ways to get to school or work in a big city. Using the words and phrases provided, form complete sentences to explain the different transportation options, as in the example. Repeat the correct answers.

EJEMPLO: yo / ir / en taxi → Yo voy en taxi.

1.   el Sr. Kolb / ir / en carro

2.   Héctor y Matilde / caminar / a la universidad

3.   Teresa / venir / en motocicleta

4.   Ud. / viajar / en tren

5.   nosotros / ir / en bicicleta

6.   Marisol y Carmen / tomar / el autobús

VOCABULARIO: Los números de 100 para arriba (página 146)

Ⓐ **Para completar.** David is giving certain facts about his city and university. The description will be given twice. As you listen, fill in the blanks with the missing numbers. Remember to use periods instead of commas.

Hay _____[1] habitantes en la ciudad de Eau Claire. La universidad se

fundó[a] en _____[2]. En la universidad hay _____[3]

estudiantes y unos _____[4] profesores. _____[5]

estudiantes viven en las residencias. Los otros, claro, viven en casas y apartamentos.

[a]se... *was founded*

Ⓑ **¿Cuántos estudiantes hay?** The following numbers reflect the enrollment at various universities. State the number of students at each location, as in the example. Repeat the correct answers.

EJEMPLO: 3.576 → Hay tres mil quinientos setenta y seis estudiantes.

1. 5.400	3. 17.493	5. 10.289
2. 48.600	4. 1.970	6. 2.542

VOCABULARIO: Las direcciones (página 148)

¿Es cierto o no es cierto? Listen to statements explaining the location of several important Mexican cities. Use the map provided to indicate whether the statements are true (**Es cierto**) or false (**No es cierto**). Repeat the correct answers.

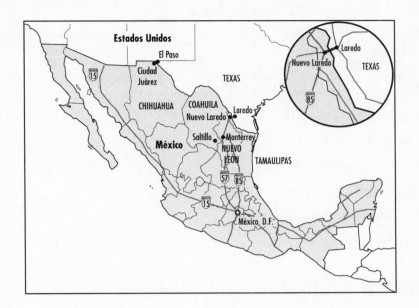

	ES CIERTO	NO ES CIERTO
1. Nuevo Laredo está en el noroeste del país.	☐	☐
2. México, D.F. está en el centro del país.	☐	☐
3. Saltillo está al oeste de Monterrey.	☐	☐
4. México, D.F. está al norte de Nuevo León.	☐	☐
5. Chihuahua está al este de Coahuila.	☐	☐
6. Monterrey está al sudeste de Ciudad Juárez.	☐	☐

DIÁLOGO: ¿Qué compraron?   (página 150)

Empareja las frases. Los primos llegaron a la capital sin problema. Ahora conversan sobre lo que compraron ayer la Sra. Austin y su hija Jennifer.

Listen to the dialogue. Feel free to rewind the tape to listen again, if necessary. Then match the statements in column A with the people in column B and repeat the correct answers. In many cases more than one answer is possible.

A

1. _____ Visitaron museos ayer.

2. _____ Entraron en muchas tiendas.

3. _____ Le gustó todo en las tiendas.

4. _____ Encontró regalos para amigos en los EE. UU.

5. _____ Viajan en autobús o en coche.

B

a. Jennifer
b. La Sra. Austin
c. Elena
d. David
e. Roger

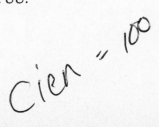

DIÁLOGO: En la universidad (página 151)

Preguntas. El profesor Brewer hace una fiesta en su casa para dar la bienvenida a Celia, la prima de Carmen, quien la visita desde España.

Listen to the conversations. Feel free to rewind the tape to listen again, if necessary. Then answer the following questions and repeat the correct answers. First, listen to the questions you will be asked.

1. ¿Quién está visitando a Carmen?

2. ¿De dónde es Celia?

3. Según Celia, ¿las universidades en España son antiguas o nuevas?

4. ¿Qué perdió Tomás?

5. ¿Adónde fue Tomás anoche?

6. ¿Quién busca trabajo?

CONCEPTO: El pretérito (página 153)

Ⓐ **¿Qué pasó?** Using the information given, form complete sentences to say what the following people recently did, as in the example. Repeat the correct answers.

EJEMPLO: David y Elena / visitar Querétaro → David y Elena visitaron Querétaro.

1. Jennifer / comprar regalos para sus amigos

2. la Sra. Austin y Elena / entrar en muchas tiendas

3. Tomás y Alfonsina / ver una película

4. Tomás / perder la cartera

5. Celia / salir de España

6. yo / comer en la cafetería

7. nosotros / practicar el español

8. tú / bajar del autobús

Ⓑ **Ayer por la tarde.** Yesterday you had a busy afternoon. Use the following schedule to answer the questions about your activities, as in the examples. Repeat the correct answers.

3:00	terminar las clases
3:30	jugar al béisbol
4:45	ducharse
5:00	vestirse
5:20	estudiar
6:00	ver televisión
6:30	salir con amigos; comer en Restaurante Amistad

EJEMPLOS: ¿A qué hora terminaste las clases? → Terminé las clases a las tres.

¿Estudiaste a las tres? → No, estudié a las cinco y veinte.

1. ¿A qué hora jugaste al béisbol?

2. ¿A qué hora te duchaste?

3. ¿Te vestiste a las tres?

4. ¿Viste televisión a las tres y media?

5. ¿A qué hora saliste con tus amigos?

6. ¿En qué restaurante comieron Uds.?

DIÁLOGO: En el mercado   (página 155)

Empareja las frases. David y Elena van a un mercado en la capital donde se venden muchas joyas de plata.

Listen to the conversation. It will be said twice. Then combine items from the two columns to summarize the dialogue. Repeat the correct answers.

1. _____ Los aretes en el mercado son de
2. _____ Los aretes en la joyería eran de
3. _____ En la joyería los aretes costaban
4. _____ Setenta y cinco mil pesos viejos son
5. _____ David y Elena hablan de

a. setenta y cinco nuevos pesos.
b. las joyas y los precios.[1]
c. plata.
d. más.
e. oro.

[1]prices

DIÁLOGO: En la universidad   (página 157)

Preguntas. En la UW-EC, los amigos de David pasan la tarde en el centro comercial. Allí descansan y hablan de sus compras.

Listen to the conversation. Feel free to rewind the tape to listen again, if necessary. Then answer the following questions and repeat the correct answers. First, listen to the questions you will be asked.

1. ¿Compró María el abrigo de lana o el de poliéster?
2. ¿Cuánto pagó María?
3. ¿Cuándo vino Carmen por primera vez a los EE. UU?
4. ¿Qué compró Jorge?
5. ¿Para quién compró las estatuas?
6. ¿Cuánto pagó Jorge?

A PROPÓSITO: El *se* impersonal   (página 158)

Empareja las frases. Match each phrase in column A with the logical location in column B. Repeat the correct answers.

A

1. _____ Se compra artesanía típica
2. _____ Se practica español
3. _____ Se duerme
4. _____ Se toma café
5. _____ Se sirve cerveza

B

a. en la clase.
b. en el bar.
c. en la cafetería.
d. en la alcoba.
e. en la biblioteca.
f. en el mercado.

VOCABULARIO: ¿De qué material es? (página 159)

Para completar. Marisol has just bought gifts for her family. As you listen to her description of the purchases, fill in the missing words. Her description will be given twice.

Ayer fui al centro comercial y compré de todo. Encontré dos camisetas de _____[1] para mi hermano menor y una cartera de _____[2] para mi hermano mayor. Para mi mamá compré una blusa de _____[3] y también unos aretes de _____[4]. Para el cumpleaños de mi padre tengo una escultura de _____[5] muy original y para mi sobrino encontré un juguete perfecto, un avión de _____[6]. Claro, también me compré algo, un anillo de _____[7] divino. Estoy contenta con las compras, pero ya no tengo más dinero.

CONCEPTO: Adjetivos y pronombres demostrativos
(página 160)

¿De quién es? Point to each item in the drawings as you say whether they belong to Jorge, Joaquín, or Felipe, as in the example. Be sure to use the appropriate form of the demonstrative adjective. Repeat the correct answers.

EJEMPLO: coche → Este coche es de Jorge, ese coche es de Joaquín y aquel coche es de Felipe.

1. bicicleta
2. libros

3. cartas
4. regalo

DIÁLOGO: La capital (página 162)

¿Es cierto o no es cierto? Los primos llegan al Zócalo. Ven el contraste entre lo europeo y lo indígena.

Listen to the conversation. Feel free to rewind the tape to listen again, if necessary. Then determine whether the following statements are true (**Es cierto**) or false (**No es cierto**). Repeat the correct answers.

		ES CIERTO	NO ES CIERTO
1.	A David le fascinan varios aspectos de la ciudad.	☐	☐
2.	Elena, David y Roger van a un partido de fútbol.	☐	☐
3.	Teotihuacán es un lugar moderno.	☐	☐
4.	Elena y David van solos a Teotihuacán.	☐	☐
5.	Salen para Teotihuacán mañana a las ocho.	☐	☐

EN ACCIÓN

(página 164)

A **Una llamada telefónica.** Jorge has decided to surprise David by calling him in Mexico. Imagine that you are David telling Jorge about some of your recent activities. Change the infinitive to the appropriate form of the preterite and repeat the correct answers, as in the example.

EJEMPLO: nosotros / visitar Querétaro → Nosotros visitamos Querétaro.

1.   nosotros / pasar unos días con la familia Austin

2.   los Sres. Austin / ver mercados típicos

3.   Jennifer / buscar regalos para sus amigos

4.   la Sra. Austin y Elena / entrar en muchas tiendas

5.   yo / comprar flores en un mercado

6.   nosotros / decidir ir a Teotihuacán

7.   yo / divertirse en la capital

B **Para escoger.** Now it is Jorge's turn to tell David about recent events. Listen to his summary of the news at UW-EC. It will be given twice. Then choose the most logical completions and repeat the correct answers.

1.   La vida de Jorge en UW-EC es _____ .
     a.   muy tranquila   b.   muy activa   c.   como la vida de David

2.   En su examen Jorge sacó[1] _____ .
     a.   una nota excelente   b.   una nota buena   c.   una nota mala

3.   Celia, la prima de Carmen _____ .
     a.   llegó a Barcelona el   b.   es de Eau Claire   c.   llegó a Eau Claire el
          otro día   otro día

4.   El profesor Brewer _____ .
     a.   dio un examen de   b.   dio un examen de   c.   hizo una fiesta
          química   español

5.   Tomás perdió[2] _____ .
     a. $135   b. $125   c. $245

6.   Marisol vive en _____ .
     a.   una residencia   b.   una nueva casa   c.   un condominio

[1]got   [2]lost

CAPÍTULO

6 Los pasatiempos

CONCEPTOS

Verbos irregulares en el pretérito   (página 179)

Some Spanish verbs are irregular in the preterite tense. They do, however, follow a pattern. Each has a stem to which a set of irregular endings is added.

INFINITIVE	STEM	ENDINGS		
andar	anduv-			
estar	estuv-		e	imos
hacer	hic-*	+		
poder	pud-		iste	isteis
poner	pus-			
querer	quis-		o	ieron
tener	tuv-			
venir	vin-			

Mucha gente vino a la reunión.
¿Estuviste en clase ayer?
Pusieron su artículo en una revista.

A lot of people came to the meeting.
Were you in class yesterday?
They put her article in a magazine.

The following irregular preterites all have a j in the stem. Note that their endings are identical to those in the preceding box, except for the third-person plural ending.

---

*The third person singular of **hacer** is **hizo**.

INFINITIVE	STEM	ENDINGS	
decir	dij-	e	imos
traer	traj-		
conducir	conduj-	+	iste	isteis
traducir	traduj-		
producir	produj-	o	ERON

¿Qué trajeron Uds. a la fiesta?
¿Quién te dijo eso?
Conduje por ocho horas.

What did you bring to the party?
Who told you that?
I drove for eight hours.

The irregular preterite forms of **dar, ser,** and **ir** do not follow either of the preceding patterns. Note that **ser** and **ir** have identical forms in the preterite.

dar	
di	dimos
diste	disteis
dio	dieron

ser/ir	
fui	fuimos
fuiste	fuisteis
fue	fueron

Fuimos al partido de béisbol el fin de semana pasado.
El profesor dio un examen sobre el capítulo dos.

We went to the baseball game last weekend.
The professor gave a test on chapter two.

Note that the preterite of **hay** (*there is, there are*), from the verb **haber,** is **hubo** (*there was, there were*).

Gustar y verbos similares   (página 189)

In many dictionaries, **gustar** is translated as *to like*. Literally, however, it means *to be pleasing,* and it follows a different sentence pattern from *to like*.

ENGLISH

subject	verb	direct object
I	like	tacos.

SPANISH

indirect object	verb	subject
Me	gustan	los tacos.
Literally: To me	are pleasing	tacos.

a PHRASE	(no)	INDIRECT OBJECT PRONOUN	FORM OF gustar	SUBJECT
A mí	(no)	me		
A ti	(no)	te		
A él	(no)			
A ella	(no)	le	gusta	[infinitive]
A Ud.	(no)		gusta	[singular subject]
A nosotros/as	(no)	nos	gustan	[plural subject]
A vosotros/as	(no)	os		
A ellos/as	(no)	les		
A Uds.	(no)			

(A mí) Me gusta practicar las artes
    marciales.

I like to practice martial arts.

¿(A ti) Te gusta la lluvia?

Do you like the rain?

(A nosotros) Nos gustan las montañas.

We like the mountains.

The **a** phrase in the preceding examples is in parentheses because it is optional. It is most commonly included

- to provide emphasis

  A ti no te gusta el chocolate, pero a mí
      me gusta mucho.

  You don't like chocolate, but I like it a lot.

- or to provide clarity when **le** and **les** are used

  A Enrique le gusta la playa.

  Enrique likes the beach.

  A mis padres les gusta también.

  My parents like it, too.

Here are some other verbs that function like **gustar.**

INFINITIVE	MEANING	EXAMPLE
doler (ue)	*to hurt*	Me **duelen** las piernas. *My legs hurt.*
encantar	*to love, like a lot*	Les **encantan** las películas. *They love movies.*
faltar	*to lack; to need, not have*	Me **falta** dinero. *I don't have any money.*
importar	*to be important, to matter*	No me **importa** la política. *Politics aren't important (don't matter) to me.*
parecer	*to seem**	Me **parece** interesante. *It seems interesting to me.*
quedar†	*to remain; to have left*	¿Cuántos pesos te **quedan**? *How many pesos do you have left?*

---

*Parecer can also mean *to think about.*

    ¿Qué te parece la idea?

What do you think about the idea? (How does the idea seem to you?)

† **Quedar** also means *to fit,* in reference to clothes.

    —¿Cómo me quedan estos pantalones, mamá?

    —¿No te quedan bien. Le quedan mejor a tu
      hermano.

How do these pants fit me, mom?
They don't fit you well. They fit your brother better.

El imperfecto

(página 194)

hablar (*to speak*)	
hablaba	hablábamos
hablabas	hablabais
hablaba	hablaban

comer (*to eat*)	
comía	comíamos
comías	comíais
comía	comían

escribir (*to write*)	
escribía	escribíamos
escribías	escribíais
escribía	escribían

The imperfect of **hay** (*there is, there are*), from the verb **haber,** is **había** (*there was, there were, there used to be*).

Only three infinitives are irregular in the imperfect tense. Their forms are as follows.

ser (*to be*)	
era	éramos
eras	erais
era	eran

ir (*to go*)	
iba	íbamos
ibas	ibais
iba	iban

ver (*to see*)	
veía	veíamos
veías	veíais
veía	veían

Spanish has two simple past tenses: the preterite, which you have already learned, and the imperfect. The imperfect is used to describe

- repeated habitual actions in the past

Hablábamos español en casa.
Iban a la playa cuando hacía calor.

We used to speak Spanish at home.
They would (used to) go to the beach when it was hot.

- an action that was in progress when another action occurred

Veía televisión cuando Jorge me llamó por teléfono.

I was watching television when Jorge called me.

- time and age in the past

Eran las once.
Tenía dieciséis años en 1990.

It was eleven o'clock.
He was sixteen years old in 1990.

EJERCICIOS ESCRITOS

DIÁLOGO: Un partido especial (página 176)

Anoche. Complete each sentence with the appropriate form of the preterite.

1. Roger sólo _____ (ver) la mitad del partido porque no _____ (saber) que iban a pasar ese programa.

2. _____ (Ser) un partido especial. Lo _____ (poner) a última hora.

3. ¿Qué le _____ (parecer) el partido a la familia de Roger?

4. A todos les _____ (gustar) el partido.

VOCABULARIO: Los deportes y los pasatiempos (página 177)

Ⓐ ¿Qué deporte? Name the sport you associate with the following individuals, as in the examples.

EJEMPLOS: Babe Ruth, Mickey Mantle → *el béisbol*

Nancy Kerrigan, Tonya Harding → *patinar*

1. Bruce Lee, Chuck Norris _____

2. Michael Jordan, Charles Barkley _____

3. Pelé, Diego Maradona _____

4. Jack Nicklaus, Arnold Palmer _____

5. Jane Fonda, Richard Simmons _____

6. Bruce Jenner, Carl Lewis _____

7. Steffi Graf, Andre Agassi _____

8. Joe Montana, John Elway _____

Ⓑ ¿Quién en tu familia? State who, if anyone, in your family or among your friends participates in the following sports and activities, as in the examples. Be sure to use the correct verb with each item.
Vocabulario útil: nadie.[1]

EJEMPLOS: el béisbol → *Mi hermano juega al béisbol.*

la lucha libre → *Nadie en mi familia practica la lucha libre.*

1. el boliche _____

2. el ráquetbol _____

[1]*nobody, no one*

3. el voleibol _____

4. los ejercicios aeróbicos _____

5. las artes marciales _____

6. el ciclismo _____

7. trotar _____

8. el golf _____

9. montar a caballo _____

10. el boxeo _____

CONCEPTO: Verbos irregulares en el pretérito (página 179)

A **Una conversación.** Fill in the blanks in the following conversation with the correct form of the preterite for each infinitive.

JORGE: Carmen, ¿a qué hora _____1 (venir) a la universidad hoy?

CARMEN: Pues, _____2 (venir) tarde porque no _____3 (poder) encontrar mi tarea

para la clase de inglés.

JORGE: ¿No sabes dónde la _____4 (poner)?

CARMEN: No, y al final _____5 (tener) que volver a escribir la tarea.

JORGE: Lo siento. El año pasado me pasó lo mismo,[a] y al día siguiente encontré la tarea que yo

_____6 (hacer) primero.

CARMEN: Claro, eso siempre pasa.[b]

[a]lo... *the same thing* [b]eso... *that always happens*

B **Preguntas personales.** Answer the following questions in complete sentences.

1. ¿Qué hiciste anoche?

_____

2. ¿Adónde fuiste ayer? ¿Por qué?

_____

3. ¿Tuviste que estudiar ayer? ¿Para qué clase?

_____

4. ¿Pudiste comprender todo el capítulo 5?

_____

5. ¿Qué dijiste ayer cuando viste a tu profesor(a) de español?

_____

6. ¿Fuiste a todas tus clases la semana pasada? Si no, ¿qué hiciste?

_____

7. ¿A qué hora viniste a la universidad hoy?

_____

8. ¿Qué trajiste a la universidad esta mañana?

_____

C **Un esquema.** Fill in the chart with the appropriate verb forms.

INFINITIVO	yo	nosotros/as	ellos/as
		vinimos	
	dije		
			fueron
dar			
			pusieron
traer			
	supe		
		hicimos	

DIÁLOGOS: Teotihuacán En la universidad

(páginas 181, 182)

Reacciones. The characters in the dialogues react to various things and events. Tell who has what reaction by matching phrases from column A with phrases from column B. Write complete sentences in the blanks provided.

A

1. Roger no quiere subir por
2. Desde arriba el Sr. Austin puede sacar
3. Elena, David y los Austin no deben esperar porque hay
4. En México hace sol por la mañana
5. Carmen no soporta
6. España es
7. Bariloche es
8. Los EE. UU. es un país

B

a. lluvia por la tarde.
b. muy famoso.
c. de muchos contrastes.
d. el calor.
e. la nieve.
f. un país muy montañoso.
g. unas fotos preciosas.
h. pero llueve por la tarde.

1. _____

2. _____

3. _____

4. _____

5. _____

6. _____

7. _____

8. _____

VOCABULARIO: El tiempo, los meses y las estaciones

(página 184)

Ⓐ ¿Cómo es el clima? What weather do you associate with the following places? Make at least two observations for each place listed, as in the example.

EJEMPLO: Fairbanks, Alaska → _Hace frío y nieva mucho._

1. Honolulú, Hawai _____

2. San Francisco, California _____

3. Acapulco, México _____

4. Londres, Inglaterra _____

5. San Juan, Puerto Rico _____

6. Chicago, Illinois _____

7. Seattle, Washington _____

8. el lugar donde Ud. vive _____

Ⓑ ¿Qué piensas? For each of the following weather conditions, state whether you like it or not, as in the example. Be sure to add **hace, hay,** or **está** to the weather expression.

EJEMPLO: frío → _(No) Me gusta cuando hace frío._

1. viento _____

2. nublado _____

3. sol _____

4. neblina _____

5. calor _____

6. mal tiempo _____

7. templado _____

8. húmedo _____

Ⓒ ¿En qué estación? State the season of the year that you associate with each item.

1. diciembre _____

2. el fútbol americano _____

3. la nieve _____

4. la lluvia _____

5. la Serie Mundial de Béisbol _____

6. tomar el sol en la playa _____

7. pantalones cortos y camisetas _____

8. estudiantes en las playas de Florida _____

VOCABULARIO: Los días festivos   (página 186)

Ⓐ ¿Cuál es la fecha? Match the holidays in column A with the dates from column B, as in the example.

EJEMPLO: El Día de la Independencia de México →

El Día de la Independencia de México es el 16 de septiembre. _____

A	B
1. La Navidad	el 4 de julio
2. El Día de Año Nuevo	el 14 de febrero
3. El Día de la Independencia de los EE. UU.	el 17 de marzo
4. La Noche Vieja	el 2 de noviembre
5. La Nochebuena	el 31 de diciembre
6. El Día de los Enamorados	el 25 de diciembre
7. El Día de San Patricio	el 24 de diciembre
8. El Día de los Muertos	el 16 de septiembre
	el primero de enero

1. _____

2. _____

3. _____

4. _____

5. _____

6. _____

7. _____

8. _____

Ⓑ Mis días favoritos. David and Elena are comparing their favorite holidays in Mexico and in the United States. Fill in the blanks with the name of the holiday described.

DAVID: Mi día festivo favorito es _____[1], que celebramos, claro, el 25 de

diciembre, como en todo el mundo cristiano. Me gusta porque hacemos y recibimos regalos,

toda la familia se reúne, y las decoraciones en verde y rojo son alegres.

ELENA: A mí me gusta _____[2] también, pero mi favorito es

_____[3] que celebramos aquí en México el dos de noviembre. Vamos

al cementerio para recordar a los miembros de la familia que ya murieron, comemos, bebemos

en memoria de ellos y celebramos el día con fiestas y canciones.

DAVID: Otro de mis días festivos favoritos es _____⁴, el cuatro de julio, porque vamos a Chicago para tomar el sol en la playa del lago Michigan y de noche vemos en el lago los fuegos artificiales.ᵃ

ELENA: Pues yo prefiero un día festivo sin fuegos artificiales. Es _____⁵, el día que celebramos en México como un segundo cumpleaños. La familia y los amigos nos hacen regalos y es un día especial.

DAVID: El tercero en la lista de mis días festivos favoritos es _____⁶ porque me gusta el pavo relleno y también la salsa de arándano.ᵇ Ese día vamos a casa de mis abuelos Nelson para una gran comida deliciosa.

ELENA: Yo quiero ver alguna vez cómo es esa fiesta. ¿Es posible?

DAVID: ¡Claro que sí! Te invito.

ᵃfuegos... *fireworks*   ᵇpavo... *turkey and stuffing and cranberry sauce*

CONCEPTO: *Gustar* y verbos similares   (página 189)

Ⓐ **¿Qué te parece?** Some people are curious about others' likes, dislikes, and interests. Use verbs from the following list to write questions and answers about each item, as in the examples.

encantar   interesar
fascinar   molestar
gustar

EJEMPLOS: el Día de los Muertos →

—¿Qué te parece el Día de los Muertos?

— Me gusta. / Me interesa.

los muebles modernos →

—¿Qué te parecen los muebles modernos?

—No me gustan. / Me encantan.

1. el esquí

   —_____

   —_____

2. la Navidad

   —_____

   —_____

3. las minifaldas

   —_____

   —_____

4. los coches pequeños

— _____

— _____

5. los cumpleaños

— _____

— _____

6. el invierno

— _____

— _____

🅑 **Tomás y Marisol.** Tomás and Marisol are talking about their interests, likes, and dislikes over coffee in the cafeteria between classes. Construct their conversation from the elements provided, adding the appropriate indirect object pronoun (**me, te, le, nos, os, les**) in the first blank and the appropriate form of the verb in parentheses in the second blank.

TOMÁS: ¿Qué _____ _____[1] (parecer) los deportes, Marisol?

MARISOL: Bueno, generalmente a mí no _____ _____[2] (gustar) mucho.

TOMÁS: Pero a ti _____ _____[3] (importar) estar en buena forma,[a] ¿no?

MARISOL: Sí, pero _____ _____[4] (faltar) energía para participar.

TOMÁS: Pues, a mí _____ _____[5] (encantar) todos los deportes.

MARISOL: ¿Qué deporte _____ _____[6] (interesar) más?

TOMÁS: Es difícil decir. _____ _____[7] (gustar) jugar al tenis y al golf, y absolutamente

_____ _____[8] (fascinar) mirar los partidos de béisbol.

MARISOL: ¿Sí? ¿A ti _____ _____[9] (gustar) más mirar un partido de béisbol en persona o en

la tele?

TOMÁS: Eso es fácil, Marisol. _____ _____[10] (gustar) mucho más mirar el partido en

persona.

MARISOL: Hummm, eso _____ _____[11] (interesar), Tomás, porque _____

_____[12] (parecer) mucho más caro ir al estadio.

TOMÁS: Sí, es más caro, pero _____ _____[13] (interesar) mirar a la gente también. ¿Otro

café, Marisol? a nosotros _____ _____[14] (quedar) 20 minutos antes de nuestras

clases.

MARISOL: A mí _____ _____[15] (parecer) una idea excelente.

[a]shape

G **¿Qué les gusta hacer?** The persons listed in the first group are active, sports-minded individuals who avoid passive recreation, while those in the second group prefer less strenuous leisure activities. Write sentences about these individuals based on this information and adding **no** as needed. Then talk about yourself in relation to the same activity, as in the example.

GRUPO A

José	Linda
Carlos	Carmen
Tomás	Teresa

GRUPO B

Josefina	Pedro
Sofía	Alberto
Cecilia	Ramón

EJEMPLO: Josefina / interesar / los deportes

A Josefina no le interesan los deportes.

A mí (no) me interesan los deportes.

1. Carlos y Linda / encantar / correr

_____

_____

2. Cecilia / fascinar / ir de compras

_____

_____

3. Pedro y Ramón / encantar / hacer alpinismo

_____

_____

4. José y Teresa / gustar / la música clásica

_____

_____

5. Tomás / interesar / el tenis y el golf

_____

_____

6. Sofía y Alberto / gustar / tomar el sol en la playa

_____

_____

7. Carmen / interesar / novelas policíacas

_____

_____

DIÁLOGOS: La Universidad Nacional Autónoma de México (páginas 191, 192)
En la universidad

¿Qué palabra falta? Using information from the dialogues, complete each statement with an item from the following list.

costumbres	la mitad	se reunía
fiestas	las montañas	trabajar
fotos	mucha prisa	vivían
sus memorias	quinceañera	

1. Cuando David era niño, su mamá le mostró _____ de los mosaicos.[1]

2. Según Roger, la primera vez no pudieron apreciar los colores porque tenían

   _____. Por eso no vieron ni _____ de lo que

   querían ver.

3. Los miembros del Club Hispánico estaban hablando de _____ de la

   juventud.[2]

4. Celia recuerda que, en su juventud, la familia _____ en casa de sus

   abuelos. Era fácil porque todos _____ en el mismo pueblo.

5. Para la familia de Marisol, había ciertas _____ más importantes que

   otras, como, por ejemplo, las fiestas de _____.

6. Según Jorge, las _____ de la quinceañera varían[3] según el país.

7. Todos los veranos, Luis pasaba sus vacaciones en su casa en _____. Su

   padre sólo pasaba los fines de semana con ellos porque tenía que _____.

[1]mosaics [2]youth [3]vary

A PROPÓSITO: Los tiempos perfectos (página 193)

FORMS OF THE PAST PARTICIPLE

hablar	comer	vivir
hablado (spoken)	comido (eaten)	vivido (lived)

THE PRESENT PERFECT

haber		PAST PARTICIPLE
he	hemos	-ado
has	habéis	+	-ido
ha	han	

He vivido en tres apartamentos distintos.

I have lived in three different apartments.

Hemos hablado con la profesora.

We have spoken with the professor.

¿Has entendido toda la lección?

Have you understood the entire lesson?

THE PAST PERFECT

haber		PAST PARTICIPLE
había	habíamos	-ado
habías	habíais	+ -ido
había	habían	

Había preparado todas las tareas, pero salí mal en el examen.*

I had prepared all the assignments, but I did poorly on the exam.

Antes de venir a los EE. UU., Celia no **había salido** de España.

Before coming to the United States, Celia hadn't left Spain.

Spanish, like English, has perfect tenses, including the present perfect (equivalent to the English *have/has done*) and the past perfect (equivalent to the English *had done*). Both of these are compound tenses and are formed with the verb **haber** and the past participle. Regular past participles will end with **-ado,** for **-ar** verbs, or **-ido,** for **-er** and **-ir** verbs.

There are, however, a number of Spanish verbs with irregular past participles. The following are some of the more common ones.

decir: dicho
escribir: escrito
hacer: hecho
poner: puesto
ver: visto
volver: vuelto

Ⓐ Empareja las frases. Combine phrases from the two columns to state who has or has not done the following things. Write at least five sentences, adding **no** as appropriate.

A

Yo (no) he
Mis padres (no) han
Mi mejor amigo (no) ha
Mi mejor amiga (no) ha
Uno de mis tíos (no) ha
Un amigo y yo (no) hemos
Nadie en mi familia ha
Ninguno de mis amigos ha

B

vivido fuera de los Estados Unidos.
viajado por tren.
jugado a un deporte como profesional.
sido presidente de un club.
visitado México.
hecho alpinismo.
bebido un vino español.
asistido a otra universidad.

1. _____

2. _____

3. _____

*Note that the past perfect is used to talk about what someone *had* or *had not done* before a given time in the past.

4. _____

5. _____

B **Antes de la universidad.** State whether or not you had done the following things before you started college, as in the examples.

EJEMPLOS: estudiar matemáticas →

Había estudiado matemáticas.

levantarse a las cuatro de la mañana para estudiar →

No me había levantado a las cuatro para estudiar.

1. visitar Europa

_____

2. vivir en Texas

_____

3. jugar al golf

_____

4. aprender a bailar la rumba o el tango

_____

5. montar a caballo

_____

6. escribir una composición en español

_____

7. conocer a una persona famosa

_____

8. dormirse en la biblioteca

_____

CONCEPTO: El imperfecto (página 194)

A **Un sábado por la mañana.** Elena slept rather late one Saturday morning, and when she finally got up, the following things were going on. Imagine that you are Elena and express what she observed by changing the infinitives given to the imperfect tense, as in the example.

Cuando me levanté...

EJEMPLO: ser / 10:30 →

Cuando me levanté, eran las diez y media.

1. hacer / buen tiempo

_____

2. mis padres / estar ocupados

   _____

3. mi abuelo / tomar café

   _____

4. mi mamá / prepararse para ir al mercado

   _____

5. mi papá / trabajar en el jardín

   _____

6. mi hermano mayor / afeitarse y ducharse

   _____

7. mi abuela / escribir una carta

   _____

8. mi hermana / salir para jugar al tenis

   _____

B **Un viejo.** Over coffee at a sidewalk café, an old man is reminiscing to his grandson about the wonderful life he had as a young man in Mexico City. Imagine that you are the old man and form complete sentences by changing the infinitive to the appropriate form of the imperfect, as in the example.

   EJEMPLO: esquiar en el invierno → *Esquiaba en el invierno.* _____

1. vivir en la ciudad _____

2. ir a muchas fiestas _____

3. tener un coche nuevo _____

4. reunirme mucho con mis amigos _____

5. tomar vacaciones fantásticas _____

6. bailar todos los sábados _____

7. ver a mis abuelos los domingos _____

8. jugar al fútbol con mis hermanos _____

C **Preguntas personales.** Answer the following questions in complete sentences about your life when you were fifteen.

1. ¿Dónde vivías?

   _____

2. ¿Cómo se llamaba tu mejor amigo o amiga?

   _____

3. ¿A qué escuela asistías?

   _____

4. ¿Con quién hablabas por teléfono con más frecuencia?

   _____

5. ¿A qué hora te levantabas para ir a la escuela?

_____

6. ¿A qué hora te acostabas generalmente?

_____

7. ¿Qué deportes te interesaban?

_____

8. ¿Qué hacías en el verano?

_____

9. ¿Cuál era tu programa de televisión favorito?

_____

10. ¿Adónde iban tú y tus amigos los fines de semana?

_____

Now write three similar questions for your instructor. ¡OJO! Remember to use **usted** when addressing your instructor.

1. _____
2. _____
3. _____

D **Un esquema.** Fill in the chart with the appropriate forms of the imperfect.

INFINITIVO	yo	nosotros/as	ellos/as
		veíamos	
			acampaban
insistir			
ir			
	conocía		
		pasábamos	

DIÁLOGO: Vamos a Acapulco (página 195)

¿Qué recuerdas tú? Using information from the dialogue, complete each sentence by writing the appropriate letter in the blank provided, as in the example.

EJEMPLO: Elena y David van a la Central Camionera del Sur con _b_.
   a. sus abuelos   b. la familia Austin   c. un amigo

1. Elena y David van a viajar _____ a Acapulco.
   a. en tren   b. en avión   c. en autobús

2. David no quiere salir de la capital porque _____.
   a. no lo ha visto todo   b. no tiene más dinero   c. no le gusta Acapulco

3. Elena dice que no es posible _____ .
   a. viajar en autobús
   b. verlo todo
   c. ir a Acapulco

4. El autobús sale para Acapulco a _____ .
   a. las diez
   b. las tres
   c. las once

5. No habrá[1] mucha gente porque _____ .
   a. es un sitio popular
   b. es Navidad
   c. están en verano

[1]No... *There won't be*

RECOMBINACIÓN

Ⓐ **Una conversación incompleta.** Fill in the blanks in the following conversation with the appropriate form of the preterite (P) or imperfect (I).

MARISOL: ¿Por qué no _____[1] (ir; P) al cine con nosotros el viernes? ¿No _____[2] (querer; I) ir?

JORGE: Sí, pero no _____[3] (poder; I). _____[4] (tener; I) que limpiar la casa.

MARISOL: ¿_____[5] (limpiar; P) la casa? ¿El viernes por la noche? ¿Por qué?

JORGE: Bueno, mucha gente _____[6] (venir; I) para una fiesta el sábado.

MARISOL: ¿Una fiesta? ¿_____[7] (ser; I) una ocasión especial?

JORGE: Sí, el cumpleaños de mi novia.

MARISOL: ¿Quiénes _____[8] (venir; P)?

JORGE: Los miembros del Club Hispánico. ¿Por qué no _____[9] (venir; P) tú?

MARISOL: ¿Yo? Bueno, no _____[10] (saber; I) nada de la fiesta.

JORGE: Ah, comprendo. La próxima vez entonces.

MARISOL: Sí, con mucho gusto.

JORGE: Bueno, nos vemos.

MARISOL: Hasta pronto.

Ⓑ **Combinaciones.** Write sentences with the words given, as in the examples. You may use the words in any order. Words in parentheses may be used in any form you wish; otherwise, use the words in the form given.

EJEMPLOS: (caminar), parque →

Me gusta caminar en el parque.

Ayer caminé en el parque.

1. (montar a caballo), nieve

   _____

2. (tomar el sol), invierno

   _____

3. cumpleaños, (tener)

_____

4. hacía mal tiempo, (nadar)

_____

5. gustaba, otoño

_____

6. neblina, béisbol

_____

7. encantaba, el Día de Gracias

_____

8. (jugar a las cartas), vinieron

_____

C **La lógica.** Choose one element from each of the following columns to write at least five logical sentences in the imperfect tense. You may add any necessary words.

A	B	C	D
yo	divertirse	en museos	en el pasado
mis amigos y yo	ir	a la playa	cuando yo era joven
un amigo	correr	en Europa	en la escuela secundaria
una amiga	viajar	a nuestra casa	con frecuencia
mis abuelos	salir	conmigo	casi nunca
unos profesores	tomar el sol	al lago	todo el tiempo
¿ ?	¿ ?	¿ ?	¿ ?

1. _____

2. _____

3. _____

4. _____

5. _____

D **Comparaciones.** On a separate sheet of paper, write a paragraph of seven to nine sentences that compares your daily routine now with what it used to be when you were in high school. Use at least three words from each of the four columns in your comparisons. Use the present tense forms for your present routine and the imperfect tense for your past routine. Add any necessary words and phrases.

A	B	C	D
yo	levantarse	jugar al básquetbol	primavera
mi mejor amigo/a	acostarse	sacar fotos	verano
mis amigos y yo	afeitarse	practicar el atletismo	otoño
una de mis amigas	ducharse	ver televisión	invierno
mi familia	bañarse	acampar	la Navidad
un profesor	maquillarse	tocar la guitarra	el Día de Gracias
una profesora		tomar el sol	el Día de la Independencia

EJERCICIOS DE LABORATORIO

PRONUNCIACIÓN: *n, ñ*

The Spanish **n** is pronounced as in English. The **ñ**, as in **año**, is pronounced like the *ny* in *canyon*.

Para pronunciar. Repeat the following sentences.

1. La señora enseña español.
2. No hay nada natural.
3. El niño tiene sueño.

4. Natalia no nada.
5. La piñata es para la fiesta de mañana.
6. Nicolás no necesita estudiar.

DIÁLOGO: **Un partido especial** (página 176)

Preguntas. David, Elena y Roger van a un partido de fútbol. Allí hablan de otro partido que vieron en la televisión.

Listen to the following conversation. It will be said twice. Then answer the following questions and repeat the correct answers. First, listen to the questions you will be asked.

1. ¿Cuándo vieron David y Elena un partido de fútbol en la televisión?
2. ¿Quién sólo vio la mitad del partido?
3. ¿Qué piensa David del fútbol?
4. ¿Le gustó el partido a la familia de Roger?
5. ¿Por qué estaba confundida Jennifer?

VOCABULARIO: **Los deportes y los pasatiempos** (página 177)

¿Qué hacen? The following drawings show students outside the classroom. Listen to each question, then choose from the list of activities to say what they are doing, as in the example. Repeat the correct answers.

escuchar música
esquiar
hacer alpinismo
jugar al boliche

jugar a las cartas
jugar al fútbol
jugar al golf

jugar al tenis
nadar
pescar

EJEMPLO: ¿Qué hace Natalia? → Natalia juega al golf.

Natalia

1.

María

2.

Fernando

3.

Héctor y Marta

4.

Cristina

5.

Ana

6.

Luis y David

7.

Gloria

8.

Enrique, Esteban y Carlos

9.

Susana

1. ¿Qué hace María?

2. ¿Qué hace Fernando?

3. ¿Qué hacen Héctor y Marta?

4. ¿Qué hace Cristina?

5. ¿Qué hace Ana?

6. ¿Qué hacen Luis y David?

7. ¿Qué hace Gloria?

8. ¿Qué hacen Enrique, Esteban y Carlos?

9. ¿Qué hace Susana?

CONCEPTO: Verbos irregulares en el pretérito (página 179)

¿Qué hicieron? Form complete sentences in order to describe the recent activities of David, Elena, and others, as in the example. Repeat the correct answers.

EJEMPLO: David y Elena / ver un partido en la televisión →
David y Elena vieron un partido en la televisión.

1. Roger / ver un partido en la televisión

2. David y Elena / ir al estadio

3. David / hacerle un regalo a la Sra. Austin

4. yo / estar en una fiesta

5. Carmen y Celia / andar por la ciudad

6. Alfonsina y yo / ver una película

7. Tú / venir a clase

8. David / tener noticias de sus amigos

DIÁLOGO: Teotihuacán (página 181)

Empareja las frases. La familia Austin va con David y Elena a uno de los sitios arqueológicos más importantes de México, Teotihuacán.

Listen to the dialogue. Feel free to rewind the tape to listen again, if necessary. Then combine elements from columns A and B in order to summarize the conversation. Repeat the correct answers.

A

1. _____ Elena quiere

2. _____ Es un día

3. _____ El Sr. Austin puede

4. _____ En el verano

5. _____ Todos van a

B

a. de mucho calor.
b. subir la Pirámide del Sol.
c. ver pirámides y templos.
d. sacar fotos.
e. hay lluvia por la tarde.

DIÁLOGO: En la universidad (página 182)

¿Es cierto o no es cierto? Llueve y los alumnos están en la biblioteca. ¿El tema principal de la conversación? El tiempo, claro.

Listen to the conversations. Feel free to rewind the tape to listen again, if necessary. Then determine whether the following statements are true (**Es cierto**) or false (**No es cierto**). Repeat the correct answers.

		ES CIERTO	NO ES CIERTO
1.	Hay una estación de las lluvias en Costa Rica.	☐	☐
2.	En muchas partes de México llueve por una o dos horas por la tarde en el verano.	☐	☐
3.	Hay nieve en la costa de España.	☐	☐
4.	Es posible esquiar en España.	☐	☐
5.	Bariloche está en México.	☐	☐
6.	Alfonsina trabaja mucho cuando hace calor.	☐	☐

VOCABULARIO: El tiempo, los meses y las estaciones
(página 184)

¿Cuál es la estación? Listen to David's descriptions of the seasons of the year. Based on what you hear, identify each season. Then repeat the correct answers.

1. ...   2. ...   3. ...   4. ...

VOCABULARIO: Los días festivos (página 186)

Ⓐ **¿Qué día es?** Listen to the brief descriptions of holidays and celebrations. After each description, identify the appropriate day from the following list, as in the example. Then repeat the correct answers.

el cumpleaños	el Día de los Padres	la Nochebuena
el Día de los Enamorados	el día del santo	la Noche Vieja
el Día de Gracias	la Navidad	el Rosh Hashana

EJEMPLO: Es un día que se celebra como un cumpleaños. → Es el día del santo.

1. ...   2. ...   3. ...   4. ...   5. ...   6. ...   7. ...   8. ...

Ⓔ ¿En qué mes? Answer the questions you hear by identifying the appropriate month, as in the example. Repeat the correct answers.

En los EE. UU:

EJEMPLO: ¿En qué mes termina el año? → El año termina en diciembre.

1. ¿En qué mes empieza el año nuevo?

2. ¿En qué mes empieza el año académico?

3. ¿En qué mes se celebra el Día de Gracias?

4. ¿En qué mes se celebra el Día de los Enamorados?

5. ¿En qué mes se celebra el Día de las Madres?

6. ¿En qué mes se celebra el Día de la Independencia?

CONCEPTO: *Gustar* y verbos similares   (página 189)

Elena habla. Listen to Elena talk about her and her family's likes and dislikes. Feel free to rewind the tape to listen again, if necessary. Then answer the following questions and repeat the correct answers. First, listen to the questions you will be asked.

1. ¿Qué le encanta a Elena?

2. A David, ¿qué le gusta de México?

3. ¿Qué le fascina a su abuela?

4. ¿Qué les interesa a sus padres?

5. ¿Qué les gusta a todos?

DIÁLOGO: La Universidad Nacional Autónoma
de México   (página 191)

¿Es cierto o no es cierto? David y Elena piensan ir con la familia Austin a la biblioteca de la Universidad Nacional Autónoma de México (UNAM) para ver los mosaicos[1] famosos.

Listen to the conversation. Feel free to rewind the tape to listen again, if necessary. Then determine whether the following statements are true (**Es cierto**) or false (**No es cierto**). Repeat the correct answers.

		ES CIERTO	NO ES CIERTO
1.	David vio los mosaicos en la UNAM cuando era pequeño.	☐	☐
2.	Roger estuvo antes en la UNAM.	☐	☐
3.	Roger es alumno del Instituto Allende.	☐	☐
4.	Roger y los otros alumnos pasaron una semana en el D.F.	☐	☐
5.	Cuando Roger estuvo antes en el D.F., necesitaba más tiempo para ver la ciudad.	☐	☐

[1]mosaics

DIÁLOGO: En la universidad (página 192)

¿Qué recuerdas tú? El Club Hispánico se reúne en la biblioteca del departamento de lenguas extranjeras.

Listen to the conversation. Feel free to rewind the tape to listen again, if necessary. Then choose the correct ending to the following sentences. Repeat the correct answers.

1. Los miembros del Club están hablando de _____.
   a. sus estudios cuando eran pequeños
   b. las vacaciones que van a tener
   c. las tradiciones y fiestas en sus familias

2. En la familia de Marisol, una fiesta especial era _____.
   a. el Día de los Muertos
   b. la Navidad
   c. la quinceañera

3. La celebración de la quinceañera consistía en _____.
   a. una misa, una comida y un baile
   b. un viaje a Europa
   c. muchos regalos para todos

4. En España, la fiesta de quince años _____.
   a. es muy importante
   b. no es común
   c. es en el verano

5. Cuando era niño, Luis pasaba las vacaciones de verano con su familia en _____.
   a. las montañas
   b. la playa
   c. los EE. UU.

CONCEPTO: El imperfecto (página 194)

Cuando tenía diez años... David is describing his family life when he was ten years old. Take the role of David in order to complete the following sentences, as in the example. Repeat the correct answers.

EJEMPLO: yo / pescar en el río Chippewa → Yo pescaba en el río Chippewa.

1. Sandra / jugar con sus muñecas

2. mis padres / trabajar todos los días

3. mi madre / preparar comida mexicana

4. mi padre / ver fútbol americano en la televisión

5. nosotros / ir de vacaciones a Michigan cada verano

6. yo / hacer la tarea por la noche

7. yo / jugar a las cartas con Sandra

8. nosotros / ser una familia feliz

DIÁLOGO: Vamos a Acapulco (página 195)

Para completar. Después de varios días en la capital con la familia Austin, David y Elena van a la Central Camionera del Sur. Van a viajar en autobús a Acapulco.

Listen to the dialogue. It will be said twice. Then fill in the missing words.

DAVID: No _____[1] irme de aquí. Hay tantas _____[2] que no hemos visto[a] todavía.

ELENA: Sí, _____[3]. Pero no es _____[4] verlo[b] todo.

[a]past participle of **ver** [b]to see it

DAVID: Quizás la próxima _____5. Bueno, ¿a qué hora sale el

_____6 para Acapulco?

ELENA: A las _____7. Es un viaje de _____8 horas. Llegamos a las

cuatro de la _____9.

DAVID: ¿Habrác mucha gente?

ELENA: Ahora no, porque estamos en _____10, pero en el invierno Acapulco es el sitio

preferido de miles de _____11 que tratan de escaparsed del

_____12.

cWill there be   dtratan... try to escape, get away

EN ACCIÓN   (página 196)

Ⓐ **Un día especial.** Listen to Elena describe a very important day in her life. Feel free to rewind the tape to listen again, if necessary. Then answer the following questions and repeat the correct answers. First, listen to the questions you will be asked.

1. ¿Cuál era la fecha?

2. ¿Por qué era un día especial?

3. ¿Por qué se levantó temprano?

4. ¿Qué tiempo hacía?

5. ¿Adónde fue la familia a mediodía?

6. ¿Dónde celebraron la fiesta?

7. ¿Qué hicieron en la fiesta?

8. ¿De qué habló su abuela por la noche?

Ⓑ **¿Ayer o hace unos años?** Many of the things that one does as an adult were also done in childhood. You will hear statements about what certain people did yesterday. In turn, note that they used to do the same things a number of years ago, as in the example. Repeat the correct answers.

EJEMPLO: Ayer Marisol fue al cine. → Hace unos años también iba al cine.

1. Ayer Celia vio televisión.

2. Ayer Jorge montó en bicicleta.

3. Ayer nosotros hicimos la tarea.

4. Ayer Alfonsina y Carmen tuvieron clase.

5. Ayer tú dormiste toda la mañana.

6. Ayer Uds. jugaron al fútbol.

7. Ayer Carmen conversó con su prima.

CAPÍTULO

7 La comida

CONCEPTOS

El pretérito y el imperfecto   (página 213)

Although both the preterite and the imperfect are used to describe the past, they cannot be used interchangeably, without a change in meaning. The context, as well as the meaning you wish to convey, will determine which tense you choose to use.

The following is a set of general guidelines for using the preterite and imperfect tenses.

The *preterite* is used to talk about:

- a completed past event or condition

Comimos pizza anoche.	*We ate pizza last night.*
Tuve fiebre el domingo pasado.	*I had a fever last Sunday.*

- a series of completed actions

Ayer me levanté, me vestí y salí para la universidad.	*Yesterday I got up, got dressed, and left for the university.*

The *imperfect* is used to talk about:

- ongoing past actions (without a definite beginning or end)

—¿Qué hacías ayer?	*What were you doing yesterday?*
—No hacía nada. Descansaba.	*I wasn't doing anything. I was relaxing.*

- habitual past actions

El verano pasado iba al mismo restaurante todos los días.	*Last summer I would go to the same restaurant every day.*
A los catorce años, salía mucho con mis amigos.	*At the age of fourteen I used to go out a lot with my friends.*

- physical and mental states in the past (without a definite beginning and end)

Tenía mucho frío ayer.	*I was very cold yesterday.*
Estaba un poco deprimida el fin de semana pasado.	*I was a little depressed last weekend.*

- ongoing actions

Yo jugaba a las cartas mientras mi madre preparaba la cena.	*I was playing (played) while my mother was preparing (prepared) dinner.*

- age and time

¿Que hacías cuando tenías diez años?	*What did you do when you were ten?*
Eran las dos de la mañana cuando todos salieron.	*It was two in the morning when everyone left.*

The preterite and imperfect are commonly used together to describe a background action or condition (imperfect) interrupted by an action (preterite).

Escuchaba música cuando Jorge me llamó por teléfono.	*I was listening to music when Jorge called me on the phone.*
Manejaba mi coche cuando vi un accidente.	*I was driving my car when I saw an accident.*

Comparativos y superlativos (página 220)

Comparatives compare two elements or groups of elements.

COMPARATIVES OF INEQUALITY

> más/menos + [*adjective/adverb/noun*] + que

No puedo correr **más rápido que** tú.	*I can't run faster than you.*
Mi hermana es **más baja que** yo.	*My sister is shorter than I.*
¿Tienes **más vídeos que** yo?	*Do you have more videos than I?*

COMPARATIVES OF EQUALITY

> tan + [*adjective/adverb*] + como
>
> tanto/a/os/as + [*noun*] + como
>
> tanto como

No soy **tan alta como** mi tía.	*I'm not as tall as my aunt.*
Mi padre maneja **tan despacio como** mi abuelo.	*My father drives as slowly as my grandfather.*
Ud. va a tener **tantas oportunidades como** ella.	*You're going to have as many opportunities as she.*
Mi hermana puede comer **tanta pizza como** yo.	*My sister can eat as much pizza as I can.*
Jorge come **tanto como** Joaquín.	*Jorge eats as much as Joaquín.*

SUPERLATIVES

Superlatives compare three or more elements or groups of elements.

> el/la/los/las + más/menos [*adjective/adverb/noun*] + de

Este libro es **el más interesante de** todos.	*This is the most interesting book of all.*
Las clases de ciencia son **las más aburridas de** todas.	*Science classes are the most boring of all.*
Ella es **la más baja de** mi familia.	*She's the shortest one in my family.*

Four adjectives and adverbs are irregular in the comparative and superlative forms.

> | bueno / bien → mejor | viejo/a → mayor |
> |---|---|
> | malo / mal → peor | joven → menor |

Tomás es bueno para los deportes, pero Jorge es **mejor.**	*Tomás is good at sports, but Jorge is better.*
Tomás juega bien todos los deportes, pero Jorge juega **mejor.** En efecto, Jorge es el **mejor** jugador del club.	*Tomás plays all sports well, but Jorge plays better. In fact, Jorge is the best player in the club.*
Adriana es mala en álgebra, pero Tomás es **peor.**	*Adriana is bad at algebra, but Tomás is worse.*
Adriana sale mal en álgebra, pero Tomás sale **peor.**	*Adriana does poorly in algebra, but Tomás does worse.*
Mi hermana es **mayor** que yo.	*My sister is older than I.*
Mi papá es **menor** que mi mamá. Mi mamá es la **mayor** de la familia, y yo soy la **menor.**	*My father is younger than my mother. My mother is the oldest in the family, and I'm the youngest.*

EJERCICIOS ESCRITOS

DIÁLOGOS: ¿Cuándo comemos? En la universidad

(páginas 208, 209)

A **¿Qué te gusta comer?** In their conversation, Elena and David mention what is traditionally served at each meal in Mexico and the United States. Now write what *you* like to eat for breakfast, lunch, and dinner. You may use items from the following list and/or add other items.

café	fruta	pan tostado	queso
carne	helado	papas	refresco
cereal con leche	huevos	pescado	sándwich
cerveza	jamón	pollo	sopa
ensalada	leche	postre	vino

¿Qué te gusta comer y beber...

1. ¿para el desayuno?

   _____

   _____

2. ¿para el almuerzo?

   _____

   _____

3. ¿para la cena?

   _____

   _____

B **Preguntas.** Using information from the dialogue **En la universidad,** answer the following questions in complete sentences.

1. ¿Qué ponía siempre en la paella la abuela de Celia?

   _____

2. ¿Por qué no compró langosta Carmen?

   _____

3. ¿Quiénes esperaban a Carmen y a Celia?

   _____

4. ¿A qué hora iban a llegar las españolas?

   _____

5. ¿Adónde tenían que ir ellas primero?

_____

6. Joaquín puso servilletas en la mesa, pero no podía encontrar dos cosas. ¿Cuáles eran?

_____

A PROPÓSITO: Los pronombres: Objetos directos

me	me
te	you (fam. sing.)
lo, la	him, her, it, you (form. sing.)

nos	us
os	you (fam. pl.)
los, las	them, you (form. pl.)

—Tomás, ¿conoces a Sandra, la hermana de David?
—No, Felipe, no **la** conozco.
—Es interesante. Ella **te** conoce a ti.
—¿Sí? ¿Sandra **me** conoce a mí? Conozco a sus padres. **Los** conocí en un restaurante del centro en abril o mayo.
—¿Estaba Sandra?
—Posiblemente, pero no **la** recuerdo.

Tomás, do you know Sandra, David's sister?
No, Felipe, I don't know **her**.
That's interesting. She knows **you**.
Really? Sandra knows **me**? I know her parents. I met **them** in a restaurant downtown in April or May.
Was Sandra there?
Possibly, but I don't remember **her**.

Direct object pronouns have the same forms as the reflexive pronouns studied in **Capítulo 4,** with the exception of the third-person singular and plural forms (**lo, la, los, las**). These reflect the gender and number of the direct objects.

Note that direct object pronouns, like reflexive pronouns, are placed directly before the verb.

Ⓐ Mis cosas para la clase. State how often you bring the following items to Spanish class and whether you brought them today, as in the examples. **¡OJO! Nunca** should be placed before the verb in this exercise.

EJEMPLOS: ¿tu diccionario? →

Lo traigo algunas veces, pero no lo traje hoy.

¿tu desayuno? →

Nunca lo traigo y por eso no lo traje hoy.

1. ¿tu mochila?

_____

2. ¿tus lápices y bolígrafos?

_____

3. ¿tu calculadora?

_____

4. ¿tus libros de español?

_____

5. ¿el periódico de hoy?

_____

6. ¿tu abrigo de invierno?

_____

7. ¿tu chaqueta?

_____

Ⓑ **Preguntas personales.** Answer the following questions in complete sentences, using direct object pronouns whenever possible.

¿Quién es tu persona especial (Ⓘ)*? _____

1. ¿Conoces personalmente al rector / a la rectora de la universidad?

_____

2. ¿Te conoce él/ella a ti?

_____

3. ¿Conocías a Ⓟ el año pasado?

_____

4. ¿Conocías a Ⓘ el año pasado?

_____

5. ¿Conoces a los padres de Ⓘ?

_____

6. ¿Conoces al hermano / a la hermana de Ⓘ?

_____

VOCABULARIO: Los comestibles   (página 211)

Ⓐ **Reacciones.** Using the continuum as a guide, state your feelings about the foods listed, as in the example.

```
|--------+--------+--------+--------|
no me gusta(n)   no me gusta(n)   me gusta(n)   me gusta(n)   me encanta(n)
nada             mucho            un poco       mucho
```

*_____

¡OJO! Remember that the text uses symbols to represent persons whom you will choose to use in your responses. For example, in this and subsequent activities, the icon Ⓘ represents a person (**individuo**) who is special in your life. When you see one of these symbols, substitute the name of someone you know who fits the description of the symbol. For instance, when you see Ⓘ, substitute the name of your boyfriend/girlfriend, husband/wife, best friend, roommate, or favorite relative.

EJEMPLO: las hamburguesas →

Me gustan mucho las hamburguesas.

1. las zanahorias _____

2. el pollo frito _____

3. el champán _____

4. las cerezas _____

5. la langosta _____

6. las uvas _____

7. los chícharos _____

8. la leche _____

9. el helado de chocolate _____

B **Los ingredientes necesarios.** List what you should purchase in order to prepare the following items, as in the example.

EJEMPLO: una ensalada de fruta →

Debo comprar bananas, fresas, toronjas, uvas y azúcar.

1. tu sándwich favorito _____

    _____

2. una ensalada _____

    _____

3. una hamburguesa _____

    _____

4. unas enchiladas de queso _____

    _____

5. una sopa de vegetales _____

    _____

6. una cena formal elegante _____

    _____

C **Preguntas personales.** Answer the following questions about your meals yesterday in complete sentences.

1. ¿Tomaste el desayuno? ¿Por qué sí o por qué no?

    _____

2. ¿Dónde tomaste el almuerzo? ¿Con quién(es)?

    _____

3. ¿A qué hora tomaste el almuerzo?

_____

4. ¿Qué comiste y qué bebiste?

_____

5. ¿Comiste algo entre el almuerzo y la cena? ¿Por qué sí o por qué no?

_____

6. ¿Dónde y cuándo cenaste?

_____

7. ¿Qué comiste y qué bebiste?

_____

8. ¿Qué comida de ayer te gustó más? ¿Por qué?

_____

CONCEPTO: El pretérito y el imperfecto   (página 213)

Ⓐ Ayer y entonces. Compare the things you did (or didn't do) yesterday to what you used to do (or not do) in high school, as in the example.

EJEMPLO: desayunar →

Ayer (no) desayuné, pero en la secundaria (no) desayunaba con frecuencia.

1. estudiar en una biblioteca

_____

_____

2. ir a un laboratorio de lenguas

_____

_____

3. hacer la tarea de álgebra

_____

_____

4. acostarte temprano

_____

_____

5. afeitarte

_____

_____

6. manejar un coche

_____

_____

7. ver a miembros[1] de tu familia

_____

_____

[1]*members*

Ⓑ Preguntas personales. Answer the following questions about last night in complete sentences.

1. ¿Cuánto estudiaste anoche?

_____

2. ¿Qué tenías que hacer? ¿leer? ¿escribir?

_____

3. ¿Querías estudiar o te fue muy difícil estudiar?

_____

4. ¿A qué hora empezaste a estudiar?

_____

5. ¿Escribiste alguna tarea?

_____

6. ¿Saliste? ¿Adónde fuiste? ¿A qué hora volviste a casa?

_____

7. ¿Qué programa de televisión viste anoche?

_____

8. ¿Veías ese programa en la escuela secundaria?

_____

Ⓒ Preguntas. Imagine that you've just met someone you like and you're full of questions. Use elements from columns A, B, and C to write at least five questions, as in the examples. Decide whether the preterite or the imperfect is appropriate for the meaning you wish to convey.

A	B	C
¿A qué hora	estar	anoche?
¿Dónde	trabajar	en la escuela secundaria?
¿Cómo	practicar deportes	a los 16 años?
¿Con quién	querer ser	el verano pasado?
¿Qué	salir regularmente	la semana pasada?
¿Cuándo	acostarse	ayer a mediodía?
¿Por qué	hacer	por la mañana?

EJEMPLOS: *¿a qué hora te acostabas en la escuela secundaria?*

¿a qué hora te acostaste anoche?

1. ¿————————————————————————?
2. ¿————————————————————————?
3. ¿————————————————————————?
4. ¿————————————————————————?
5. ¿————————————————————————?

D **¿Por qué?** Write five sentences, each indicating an event from last week (use the preterite) and the condition under which it occurred (use the imperfect), as in the examples. These events might be things that you did yourself, or that some other person(s) or organization(s) did. Try to use as many different verbs as possible.

EJEMPLOS: *Fui al médico porque estaba enfermo.*
La universidad anunció un programa nuevo porque quería servir mejor a los estudiantes.

1. _____

2. _____

3. _____

4. _____

5. _____

E **Un esquema.** Fill in the chart with the appropriate forms of the preterite or imperfect.

INFINITIVO	yo	nosotros/as	ellos/as
			caminaban
		veíamos	
	fui		
	era		
			ponían
		pudimos	
	traía		
			conocieron
		dijimos	
	supe		

FACETA CULTURAL: Platos nacionales y regionales

Food in Hispanic countries varies widely. Even within a single country, each region has its own specialities, and a dish that is popular nationwide will have a number of variations. In Spain, for example, a light, cold tomato-based soup such as **gazpacho** is more common in the warm, southern region of Andalucía. In Asturias, one of the areas of northern Spain, however, the weather is colder and a heavier soup like the **fabada asturiana**[1] is more popular. **Paella**, a dish with rice, vegetables, chicken, and seafood, may be found throughout Spain but is prepared a bit differently in each region.

In Latin America the same pattern holds true. Each country has its own special dish. In the Caribbean countries, many dishes use yams, sweet potatoes and manioc, and other root vegetables. The coastal regions of Colombia have a number of rice, fish, meat, and poultry dishes made with coconut milk. In the Andean zones, vegetables such as potatoes, squash, and corn are used in abundance. Since cattle abound in Argentina and Uruguay, these countries are known for their **barbacoas** and **parrilladas.**

There are some dishes, such as **arroz con pollo,** that can be found in virtually every Latin American country, but the exact ingredients will vary from one country to another . . . and even from one household to another.

En México

The most frequent error Americans commit in their assessment of Mexican food is that it is all *hot* or **picante.** Compared with other cuisines such as certain Jamaican dishes or the Szechuan in China, even the hottest dishes in Mexico are relatively mild. However, some traditional Mexican dishes do contain types of chilis that will be unpleasant for those who do not care for highly-seasoned food. Often, a dish is served with **salsa picante** in a separate bowl so that those who wish to add it can do so. Visitors who are not sure how spicy or **picante** a dish might be should ask their hosts or servers, **"¿Es muy picante?"** or **"¿Pica mucho este plato?"** Many widely popular Mexican dishes are not **picante** at all, however, especially the **pozole** and the **cocidos** mentioned earlier, as well as many seafood dishes.

[1]fabada... *bean soup with sausage and/or ham*

DIÁLOGO: En el mercado   (página 215)

¿Es cierto o no es cierto? Using information from the dialogue, indicate whether the following sentences are true (**Es cierto**) or false (**No es cierto**).

		ES CIERTO	NO ES CIERTO
1.	Elena quiere mostrarle a David la cantidad[1] de personas que hay muy temprano en el mercado.	☐	☐
2.	Elena y David llegan al mercado a las diez de la mañana.	☐	☐
3.	Nadie vino al mercado ayer o anteayer.	☐	☐
4.	David admira el pescado muy fresco que trae un señor.	☐	☐
5.	Toda la comida de los restaurantes tiene que ser fresca.	☐	☐

[1]*quantity, number*

VOCABULARIO: En la mesa

(página 216)

Ⓐ **Una cena formal.** Using the following drawing of a place setting for a formal dinner, answer the following questions in complete sentences, as in the example.

¿Dónde está... ?

EJEMPLO: la taza →

La taza está encima del platillo.

1. la servilleta
   _____

2. el cuchillo
   _____

3. el vaso
   _____

4. la cucharita
   _____

5. el plato hondo
   _____

6. la sal
   _____

Ⓑ **¿Qué cubierto?** State which utensils and dishes would be most appropriate for consuming the following items, as in the example.

EJEMPLO: la sopa →

Es mejor comer la sopa en un plato hondo con una cuchara.

1. el arroz

   _____

2. un sándwich de jamón

   _____

3. el rosbif

   _____

4. el vino

   _____

5. el agua

   _____

DIÁLOGOS: Un restaurante de primera[a] (páginas 217, 218)
En la universidad

Platos predilectos. Using information from the dialogues, choose the appropriate names of foods from the following list to complete the paragraphs.

el aguacate	flan	marisco	ternera
carne	gazpacho[c]	los mariscos a la marinera[d]	tortilla española[e]
cebiche de camarones[b]	la hamburguesa	pescado	vino blanco

David y Elena fueron a un restaurante muy elegante en Acapulco. Para empezar, David pidió

_____[1] y _____[2] relleno[f] con

_____[3]. Como plato fuerte, Elena decidió pedir

_____[4] en salsa de ciruelas[g] pasas porque había comido mucho

_____[5] y _____[6] en los últimos días. Para tomar,

pidieron _____[7].

_____

En el festival de comidas que da el Club Internacional, los estudiantes hispanos vendían

_____[8] y _____[9]. Carmen probó

_____[10] y dijo que estaba deliciosa.

Marisol opinó que los estudiantes de la UW-EC comen más _____[11]

que en su país. El profesor Brewer explicó que es porque en esa región no hay tanto

_____[12]. María dijo que los jóvenes estadounidenses prefieren

_____[13].

[a]de... *first-class* [b]cebiche... *marinated raw seafood* [c]*cold tomato soup* [d]a... *sailor-style (usually in a spicy tomato sauce)*
[e]tortilla... *potato-onion omelette* [f]*stuffed* [g]ciruelas... *prunes*

CONCEPTO: Comparativos y superlativos (página 220)

Ⓐ **¿Cuál es tu opinión?** Compare the following items by using the appropriate form of the adjective in parentheses and **más** or **menos,** as in the examples.

EJEMPLOS: Thomas Jefferson / Woodrow Wilson (inteligente) →

Thomas Jefferson era más inteligente que Woodrow Wilson.

Madonna / Roseanne (fuerte) →

Roseanne es menos fuerte que Madonna.

1. Marilyn Monroe / Jacqueline Onassis (hermosa)

   _____

2. los Beatles / los Temptations (populares)

   _____

3. Pablo Picasso / Salvador Dalí (famoso)

   _____

4. *Casablanca / Lo que el viento se llevó*[1] (triste)

   _____

5. Arsenio Hall / David Letterman (cómico)

   _____

6. Oprah Winfrey / Joan Rivers (habladora)

   _____

7. Joe DiMaggio / José Canseco (bueno)

   _____

[1]Lo... *Gone with the Wind*

Ⓑ **Tres hermanos.** Construct sentences in which you compare the following information about three Mexican siblings, Pedro, Iván, and Teresa. Use the words and phrases in the order given and make all necessary additions and changes, as in the example.

	PEDRO	IVÁN	TERESA
edad[1]	27 años	24 años	17 años
discos que tienen	40	70	70
estatura	1.80m	1.70m	1.70m
peso	72.7Kg	72.7Kg	52.3Kg
horas que leen al día	1 hora	5 horas	3 horas
sueldo[2]	$100.000.000 nuevos pesos (abogado)	$80.000.000 nuevos pesos (profesor)	0 (estudiante)

[1]*age* [2]*salary*

EJEMPLO: Iván / ganar[3] / dinero / Pedro →

Iván gana menos dinero que Pedro. / El sueldo de Iván es menos que el sueldo de Pedro.

1.   Teresa / ser / alto / Iván

2.   Teresa / pesar[4] / Pedro

3.   Pedro / no / leer / Iván

4.   Teresa / no / ser / viejo / Iván y Pedro

5.   Pedro / tener / discos / Iván y Teresa

6.   Iván / tener / discos / Teresa

7.   Pedro / pesar / Iván

8.   Pedro / ser / viejo / Iván

[3]_to earn_   [4]_to weigh_

G   Más opiniones fuertes. One of your instructors has strong opinions about everything. Using the elements given, state some of the opinions he or she has expressed in class during the semester, as in the example.

EJEMPLO: el presidente de los EE. UU. / líder / importante / mundo →

El presidente de los E.E. U U. es el líder más importante del mundo.

1.   Michael Jordan / atleta / famoso / todos

2.   Bolivia / país / pobre / Latinoamérica

3.   la música _country-western_ / estilo de música / malo / la radio ahora

4.   las drogas / problema social / serio / mundo

5. Elvis Presley / cantante / bueno / siglo 20

   _____

6. esta universidad / tener / equipos deportivos / malos / país

   _____

D **La geografía mundial.** Use the following elements to make statements about the geography of the world. Make all necessary changes and additions, as in the example.

   EJEMPLO: el río Nilo / largo →

   El río Nilo es el más largo del mundo.

1. el monte Everest / alto

   _____

2. los montes Himalaya / elevado

   _____

3. el desierto Sáhara / grande

   _____

4. la Ciudad de México / poblado[1]

   _____

5. el Vaticano / nación pequeña

   _____

6. el lago Titicaca / alto

   _____

7. el océano Índico / profundo[2]

   _____

[1]*populated* [2]*deep*

E **Preguntas personales.** Answer the following questions in complete sentences.

1. ¿Quién es ahora la mujer más importante del mundo en tu opinión?

   _____

2. ¿Quién es ahora el hombre más importante del mundo en tu opinión?

   _____

3. ¿Quién es ahora el/la mejor atleta del mundo en tu opinión?

   _____

4. ¿Quién es ahora el hombre más guapo del mundo en tu opinión?

   _____

5. ¿Quién es ahora la mujer más bella del mundo en tu opinión?

_____

6. ¿Quién es ahora la persona que tiene más influencia en tu vida?

_____

DIÁLOGO: Un encuentro fortuito[1] (página 222)

Narración. Using information from the dialogue, answer the following questions in complete sentences.

1. ¿Cuándo y dónde conoció Elena a Alicia?

_____

2. ¿Por qué estaba Alicia en Acapulco?

_____

3. ¿Dónde viven Alicia y su familia?

_____

4. ¿Cuándo volvían Alicia y Concha a casa?

_____

5. ¿Cómo viajaban las hermanas?

_____

6. ¿Qué ofreció hacer Alicia?

_____

7. ¿Aceptó Elena inmediatamente la invitación de Alicia?

_____

[1]_chance, lucky_

RECOMBINACIÓN

Ⓐ **¿Es cierto o no es cierto?** While David and Elena were in Mexico City, friends of Elena's invited them to eat in VIPS, an American-style restaurant. David thought he had gained weight on the trip, so he looked only at the section of the menu called **"Bajo[1] en calorías."** Look at this section of the menu and indicate whether the statements about it are true (**Es cierto**) or false (**No es cierto**).

[1]_Low_

Bajo en Calorías

Enchiladas de
Queso Cottage
397.8 CAL.
11,000 N$ 11.00

Ensalada de
8 Verduras
134.7 CAL.
12,000 N$ 12.00

Pollo Asado
con Manzana
618 CAL.
16,000 N$ 16.00

Preparado de Manzana
138.1 CAL.
5,000 N$ 5.00

Hamburguesa
Asada
390.4 CAL.
12,000 N$ 12.00

	ES CIERTO	NO ES CIERTO
1. Las enchiladas de queso cottage tienen más calorías que la ensalada de ocho verduras.	☐	☐
2. El pollo asado tiene más calorías que la hamburguesa asada.	☐	☐
3. El pollo asado cuesta más que las enchiladas de queso cottage.	☐	☐
4. La hamburguesa asada cuesta tanto como la ensalada de ocho verduras.	☐	☐
5. La hamburguesa asada tiene tantas calorías como las enchiladas de queso cottage.	☐	☐
6. El plato de verduras es el plato con menos calorías en esta parte del menú.	☐	☐
7. El plato con menos calorías es también el plato más barato de esta parte del menú.	☐	☐

[2]frappé

B Combinaciones. Write sentences with the words given, as in the examples. You may use the words in any order. Words in parentheses may be used in any form you wish; otherwise, use the words in the form given.

EJEMPLOS: ayer, (estudiar) →

   Estudié para un examen ayer.

   No quería estudiar ayer.

   con frecuencia, ibas →

   ¿Ibas al cine con frecuencia el año pasado?

1. desayuno, queríamos

   _____

2. vinimos, eran

   _____

3. langosta, pedí

   _____

4. trabajábamos, cerveza

   _____

5. salieron, estaban

   _____

6. refrescos, podías

   _____

7. anoche, (ir)

   _____

8. (pedir), camarones

   _____

C La lógica. Choose one element from each of the following columns to write at least five logical sentences, as in the examples. Use either the preterite or the imperfect. You may add any necessary words.

EJEMPLOS: *Yo necesitaba beber mucha agua en Acapulco.*

   Yo comí mucho pescado para el almuerzo ayer.

A	B	C	D
yo	(no) pedir	vino	para el almuerzo
mis amigos y yo	(no) necesitar	pescado	como postre
(I)	(no) querer	pollo	con el café
un amigo / una amiga	(no) desear	agua	en Acapulco
mis abuelos	(no) comer	helado	con las comidas
mis padres	(no) tomar	crema	casi todos los días
¿ ?	¿ ?	¿ ?	¿ ?

1. _____

2. _____

3. _____

4. _____

5. _____

D **Comparaciones.** Write five sentences that compare your current eating habits with your eating habits in high school, as in the example. Use at least three words from each of the four columns in your comparisons. You will need to conjugate the verbs and add words and phrases as necessary.

A	B	C	D
comer	carne	huevos	restaurante
beber	fruta	pan	casa
tomar	postres	vino	cafetería
pedir (i, i)	bebidas	refrescos	café
querer (ie)	pescado	leche	para el desayuno
preferir (ie, i)	legumbres	jugo	para la cena
gustar		café	

EJEMPLO: *En la escuela secundaria comía mucha carne y bebía muchos refrescos. Ahora prefiero comer pescado y beber jugos.*

1. _____
_____

2. _____
_____

3. _____
_____

4. _____
_____

5. _____

E **Una comida inolvidable.** On a separate sheet of paper, use the following questions as a guide to writing a composition of 13 to 16 sentences about a memorable meal. After you have completed a first draft, reread your composition to see if it flows smoothly and is logical. If not, add any necessary details and/or reorder your sentences.

PÁRRAFO I

1. ¿Cuándo ocurrió la comida? (¿Cuál era la estación del año?)

2. ¿Qué tiempo hacía?

3. ¿Celebrabas algo en particular?

PÁRRAFO II

1. ¿Dónde estabas?

2. ¿A qué hora llegaste?

3. ¿Con quiénes estabas?

4. ¿Qué ropa llevabas?

PÁRRAFO III

1. Si no estabas en un restaurante, ¿quién preparó / quiénes prepararon la comida?

2. Si no estabas en un restaurante, ¿quién sirvió / quiénes sirvieron la comida?

3. Si no estabas en un restaurante, ¿trajiste tú algo para la comida?

4. ¿Qué comiste?

5. ¿Qué bebiste?

6. ¿Cómo era la comida? (buena, regular, exquisita, mala, horrible)

PÁRRAFO IV

1. ¿Dónde estaban sentadas las otras personas?

2. ¿Qué comieron y tomaron las otras personas?

3. ¿De qué hablaron?

4. ¿A qué hora saliste?

5. ¿Por qué fue una comida inolvidable?

EJERCICIOS DE LABORATORIO

PRONUNCIACIÓN: *j, g*

In most Spanish-speaking countries, the Spanish letter **j**, as well as the Spanish **g** before **e** and **i**, is pronounced like the English *h* in *house*: **jota, gente, legítimo.**

The letter **g** before the vowels **a, o,** and **u** is pronounced like the *g* in the English word *go*. It has the same pronunciation at the beginning of a word (**gordo**) or after the letter **n** (**inglés**). In all other positions, the Spanish **g** has a softer sound and is produced by letting some air escape when the **g** is pronounced (**luego**). There is no exact equivalent to this sound in English.

Para pronunciar. Repeat the following words, paying special attention to the pronunciation of **j** and **g**.

juntos   jarra   agitado   ajo   joven   inteligente   ajedrez   gente   geología   consejero   julio

gracias   mango   gramática   inglés   grande   gusto   ángulo   tengo   granja   golf   Góngora

agua   amiga   diálogo   digo   pagar   lago   lugar   antiguo   hago

DIÁLOGO: ¿Cuándo comemos?   (página 208)

¿México o los Estados Unidos? David y Elena llegan a Acapulco. Después de tomar el sol, los primos tienen hambre y comienzan a hablar de la comida.

Listen to their conversation. Feel free to rewind the tape to listen again, if necessary. Then indicate whether the statements correspond to customs in the United States (**los EE. UU.**) or Mexico (**México**). First, listen to the statements you will hear.

1. Antes la gente solía comer un desayuno enorme.

2. La comida fuerte es por la tarde.

3. Comen algo ligero por la noche.

4. Comen algo ligero para el almuerzo.

5. Una comida típica consiste en sopa seca, carne o pollo o pescado, ensalada, postre y fruta.

DIÁLOGO: En la universidad   (página 209)

Empareja las frases. Carmen y Celia llegan a la casa de Jorge y Joaquín, donde van a preparar la cena. Los hombres ya han puesto la mesa y esperan a las españolas.

Listen to the conversations. Feel free to rewind the tape to listen again, if necessary. Then combine elements from columns A and B in order to summarize the conversations. Repeat the correct answers.

A	B
1. _____ Carmen no compró	a. la sal y la pimienta.
2. _____ Carmen y Celia tenían que	b. langosta.
3. _____ Joaquín buscaba	c. aceite de oliva y vinagre.
4. _____ Para la ensalada hay	d. pasar por el supermercado.
5. _____ Jorge y Joaquín	e. están listos.

VOCABULARIO: Los comestibles   (página 211)

Ⓐ La abuela de Elena. Listen to Elena's grandmother, Yolanda, talk about the menu she has prepared for tomorrow. The description will be given twice. As you listen, write down the foods that are planned for breakfast, lunch, and dinner. Then answer the questions you hear about their menu. Repeat the correct answers.

el desayuno: _____

el almuerzo: _____

la cena: _____

1. ¿Qué van a comer por la mañana?
2. ¿Qué hay para beber en el desayuno?
3. ¿En la comida van a comer mucho o poco?
4. ¿Hay pescado o carne para la comida?
5. ¿Qué hay para beber en la comida?
6. ¿Qué postre hay para la comida?
7. ¿La cena va a ser fuerte o ligera?

Ⓑ ¿Qué prefiere Celia? Celia believes in a very healthy diet. Taking the role of Celia, answer the following questions to explain your food preferences, as in the example. Repeat the correct answers.

EJEMPLO: ¿Prefieres las hamburguesas o el pescado? → Prefiero el pescado.

1. ¿Prefieres las frutas o los dulces?
2. ¿Te gusta más las cerveza o el jugo?
3. ¿Qué comes más, pollo o biftec?
4. ¿Prefieres las verduras o el helado?
5. ¿Qué bebes más, refrescos o leche?
6. ¿Comes una vez al día o tres veces al día?

CONCEPTO: El pretérito y el imperfecto   (página 213)

Ⓐ Para completar. Listen to David narrate some of his recent experiences. The description will be given twice. As you listen, fill in the missing verbs.

La vida es increíble, ¿verdad? Yo _____[1] estudiar en Wisconsin este verano pero mi

madre me _____[2] que para mí sería mejor ir a México para celebrar el cumpleaños

de la abuela. Yo _____[3] muy emocionado pero primero _____[4]

que terminar el semestre. _____[5] mucho y por lo tanto _____[6]

buenas notas. Poco después _____[7] para México. Elena me _____[8]

en Laredo cuando yo _____[9]. _____[10] la frontera a Nuevo Laredo

y todavía estamos viajando. ¡Me encanta!

B **Más sobre David.** Answer the following questions based on David's narration in the previous activity. Repeat the correct answers.

1. ¿Qué pensaba hacer David este verano?

2. ¿Por qué fue David a México?

3. ¿Qué tenía que hacer David antes de salir para México?

4. ¿Por qué tuvo buenas notas?

5. ¿Qué hacía Elena cuando David llegó a Laredo?

6. ¿Cuál fue la primera ciudad mexicana que David vio?

DIÁLOGO: En el mercado (página 215)

¿Es cierto o no es cierto? Elena insiste en ir al mercado muy temprano para mostrarle a David la cantidad[1] de personas que se encuentran[2] allí a la madrugada.[3]

Listen to the conversation. Feel free to rewind the tape to listen again, if necessary. Then determine whether the following statements are true (**Es cierto**) or false (**No es cierto**). Repeat the correct answers.

	ES CIERTO	NO ES CIERTO
1. David y Elena fueron al mercado a las siete de la mañana.	☐	☐
2. La comida es muy fresca.	☐	☐
3. Hay pescado en el mercado.	☐	☐
4. La gente va al mercado dos días por semana.	☐	☐
5. En los restaurantes nada tiene que ser fresco.	☐	☐

[1]quantity, number   [2]se... are found   [3]dawn

VOCABULARIO: En la mesa (página 216)

¿Cómo se pone la mesa? Listen to Jorge tell Joaquín how to set the table for dinner with Celia and Carmen. As you listen to his explanation, group the items from the table setting into the appropriate categories. The explanation will be given twice.

para la comida: _____

para las bebidas: _____

para darle más sabor a la comida: _____

para el café: _____

DIÁLOGO: Un restaurante de primera[1] (página 217)

¿Qué piden? Elena y David deciden darse el lujo[2] de una comida especial en un restaurante elegante.

Listen to the conversation. Feel free to rewind the tape to listen again, if necessary. Then answer the following questions and repeat the correct answers. First, listen to the questions you will be asked.

[1]de... first-class   [2]luxury

1. ¿Qué pide David para empezar—los mariscos a la marinera o el pescado con perejil?

2. ¿Piden sopa o ensalada?

3. ¿Cuál es la especialidad de la casa—el lenguado o los camarones acapulqueños?

4. ¿Elena pide carne o pescado?

5. ¿Qué van a tomar—vino blanco o cerveza?

DIÁLOGO: En la universidad (página 218)

¿Qué recuerdas tú? El Club Internacional necesita dinero para algunos proyectos[1] y los miembros del club venden comida típica de sus países para reunir los fondos[2] necesarios para estos proyectos.

Listen to the conversations. Feel free to rewind the tape to listen again, if necessary. Then choose the correct ending to the following sentences. Repeat the correct answers.

1. Este año vinieron...
   a. menos estudiantes que el año pasado.
   b. más estudiantes que el año pasado.
   c. tantos estudiantes como el año pasado.

2. Según Tomás, los alumnos universitarios...
   a. tienen interés en otras culturas.
   b. comen muchas hamburguesas.
   c. comen mucho.

3. Las tres comidas hispanas que el Club vendió fueron...
   a. camarones, flan y cocido.
   b. paella, gazpacho y arroz con pollo.
   c. gazpacho, flan y tortilla española.

4. Según Marisol, los estudiantes de UW-EC comen...
   a. más pescado que en su país.
   b. tanta carne como en su país.
   c. más carne que en su país.

[1]projects [2]funds

CONCEPTO: Comparativos y superlativos (página 220)

Ⓐ **¿Es cierto o no es cierto?** Based on the drawing, determine whether the following statements are true (**Es cierto**) or false (**No es cierto**). Then repeat the correct answers.

	ES CIERTO	NO ES CIERTO
1. David es más bajo que el Sr. Nelson.	☐	☐
2. Elena es tan alta como David.	☐	☐
3. La abuelita es más baja que Ana.	☐	☐
4. Sandra es menor que David.	☐	☐
5. Ana es tan alta como Sandra.	☐	☐
6. Elena es tan alta como Ana.	☐	☐
7. El Sr. Nelson tiene tantos años como la abuelita.	☐	☐
8. David es mayor que Sandra.	☐	☐

Elena	Ana	Sandra	David	el Sr. Nelson	la abuelita
21 años	44 años	16 años	20 años	49 años	80 años

B **¿Quién es?** Based on the drawing in **Actividad A,** answer the following questions in complete sentences. Then repeat the correct answers.

1. ¿Quién es el más alto?

2. ¿Quién es la más baja?

3. ¿Quién es la mayor?

4. ¿Quién es la menor?

DIÁLOGO: Un encuentro fortuito[1]   (página 222)

Elena y Alicia. Al volver de hacer compras, Elena se encuentra con una mujer que conocía cuando estaba en el Politécnico.

Listen to the conversation. Feel free to rewind the tape to listen again, if necessary. Then answer the following questions and repeat the correct answers. First, listen to the questions you will be asked.

1. ¿Con quién se encuentra Elena?

2. ¿Qué hace Alicia en Acapulco?

3. ¿Cómo se llama la hermana de Alicia?

4. ¿Dónde viven Alicia y Concha?

5. ¿Qué pariente de Elena vive en Oaxaca?

6. ¿Cómo van a viajar David y Elena a Oaxaca?

[1]*chance, lucky*

EN ACCIÓN   (página 223)

A **¿Es cierto o no es cierto?** Listen to a waiter compare and describe certain foods and beverages at a restaurant. Feel free to rewind the tape to listen again, if necessary. Then determine whether the following statements are true (**Es cierto**) or false (**No es cierto**). Repeat the correct answers.

	ES CIERTO	NO ES CIERTO
1. La salsa verde es menos picante que la salsa roja.	☐	☐
2. La carne más sabrosa es el pollo.	☐	☐

	ES CIERTO	NO ES CIERTO
3. El pargo es el pescado más fresco.	☐	☐
4. El vino blanco es mejor que el vino tinto.	☐	☐
5. El postre más popular es la torta de chocolate.	☐	☐

ⓑ Una llamada telefónica. David is talking on the phone with his family in Wisconsin. Listen to him describe his recent travels with Elena. Feel free to rewind the tape to listen again, if necessary. Then answer the following questions and repeat the correct answers. First, listen to the questions you will be asked.

1. ¿Cómo es la ciudad de México?

2. A David, ¿qué le gustó más de la capital?

3. ¿Cómo viajaron David y Elena a Acapulco?

4. ¿Qué hacían mientras viajaban?

5. ¿Qué hicieron en la playa?

6. ¿Cómo pensaban viajar a Oaxaca antes de encontrarse con Alicia?

ⓒ ¿Qué compraron o tienen que comprar? Algunos estudiantes hacen sus compras en el supermercado.

Listen to the conversations. Feel free to rewind the tape to listen again, if necessary. Then stop the tape and match the characters with the food items they are going to buy or have already bought.

aguacates	lechuga	papas
cebollas	maíz	pollo
crema	mayonesa	queso
jamón	pan	refrescos

Alfonsina _____

la mamá de Mercedes _____

María _____

Tomás _____

El mundo de los negocios

CONCEPTOS

Saber y conocer

(página 239)

saber	*to know facts, information*
saber + infinitive	*to know how to do something*
conocer	*to know (be acquainted, familiar with people, places, and things)*

Yo **sé** que México, D.F. es la capital del país. (fact)

Yo no **sé** quién es el presidente de México. (information)

Yo **sé** averiguar quién es: hay que usar un almanaque. (to know how)

Yo no **conozco** personalmente al presidente de México. (to know a person)

Yo **conozco** la capital: fui allí el verano pasado. (familiarity with a place)

Conozco bien la arquitectura de México, D.F. (familiarity with a thing)

I know that Mexico City is the capital of the country.

I don't know who the president of Mexico is.

I know how to find out who it is: you have to use an almanac.

I don't personally know the president of Mexico.

I know / am familiar with the capital: I went there last summer.

I know the architecture of Mexico City well.

PRESENTE

saber		conocer	
sé	sabemos	conozco	conocemos
sabes	sabéis	conoces	conocéis
sabe	saben	conoce	conocen

sabía	sabíamos
sabías	sabíais
sabía	sabían

conocía	conocíamos
conocías	conocíais
conocía	conocían

PRETÉRITO

supe*	supimos
supiste	supisteis
supo	supieron

conocí*	conocimos
conociste	conocisteis
conoció	conocieron

Más sobre el pretérito y el imperfecto
(página 245)

In the preterite, some verbs have meanings slightly different from their meanings in the present and imperfect tenses.

INFINITIVE	IMPERFECT	PRETERITE
conocer	yo conocía *I knew, was acquainted with*	yo conocí *I met, became acquainted with*
saber	sabía *I knew*	supe *I found out*
tener	tenía *I had, possessed*	tuve *I got, came to have*
tener que	tenía que *I had to, was obliged*	tuve que *I became obliged*
querer	quería *I wanted*	quise *I tried*
no querer	no quería *I didn't want*	no quise *I refused*
poder	podía *I could, was able*	pude *I managed, became able*
no poder	no podía *I couldn't, wasn't able*	no pude *I failed, did not manage*

¿**Conocías** bien a tus abuelos?
Ayer **conocí** a Roberto.

Did you know your grandparents well?
I met Roberto yesterday.

Sabíamos que iban a llegar tarde.
¿Cuando **supiste** las noticias?

We knew they were going to arrive late.
When did you find out the news?

No **tenía** dinero y por eso **no podía** ir al cine.
El niño **no quiso** ir al dentista.
Quise hacerlo pero **no pude**.

I didn't have any money so I couldn't go to the movies.
The boy refused to go to the dentist.
I tried to do it but I failed.

---

* **Saber** and **conocer** have different meanings in the preterite: **supe** = *I found out* (rather than *I knew*); **conocí** = *I met* (rather than *I knew*).

EJERCICIOS ESCRITOS

DIÁLOGOS: Una llamada telefónica   (páginas 236, 237)
En la universidad

A **¿Qué sabes tú?** Using information from the dialogue **Una llamada telefónica,** answer the following questions in complete sentences.

1. ¿A quién llamó Elena?

   _____

2. ¿Tenía Elena el número correcto?

   _____

3. ¿Pidió Elena ayuda a la operadora?

   _____

4. ¿Dónde encontró Elena el número?

   _____

5. ¿Con quién pidió Elena hablar cuando la secretaria contestó?

   _____

6. ¿Podía el señor atender[1] la llamada?

   _____

[1]take

B *¿Saber* o *conocer?* Using information from the dialogue **En la universidad,** use the phrases in the columns to write complete sentences about what these people know or don't know. NOTE: Joaquín's name will be used in two of the sentences.

Alfonsina	(no) conocer	a Cheryl.
Carmen quiere	(no) saber	a otros estudiantes que tienen el mismo problema que
Celia		Alfonsina.
Joaquín		al presidente del club.
Tomás		el número de teléfono de Cheryl.
		las obras más recientes de Fuentes.
		si la biblioteca tiene todas las novelas de Fuentes.

1. _____

2. _____

3. _____

4. _____

5. _____

6. _____

FACETA CULTURAL: El horario y la demora

For many Hispanics, working and being punctual are not as important as one's relationships with family and friends. Although businesses increasingly follow a fairly strict schedule, offices and stores in the Hispanic world are often closed for several hours at midday to allow the family to have a meal together. Being closed on Sunday is still almost universal and many businesses, particularly banks and government offices, observe a somewhat extensive list of holidays. However, schedules for mass transportation, mass communication, and theaters are usually fixed and dependable.

En México

Banks in Mexico observe at least thirteen national holidays and may close during local or regional festivals. During the week, banks typically observe "banker's hours," that is, they are open from approximately 9:00 A.M. to 3:00 P.M., although some branches are open extended hours on certain days for customers' convenience. However, most banks will only exchange visitors' foreign currency into Mexican pesos during morning hours; most discontinue that service by 12:30 P.M. Visitors needing exchange services after these hours can visit a convenient **casa de cambio** or perhaps exchange currency at their hotel.

When it comes to social events, many Mexicans operate on the **horario latino.** If a party is supposed to start at 8:00 P.M., most guests will not arrive before 8:45 or 9:00, and the hosts will not really expect them any earlier. However, for business and professional meetings and appointments, most Mexicans meet their time obligations promptly and consistently.

CONCEPTO: *Saber y conocer*   (página 239)

A **Preguntas.** For each item choose **saber** or **conocer** to form questions, as in the examples.

EJEMPLOS: esquiar → *¿Sabes esquiar?*

Oaxaca → *¿Conoces Oaxaca?*

1. el presidente _____

2. hablar ruso _____

3. una persona de Rusia _____

4. todos los miembros de la clase _____

5. los nombres de todos los miembros de la clase _____

6. si alguien[1] en la clase habla francés _____

7. usar computadoras _____

[1]*someone*

B **¿Qué sabes?** State your familiarity with the president of your institution by responding to the following items, as in the examples.

EJEMPLOS: el/la rector(a), personalmente → _(No) Conozco al/a la rector(a) personalmente._

su nombre → _(No) Sé su nombre._

1. su esposo(a) _____
2. dónde está su casa _____
3. su casa _____
4. su número de teléfono _____
5. llegar a su oficina _____
6. su oficina _____
7. de dónde es _____
8. si tiene hijos _____
9. sus hijos _____

C **En 1993...** Answer the following questions in complete sentences about your knowledge and acquaintances in 1993, as in the example. NOTE: When appropriate, you can use direct object pronouns in your responses.

En 1993, ...

EJEMPLO: ¿conocías la ciudad de Nueva York? → _No, no la conocía. (Sí, la conocía.)_

1. ¿conocías (P) de esta clase?
_____

2. ¿conocías México?
_____

3. ¿sabías manejar un coche?
_____

4. ¿sabías usar computadoras?
_____

5. ¿sabías decir algunas palabras en español?
_____

6. ¿sabías que ibas a asistir a esta universidad?
_____

7. ¿conocías esta universidad?
_____

8. ¿conocías esta ciudad?
_____

D **Una persona importante en mi vida** ①. Answer the following questions in complete sentences about someone you are close to ①, whether the person be a relative, close friend, boyfriend, girlfriend, etc.

¿Quién es tu persona especial (①)? _____

1. ¿Conocías a ① cuando estabas en la escuela secundaria?

   _____

2. ¿Conociste a ① aquí en la universidad?

   _____

3. ¿A quiénes de la familia de ① conoces?

   _____

4. ¿Sabes de dónde son sus antepasados[1]?

   _____

5. ¿Sabes si sus abuelos viven cerca de él/ella?

   _____

6. ¿Cuando conociste a ①, sabías que él/ella iba a ser alguien[2] muy importante en tu vida?

   _____

7. ¿Sabe ① que es una persona especial para ti, o sólo tú lo sabes?

   _____

[1]*ancestors*   [2]*someone*

VOCABULARIO: El teléfono   (página 240)

A **Poner en orden.** Read the following steps to making a telephone call from a pay phone to a travel agent named Pilar García. Then number the steps to put them in chronological order.

1. _____ Averiguar[1] quién habla

2. _____ Conversar

3. _____ Colgar el auricular

4. _____ Decir adiós

5. _____ Buscar el número de la agencia en la guía de teléfonos

6. _____ Pedir hablar con la Srta. García

7. _____ Descolgar el auricular

8. _____ Presentarse al contestar[2]

9. _____ Escuchar sonar el teléfono

10. _____ Marcar el número

[1]*Find out, Ascertain*   [2]*al... when they answer*

4. conseguir[2] un mapa de Oaxaca

   _____

5. cambiar un cheque de viajero a pesos mexicanos

   _____

6. preguntar por el precio de los boletos de tren para Veracruz

   _____

[2] to get

CONCEPTO: Más sobre el pretérito y el imperfecto
(página 245)

A **¿Qué pasó?** Complete the Spanish translation of Felipe's account of a recent morning's adventure by supplying the Spanish equivalents of the English verbs. Decide if the preterite or the imperfect is appropriate for the meanings expressed, then conjugate the verb appropriately.

I didn't know[1] why I woke up[2] that morning. That "internal alarm clock," perhaps. Anyway, I looked at[3] my alarm clock on the table beside my bed, and in large, red numbers it was saying[4] that it was[5] 7:40. "Mmm . . . perfect," I thought[6]. Because I didn't have[7] class until 9:00, I decided[8] to sleep a few minutes more. Well, when I woke up[9] again, I didn't want[10] to, I couldn't[11] believe what I saw[12]: 8:40! I didn't have[13] time to take a shower, so I got dressed[14], and ran[15] to class. Upon arriving at the university, I noticed[16] that the campus seemed[17] very empty of students. Then, when I tried[18] to open the door to the building but failed[19], I figured out[20] what was happening[21]. How stupid! It was[22] Saturday!

No _____[1] (saber) por qué _____[2] (despertarse) esa mañana. Tal vez por ese «despertador interno» que llevamos. De todos modos, _____[3] (mirar) el despertador en la mesita al lado de mi cama, que en números grandes y rojos _____[4] (decir) que _____[5] (ser) las ocho menos veinte. «Humm... perfecto», _____[6] (pensar). Como no _____[7] (tener) clase hasta las nueve, _____[8] (decidir) dormir unos minutos más. Bueno, cuando _____[9] (despertarse) de nuevo, no _____[10] (querer) hacerlo, no _____[11] (poder) creer lo que _____[12] (ver): ¡las 8:40! Como no _____[13] (tener) tiempo para ducharme, sólo _____[14] (vestirse) y _____[15] (correr) a clase. Al llegar a la universidad, _____[16] (notar) que todo _____[17] (parecer) muy tranquilo, sin estudiantes. Luego, cuando _____[18] (querer) abrir la puerta del edificio pero no _____[19] (poder), _____[20] (saber) qué _____[21] (pasar). ¡Qué estúpido! ¡_____[22] (Ser) sábado!

B **Preguntas personales.** Answer the following questions in complete sentences, keeping in mind the different meanings some verbs have in the preterite.

1. ¿Qué querías hacer esta semana que no pudiste hacer?

   _____

   _____

2. ¿Qué no quisiste hacer esta semana?

   _____

   _____

3. ¿Qué tuviste que hacer esta semana que no sueles hacer?

   _____

   _____

4. ¿Tenías que estudiar mucho en la escuela secundaria? ¿Por qué?

   _____

   _____

5. ¿Qué supiste esta semana que no sabías antes?

   _____

   _____

6. ¿Qué pudiste hacer recientemente que no podías hacer antes?

   _____

   _____

7. ¿A quién conociste recientemente? ¿En qué circunstancias?

   _____

   _____

8. ¿Conocías a alguien en esta clase antes de este semestre? ¿A quién?

   _____

   _____

C **Un esquema.** Fill in the chart with the appropriate verb forms. Use the first person singular (**yo**) form for the Spanish verbs.

INFINITIVO	CONDICIÓN	INGLÉS	ACONTECIMIENTO	INGLÉS
	conocía			
saber				
				I refused

INFINITIVO	CONDICIÓN	INGLÉS	ACONTECIMIENTO	INGLÉS
			pude	
	quería			
		I couldn't		
tener				

DIÁLOGO: En la oficina de correos   (página 247)

Declaraciones erróneas. The following statements about the dialogue contain some errors. In each case, the number of errors per statement is indicated. Correct all errors by drawing a line through the incorrect word(s) and writing the correction above.

1. David tenía tres paquetes. (1)

2. David dijo que el grande pesaba 250 libras y que el pequeño pesaba 200 libras. (2)

3. David tenía que ir a la ventanilla para comprar cartas después de mandar el paquete. (2)

4. Elena quería comprar papel. (1)

5. Elena escribió mal el nombre de la persona en el sobre, y por eso necesitaba comprar más estampillas. (2)

VOCABULARIO: Expresiones con *tener*   (página 248)

Ⓐ **¿Qué tenía Joaquín?** Using one of the expressions with **tener,** state Joaquín's motivation for the following actions, as in the example.

EJEMPLO: Comió una pizza. → *Tenía hambre.* _____

1. Bebió dos litros de refresco. _____

2. Se durmió en clase. _____

3. Se puso un suéter. _____

4. Se quitó el suéter. _____

5. Olvidó la calculadora porque iba a llegar tarde a su clase. _____

6. Corrió a clase. _____

7. Comió dos sándwiches. _____

8. Gritó.[1] _____

[1]*He screamed.*

Ⓑ **Motivos.** Use the elements from columns A, B, and C to explain why we do what we do, as in the example. Do not repeat any elements from columns A or C.

A	B	C
beber	cuando	tener 18 años
comer	porque	tener calor
correr	si	tener frío
dormir		tener hambre
esconderse[1]		tener miedo
llevar pantalones cortos		tener prisa
llevar un abrigo		tener sed
poder votar[2]		tener sueño

EJEMPLO: *Dormimos cuando / porque / si tenemos sueño.*

1. _____

2. _____

3. _____

4. _____

5. _____

6. _____

7. _____

[1]*to hide*   [2]*to vote*

C **Preguntas personales.** Answer the following questions in complete sentences.

1. ¿Tenías prisa esta mañana? ¿Por qué sí o por qué no?

   _____

   _____

2. ¿Tenías sueño ayer por la tarde? ¿Por qué sí o por qué no?

   _____

   _____

3. ¿Tenías hambre ayer a las cuatro de la tarde? ¿Qué hiciste?

   _____

   _____

4. ¿Tenías sed anoche? ¿Qué hiciste?

   _____

   _____

5. ¿Cuándo fue la última vez[1] que tuviste miedo? ¿Qué paso?

   _____

   _____

6. ¿Qué hacías con frecuencia cuando tenías quince años?

   _____

   _____

[1]última... *last time*

DIÁLOGO: Una característica hispana (página 249)

En Monte Albán. Complete the following summary of the dialogue by filling in the blanks with words chosen from the list provided.

autobús	ideas	persona	simpático
característica	lugar	pirámides	templos
civilización	negocios	ruinas	tío
demora			

1. Según David, Monte Albán es un _____ fantástico.

2. Las _____ son de los zapotecas y los mixtecas.

3. La _____ de esos grupos indígenas era muy avanzada.

4. David cree que las _____ y los _____ son maravillosos.

5. El _____ de Elena les dio muchas buenas _____ sobre sitios de interés en

    Oaxaca.

6. Alfredo era un hombre encantador y _____ .

7. David cree que la _____ es una _____ de las personas hispánicas.

8. Elena dijo que en el mundo hispánico la _____ es más importante que el reloj.

9. El tiempo es muy importante en el mundo de los _____ .

10. El _____ para Veracruz sale a las seis y veintitrés de la tarde.

RECOMBINACIÓN

Ⓐ Una conversación incompleta. Fill in the blanks in the following conversation with any appropriate completion.

TÚ: ¿Quieres ir al banco conmigo?

JORGE: No, no gracias. Es que _____ ayer para

_____ .

TÚ: Ah, comprendo. ¿Es complicada la transacción para los estudiantes internacionales?

JORGE: Bueno, algunas veces, sí. Ayer _____ averiguar[1] la tasa de cambio

antes de _____ .

TÚ: Interesante. Pues, no necesitas ir al centro.

JORGE: ¡Claro que sí! Necesito _____ .

TÚ: Bueno, ¿_____ ?

JORGE: No. Necesito esperar hasta las dos porque _____ .

TÚ: No hay problema. La verdad es que yo _____ antes de ir al centro.

Puedo esperar.

JORGE: Muy bien. ¿Qué te parece si yo _____ al centro?

[1]*to verify*

TÚ: Me parece bien y después podemos ———————————, si quieres.

JORGE: ¡Buena idea! Hasta las dos. ¿Dónde nos encontramos?

TÚ: ———————————. ¿Está bien?

JORGE: Perfecto. ———————————.

TÚ: ———————————.

Ⓔ Combinaciones. Write sentences with the words given, as in the examples. You may use the words in any order. Words in parentheses may be used in any form you wish; otherwise, use the words in the form given.

EJEMPLOS: (hacer), abrigo →

Ayer me puse el abrigo porque hacía frío.

tarde, estudiaba →

En la escuela secundaria, siempre estudiaba por la tarde.

1. entrevista, ayer

   ———————————————————————

2. banco, (cambiar)

   ———————————————————————

3. (tener prisa), clase

   ———————————————————————

4. entrevista, (hacer una cita)

   ———————————————————————

5. boleto, (recibir)

   ———————————————————————

6. (tener razón), mis padres

   ———————————————————————

7. cuenta, (equivocarse)

   ———————————————————————

8. recado, de larga distancia

   ———————————————————————

Ⓕ La lógica. Choose one element from each of the following columns to write at least five logical sentences. You may add any necessary words.

A	B	C	D
yo	cambiar	ayer	a las tres de la tarde
mis amigos y yo	echar al correo	el martes	casi todos los días
un amigo	firmar	hoy	con una trajeta de crédito
una amiga	hacer una cita	un cheque	en el banco
mis abuelos	mandar	un paquete	por cinco dólares
unos profesores	recibir	una carta	por correo
¿ ?	¿ ?	¿ ?	¿ ?

1. _____

2. _____

3. _____

4. _____

5. _____

D **Comparaciones.** Write five sentences that compare your current activities as a university student with those when you were in high school, as in the example. Use at least three words from each of the four columns in your comparisons. You will need to conjugate the verbs and add words and phrases as necessary.

A	B	C	D
equivocarse	cuenta de cheques	número de teléfono	a tiempo
cambiar	cheque	carta	oficina de turismo
depositar	cheque de viajero	correo	de larga distancia
firmar	dinero	dirección	guía de teléfonos
mandar	dinero en efectivo	llamada	línea
recibir	transacción bancaria	paquete	buzón
tardar	tarjeta de crédito	caja	recado

EJEMPLO: *En la escuela secundaria no recibía llamadas de larga distancia.*

Ahora recibo muchas llamadas de larga distancia.

1. _____

_____

2. _____

_____

3. _____

_____

4. _____

_____

5. _____

_____

EJERCICIOS DE LABORATORIO

PRONUNCIACIÓN: *d*

The Spanish **d** has two different sounds. At the beginning of a sentence or phrase (**¿Dónde estás?**) and after the letters **n** or **l** (**mandar, humilde**), the **d** is pronounced by putting the tip of the tongue against the back of the upper teeth. In all other cases, the **d** is pronounced more softly, like the English *th* sound in *that* or *father*.

Para pronunciar

Ⓐ   Repeat the following words that contain the **d** pronounced like the *d* in *dog*.

dos   dirección   el dólar   el día   David   en directo   dolor   el doctor   independencia   tilde

Ⓑ   Repeat the following words with the **d** pronounced like the *th* in *father*.

cada   creído   lado   ensalada   adiós   ciudad   madre   nido   cansado   pesado

DIÁLOGO: Una llamada telefónica   (página 236)

Empareja las frases. David y Elena hacen una llamada de Acapulco al tío de Elena, el Sr. Alfredo López Valderrama, que vive y trabaja en Oaxaca.

Listen to the dialogue between David and Elena. Feel free to rewind the tape and listen again, if necessary. Then combine items from columns A and B in order to summarize the conversation. Repeat the correct answers.

A	B
1. _____ Elena hace la llamada	a. no puede atenderla[1] en este momento.
2. _____ Elena busca el número correcto	b. con tarjeta de crédito.
3. _____ Elena habla	c. en la guía de teléfonos.
4. _____ El tío de Elena	d. con la secretaria.

[1]come to the phone

DIÁLOGO: En la universidad   (página 237)

Para contestar. Entre clases, los amigos se encuentran en el salón de descanso en el centro estudiantil. Pasan un rato charlando.

Listen to the conversations. Feel free to rewind the tape to listen again, if necessary. Then answer the following questions and repeat the correct answers. First, listen to the questions you will be asked.

1.   ¿A quién necesita llamar Jorge?

2.   ¿Dónde trabaja Cheryl?

3.   ¿Cómo está Alfonsina?

4. ¿Alfonsina tiene mucho o poco dinero en este momento?

5. ¿Quién es Carlos Fuentes?

6. ¿Dónde están las obras[1] de Carlos Fuentes?

[1]works

CONCEPTO: *Saber y conocer* (página 239)

Los estudiantes de UW-EC. The following statements are about students at UW-EC. Choose the correct verb as you say each statement, as in the example. Repeat the correct answers.

> EJEMPLO: Felipe (sabe / conoce) mucho de la situación política en los EE. UU. →
> Felipe sabe mucho de la situación política en los EE. UU.

1. María (supo / conoció) a Luis en 1994.

2. Carmen (sabe / conoce) Italia y Portugal.

3. Alfonsina (sabía / conocía) la información en el examen.

4. David (sabía / conocía) hablar español cuando entró en la universidad.

5. Luisa y Tomás (saben / conocen) dónde encontrar buenos precios en la ciudad.

6. Jorge va a (saber / conocer) a sus nuevos profesores esta noche.

VOCABULARIO: El teléfono (página 240)

Ⓐ **Para completar.** Elena is teaching her young cousin how to use a pay phone. As you listen to her explanation, fill in the missing words. The explanation will be given twice.

Primero tienes que buscar el _____[1] en la guía de _____[2]. Entonces descuelgas el

_____[3] y depositas unas _____[4]. Esperas un segundo y después

_____[5] el número. El teléfono va a sonar y si alguien[a] está, va a _____[6]. Y más

tarde, después de hablar, _____[7] el auricular.

[a]someone

Ⓑ **¿Es cierto o no es cierto?** Listen to a brief telephone conversation. Feel free to rewind the tape to listen again, if necessary. Then determine whether the following statements are true (**Es cierto**) or false (**No es cierto**). Repeat the correct answers.

	ES CIERTO	NO ES CIERTO
1. La línea está ocupada.	☐	☐
2. Tomás quiere hablar con Alfonsina.	☐	☐
3. Luisa contesta el teléfono.	☐	☐
4. Alfonsina está en la casa de Carmen.	☐	☐
5. Tomás va a estudiar esta noche.	☐	☐

DIÁLOGO: Una transacción bancaria (página 241)

Empareja las frases. Los primos se divierten mucho en el viaje de Acapulco a Oaxaca. Llegan muy tarde a la ciudad y deciden quedarse en un hotel para no molestar al tío de Elena. Por la mañana David y Elena entran en un banco cerca de su hotel.

Listen to the conversation. Feel free to rewind the tape and listen again, if necessary. Then combine items from columns A and B in order to summarize the conversation. Repeat the correct answers.

A

1. _____ David y Elena llegan
2. _____ David quiere cambiar
3. _____ El cajero quiere ver
4. _____ El cajero explica
5. _____ David firma

B

a. un cheque de viajero de cien dólares.
b. el cambio de dólares a pesos.
c. un formulario.[1]
d. al banco.
e. la identificación de David.

[1]form

DIÁLOGO: En la universidad (página 242)

¿Es cierto o no es cierto? Tomás y Luis pasean en el centro comercial y hablan de lo que le pasó a Luis ayer con un proyecto para una de sus clases. Mientras tanto, Celia y Carmen hablan de lo que hizo Celia ese día.

Listen to the conversations. Feel free to rewind the tape to listen again, if necessary. Then determine whether the following statements are true (**Es cierto**) or false (**No es cierto**). Repeat the correct answers.

	ES CIERTO	NO ES CIERTO
1. Luis estudia economía.	☐	☐
2. Luis trabaja en una fábrica.	☐	☐
3. Según Luis, el gerente de la fábrica era simpático.	☐	☐
4. Celia compró un boleto en la agencia de viajes.	☐	☐
5. Los empleados fueron amables con Celia.	☐	☐

VOCABULARIO: Los arreglos y las citas (página 244)

Ⓐ Para completar. David is explaining to a young cousin what needs to be done to cash a traveler's check. As you listen to the procedure, fill in the missing words. The procedure will be said twice.

Mira, primero tienes que ir al _____[1] o a la casa de _____[2]. Una vez allí vas a la

_____[3]. Tienes que firmar el cheque de _____[4] y también presentar el

_____[5] u otro tipo de identificación. El _____[6] calcula el cambio y te da el

_____[7] en efectivo. Tendrás[a] billetes y también _____[8]. Y ya está.

[a]You will get

🅑 **Para mandar una carta.** David is explaining to his cousin how to mail a letter. As you listen to the procedure, fill in the missing words. The procedure will be said twice.

Primero escribes la _____^{1} y luego escribes la _____^{2} en el sobre. Cierras el sobre

con la carta y pones las _____^{3} aquí, en el sobre. Después vas al _____^{4} y echas la

carta al _____^{5}. Claro, puedes hacer lo mismo^a con las tarjetas _____^{6}, pero en

ese caso no necesitas un sobre.

^{a}lo... *the same thing*

CONCEPTO: Más sobre el pretérito y el imperfecto
(página 245)

David en México. The following statements are about David's trip to Mexico. Choose the correct verb as you say each statement, as in the example. Repeat the correct answers.

> EJEMPLO: David ya (conoció / conocía) a Elena antes de ir a México. →
> David ya conocía a Elena antes de ir a México.

1. David (conoció / conocía) a Roger Austin en México.

2. En Acapulco David (supo / sabía) que en los mercados tienen comida muy fresca.

3. David no (quiso / quería) salir de la Ciudad de México.

4. David (supo / sabía) hablar español cuando llegó a México.

5. Era muy difícil pero David (pudo / podía) subir la Pirámide del Sol en Teotihuacán.

6. David estaba muy feliz cuando supo que (pudo / podía) ir a México.

DIÁLOGO: En la oficina de correos (página 247)

Para contestar. Por fin se comunican David y Elena con el tío Alfredo, quien los invita a pasar unos días en su casa. Antes de visitarlo, tienen que pasar por la oficina de correos porque David ha decidido mandar dos paquetes de recuerdos a su familia en Wisconsin.

Listen to the conversation. Feel free to rewind the tape and listen again, if necessary. Then answer the following questions and repeat the correct answers. First, listen to the questions you will be asked.

1. ¿Cuántos paquetes va a mandar David?

2. ¿Cuánto pesa el paquete grande?

3. ¿Qué quiere comprar Elena?

4. ¿Qué tipo de estampillas quiere David?

5. Elena tiene que comprar otro sobre. ¿Por qué?

VOCABULARIO: Expresiones con *tener* (página 248)

The following drawing shows characters in several different circumstances. Use expressions with **tener** to say how each character is feeling. Repeat the correct answers.

EJEMPLO: 1. → Tiene sed.

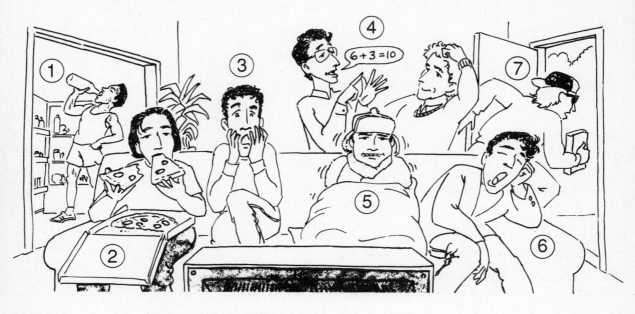

2. ...   3. ...   4. ...   5. ...   6. ...   7. ...

DIÁLOGO: Una característica hispana   (página 249)

¿Es cierto o no es cierto? Después de pasar unos días con el tío de Elena, David y Elena visitan el centro arqueológico de Monte Albán. Toman unos minutos para descansar y hablar de las famosas ruinas.

Listen to the conversation. Feel free to rewind the tape to listen again, if necessary. Then determine whether the following statements are true (**Es cierto**) or false (**No es cierto**). Repeat the correct answers.

		ES CIERTO	NO ES CIERTO
1.	Las ruinas son de los zapotecas y los mixtecas.	☐	☐
2.	Su civilización era muy primitiva.	☐	☐
3.	El tío Alfredo es encantador.	☐	☐
4.	Elena dice que la hora es más importante que la persona.	☐	☐
5.	El autobús para Veracruz sale a las 5:25 de la tarde.	☐	☐

EN ACCIÓN   (página 250)

Ⓐ Por teléfono. Listen to the phone message that Pilar Ibarra, a Mexican business executive, leaves for her secretary. Feel free to rewind the tape to listen again, if necessary. As you listen to the message, take the role of the secretary and fill in the information.

El itinerario de la Sra. Ibarra:

hoy: ciudad _____

          hotel _____

       mañana: ciudad ——————————————————————————————

                  hotel ——————————————————————————————

       el jueves: ciudad ——————————————————————————————

                  hotel ——————————————————————————————

       ¿Qué debe hacer la secretaria...

       en el banco? ————————————————————————————

       ————————————————————————————————

       en la oficina de correos? ————————————————————

       ————————————————————————————————

       por teléfono? ————————————————————————————

       ————————————————————————————————

Ⓑ **Para contestar.** The following questions correspond to the information you recorded in **Actividad A.** Answer each one, as in the example. Repeat the correct answers.

      EJEMPLO: ¿Dónde está la Sra. Ibarra? → La Sra. Ibarra está en Acapulco.

1.   ¿En qué hotel está la Sra. Ibarra en Acapulco?

2.   ¿Adónde va a viajar mañana?

3.   ¿Cuánto dinero tiene que depositar la secretaria en el banco?

4.   ¿Qué tiene que hacer en la oficina de correos?

5.   ¿A quién tiene que llamar por teléfono?

6.   ¿Qué va a decirle al Sr. Larra?

Ⓒ **Empareja las frases.** Los amigos se ocupan de unos quehaceres en la oficina de correos.

Listen to the conversations. Feel free to rewind the tape and listen again, if necessary. Then combine items from columns A and B in order to summarize the conversations. Repeat the correct answers.

                    A   B

1. ——— Marisol recibió

2. ——— Marisol necesitaba

3. ——— A Luisa le gusta

4. ——— El papá de Carmen

5. ——— Carmen y Celia van

6. ——— María no tiene que ir a la ventanilla porque

a. a comer.

b. va a cumplir 40 años.

c. tiene las estampillas necesarias.

d. un paquete con ropa.

e. la falda gris.

f. más ropa formal.

CAPÍTULO 9

Los eventos de la vida

CONCEPTOS

El subjuntivo

(página 264)

The formula for conjugating regular verbs in the present subjunctive in Spanish is as follows.

PASO	ACCIÓN	hablar	comer	salir
1.	**yo-** form, present indicative	hablo	como	salgo
2.	drop final **-o**	habl-	com-	salg-
3.	add "opposite" endings	hable hables hable hablemos habléis hablen	coma comas coma comamos comáis coman	salga salgas salga salgamos salgáis salgan

Quiero que **vengas** conmigo.   *I want you to come with me.*
El profesor insiste en que **estudiemos**   *The professor insists that we study a lot.*
   mucho.
Mis padres prefieren que yo **coma** bien.   *My parents prefer that I eat well.*

Stem-changing **-ar** and **-er** verbs follow the same pattern in the present subjunctive as in the present indicative.

pensar (ie)	piense, pienses, piense, pensemos, penséis, piensen
contar (ue)	cuente, cuentes, cuente, contemos, contéis, cuenten
querer (ie)	quiera, quieras, quiera, queramos, queráis, quieran
poder (ue)	pueda, puedas, pueda, podamos, podáis, puedan

No quiero que **pienses** más en eso.

Mis amigos siempre insisten en que les **cuente** un chiste.

I don't want you to think about that anymore.

My friends always insist that I tell them a joke.

Stem-changing **-ir** verbs in the present subjunctive, however, undergo an additional change in the **nosotros** and **vosotros** forms.

dormir (ue)	duerma, duermas, duerma, durmamos, durmáis, duerman
sentir (ie)	sienta, sientas, sienta, sintamos, sintáis, sientan
pedir (i)	pida, pidas, pida, pidamos, pidáis, pidan

Quieren que **durmamos** ocho horas.
Insisten en que **pidamos** el pescado.

They want us to sleep eight hours.
They insist that we order the fish.

As in the preterite, some spelling changes also occur in the present subjunctive.

verbs ending in **-gar**	pague, pagues, pague, paguemos, paguéis, paguen
verbs ending in **-car**	busque, busques, busque, busquemos, busquéis, busquen
verbs ending in **-zar**	empiece, empieces, empiece, empecemos, empecéis, empiecen*

¿Quieres que **empiece** ahora?
Espero que me **pagues** mañana.

Do you want me to begin now?
I hope that you pay me tomorrow.

The following verbs are irregular in the present subjunctive.

INFINITIVO	(yo)	FORMAS
ser	(soy)	sea, seas, sea, seamos, seáis, sean
estar	(estoy)	esté, estés, esté, estemos, estéis, estén
ir	(voy)	vaya, vayas, vaya, vayamos, vayáis, vayan
saber	(sé)	sepa, sepas, sepa, sepamos, sepáis, sepan
dar	(doy)	dé, des, dé , demos, deis, den

---

* Note that this is both a stem-changing and spelling-changing verb.

Espero que todos **vayan** a la boda.   *I hope (that) everyone goes to the wedding.*

¿A qué hora quieres que **esté** en tu casa?   *At what time do you want me to be at your house?*

Note that the present subjunctive of **hay** is **haya.**

Espero que **haya** buena comida en la fiesta.   *I hope (that) there's good food at the party.*

Verb forms in Spanish convey considerable information, including person (**yo, tú, él, ella,** etc.), number (singular or plural), and tense (present, preterite, imperfect, etc.).

    Verbs also convey mood, e.g., an attitude of objectivity or subjectivity. The Spanish tenses you have studied so far, the present, preterite, and imperfect, are tenses in the indicative mood; they report objective observations. The subjunctive mood, however, conveys a certain subjectivity by the speaker. Consider the following sentences.

La profesora insiste en que sus estudiantes **están** en clase todos los días.
The professor insists that her students are in class every day. (indicative)

La profesora insiste en que sus estudiantes **estén** en clase todos los días.
The instructor insists that her students be in class every day. (subjunctive)

In the first sentence, the instructor observes and reports a fact—namely, that her students are in class every day. In the second sentence, on the other hand, the instructor is trying to influence her students, to cause them to be in class by her insisting. The difference between the two sentences is one of mood. Both sentences are grammatically correct, but each conveys a subtly different meaning. The speaker must choose the verb form that conveys the intended meaning.

    The subjunctive usually appears in the second, or dependent, clause.

INDEPENDENT CLAUSE	**que**	DEPENDENT CLAUSE
Es necesario	que	**vengas** a clase.
Queremos	que	todos **eschuchen.**
Estoy contenta	que	**estés** bien.

El subjuntivo con expresiones impersonales
(página 267)

The subjunctive is required after impersonal expressions that express causation, emotion, or doubt.

CAUSATION	EMOTION	DOUBT	
(No) Es necesario	(No) Es bueno	Es (im)posible	
(No) Es importante	(No) Es malo	Es (im)probable	
(No) Es esencial	(No) Es triste	No es verdad*	
		No es cierto*	} + **que** + subjunctive
		No es seguro*	
		No es evidente*	
		No es claro*	

* Note that these expressions in the affirmative (**es verdad, es cierto,** etc.) do not indicate doubt and, therefore, require the indicative.

Es importante que **me acueste** temprano antes de un examen.	*It's important for me to go to bed early before an exam.*
Es triste que no **puedas** celebrar tu aniversario.	*It's sad that you can't celebrate your anniversary.*
No es verdad que **tengamos** clase el sábado.	*It's not true that we have class on Saturday.*

These impersonal expressions are followed by the infinitive when no specific subject is involved.

Es bueno **estudiar.**	*It's good to study.*
Es importante **llegar** a tiempo.	*It's important to arrive on time.*
Es imposible **vivir** 200 años.	*It's impossible to live for 200 years.*

El subjuntivo con expresiones de emoción
(página 270)

When an emotion is expressed about a circumstance or event, the subjunctive is required in the dependent (**que**) clause.

EMOTIONAL EXPRESSION	+ **que** +	DEPENDENT CLAUSE IN SUBJUNCTIVE
Es lástima	que	**tengas** muchos exámenes.
It's a shame that you have a lot of exams.		
Al profesor le gusta	que	**estudies** mucho.
The professor likes you to study a lot.		
No nos sorprende	que	tú **salgas** bien en los exámenes.
We're not surprised that you do well in exams.		
Esperamos	que	el examen **sea** fácil.
We hope that the exam is easy.		
¿Te alegras de	que	no **haya** examen mañana?
Are you glad that there's no exam tomorrow?		

Some common verbs of emotion include the following.

alegrarse de	estar contento / enojado / triste
es lástima / triste / terrible	sentir
esperar	temer

Some verbs of emotion require the same construction as **gustar.**

fascinar	molestar
interesar	sorprender

Les gusta que **pueda** levantarme tarde mañana.	*They like the fact that I can get up late tomorrow.*
¿Te molesta que mi apartamento no **esté** muy limpio?	*Does it bother you that my apartment isn't very clean?*
Me sorprende que **sea** tan tarde.	*I'm surprised it's so late.*

El subjuntivo con expresiones temporales
(página 275)

In the dependent clause, **cuando** may be followed by either the indicative or the subjunctive. The subjunctive is used when the action or state of being in the dependent, or **cuando,** clause has not yet occurred, or is pending and may never occur. The indicative is used for habitual and past actions or states of being. Consider the following sentences.

Hoy vamos a empezar cuando la gerente **llegue.**   (subjunctive: future activity)
Today we'll begin when the manager arrives.

Generalmente, la reunión empieza cuando la gerente **llega.**   (indicative: habitual activity)
Generally, the meeting begins when the manager arrives.

La última vez, la reunión empezó cuando la gerente **llegó.**   (indicative: past activity)
Last time the meeting began when the manager arrived.

cuando	+	habitual or past action/state of being	→	indicative
cuando	+	future or pending action/state of being	→	subjunctive

Note that this section refers to **cuando** as a linking word between clauses, not to **¿cuándo?** as an interrogative word.

Voy a hacer la próxima tarea cuando **termine** ésta.

Cuando **haga** menos frío, vamos a jugar al tenis.*

Mis padres van a venir a la universidad cuando **me gradúe.**

I'm going to do the next assignment when I finish this one.

When it's not as cold, we're going to play tennis.

My parents are going to come to the university when I graduate.

El subjuntivo con expresiones causales o de influencia
(página 282)

You can either give someone a direct command ("Do this now!"), or you can give the command indirectly ("I want you to do this now," "I insist that you do this now"). Because such indirect commands are subjective in nature, e.g., one party is trying to influence the other, they require the subjunctive in the dependent clause.

CAUSATIVE VERB	+ **que** +	DEPENDENT CLAUSE IN SUBJUNCTIVE
Quiero	que	**hagas** esto ahora.
	I want you to do this now.	
Ellos prefieren	que	**vengamos** a las siete, no a las seis.
	They prefer that we come at seven, not at six.	
El jefe insiste en	que	sus empleados **se arreglen** con cuidado.
	The boss insists that his employees look nice.	

---
* Note that the order of the clauses may be reversed.

Some of the more common causative verbs include the following.

decir*	pedir (i, i)	
exigir	preferir (ie, i)	
implorar	prohibir	+ **que** + subjunctive
insistir en	querer (ie)	
mandar	sugerir (ie, i)	

¿Insistes en que **lleguen** a tiempo? *Do you insist that they arrive on time?*
Sugiero que **traigas** tus libros a mi casa. *I suggest that you bring your books to my house.*

---

* Note that **decir** takes the subjunctive only when influence is implied.

La profesora nos dice que **tenemos** un examen mañana. (indicative: communication, fact)
La profesora nos dice que **leamos** todo el capítulo. (subjunctive: influence)

EJERCICIOS ESCRITOS

DIÁLOGOS: **El nacimiento**   **(páginas 262, 263)**
En la universidad

Empareja las frases. Using information from the dialogues, match the phrases in column A with the phrases in column B to state what the characters feel.

A	B
Elena se alegra de que	Cristina tenga dos hijos y que espere el tercero.
David cree que es lástima que	el papá y la abuela de Sandra no puedan venir a
Celia dice que es increíble que	su fiesta.
La. Sra. de Nelson cree que es triste que	Joaquín haya perdido la llamada de su padrino.
Jorge siente que	Lucía haya dado a luz.
	no puedan asistir al bautizo.

1. _____

2. _____

3. _____

4. _____

5. _____

CONCEPTO: El subjuntivo   (página 264)

Ⓐ **¿De acuerdo o no?** The following statements relate what we should and shouldn't do about our eating habits. Fill in the blanks with the appropriate **nosotros** form of the present subjunctive of the infinitives in parentheses. Then state whether you agree or not, as in the example.

> EJEMPLO: Es bueno que _comamos_ (comer) legumbres.
>
>   _(No) Estoy de acuerdo._

1. Es bueno que _____ (tomar) el desayuno todos los días.

_____

2. Es importante que _____ (beber) café.

_____

3. Es bueno que _____ (preparar) huevos con tocino cada mañana.

_____

4. Es malo que _____ (cenar) en restaurantes de comida rápida cada día.

_____

5. Es importante que _____ (poner) mucha sal a las comidas.

_____

6. Es malo que _____ (usar) mucho aceite en la preparación de las comidas.

_____

B **Los hábitos de Felipe.** The following statements describe some things that Felipe does. State whether you think it is good (**Es bueno**) or bad (**Es malo**) that he does the following things, as in the example.

EJEMPLO: Felipe corre con frecuencia. →

En mi opinión, es bueno que Felipe corra con frecuencia.

1. Juega* al fútbol todos los sábados.

_____

2. Duerme ocho horas cada noche.

_____

3. Sale con amigos los fines de semana.

_____

4. Compra comida rápida con frecuencia.

_____

5. Se levanta tarde y nunca desayuna.

_____

6. Por la noche come mucho y mira la lucha libre profesional en la tele.

_____

C **¿Qué importa?** Using the following phrases, make statements about what is necessary (**Es necesario**) and what is not necessary (**No es necesario**) that students do in order to be successful in college, as in the examples.

asistir a sus clases	pasar tiempo en la biblioteca
comprar una computadora	practicar* deportes
conocer a sus profesores	tomar exámenes
estudiar	trabajar en la ciudad
ir a fiestas	vivir en una residencia

EJEMPLOS: *Es necesario que los estudiantes estudien.*

No es necesario que los estudiantes sean ricos.

1. _____

2. _____

3. _____

4. _____

_____

*¡OJO! This is a spelling-changing verb.

5. _____

6. _____

D **Un esquema.** Fill in the chart with the appropriate forms of the present subjunctive.

INFINITIVO	yo	nosotros/as	ellos/as
		hagamos	
	sepa		
			oigan
pedir			
			sean
ir			
	duerma		
			vengan

CONCEPTO: El subjuntivo con expresiones impersonales
(página 267)

A **Una dieta.** Jorge has decided that he wants to lose a few pounds and get in better shape. State whether it is good (**Es bueno**), important (**Es importante**), or necessary (**Es necesario**) that he do or not do the following, as in the example.

EJEMPLO:　beber mucha cerveza →

Es bueno/importante/necesario que Jorge no beba mucha cerveza.

1. comer postres

_____

2. nadar con frecuencia

_____

3. hacer alpinismo

_____

4. esquiar

_____

5. jugar* a las cartas

_____

* _____
¡OJO! This is a stem- and spelling-changing verb.

6. practicar* deportes

_____

B **Una fiesta.** Jorge and Joaquín have decided to have a party at their house and Joaquín is talking about the upcoming evening. Fill in the blanks in his statements with the correct form of the infinitives in parentheses, as in the example.

EJEMPLO: Es importante que nosotros _compremos_ (comprar) legumbres.

1. Es triste que nosotros no _____ (tener) más espacio.

2. Es posible que Felipe _____ (traer) su guitarra.

3. Es importante que Carmen _____ (venir) y que ella _____ (tocar) su guitarra también.

4. Es lástima que Luisa y su hija no _____ (poder) venir.

5. Jorge, es necesario que tú _____ (ir) al mercado.

6. Con todos estos arreglos, es imposible que nosotros no _____ (divertirse).

C **¿Qué piensas?** Using impersonal expressions, give your opinion on the following statements about your institution, as in the example. For each impersonal expression, decide whether you need the present indicative or subjunctive. Use as many expressions as possible and try not to repeat any.

EJEMPLO: Esta universidad pone mucha énfasis[1] en los deportes. →

Es bueno que esta universidad ponga mucha énfasis en los deportes.

o _Es verdad que esta universidad pone mucha énfasis en los deportes._

1. Los estudiantes de esta clase practican el español fuera de la clase.

_____

2. Muchos estudiantes de esta universidad vienen de otros países.

_____

3. Aquí casi todos los estudiantes saben usar computadoras.

_____

4. Esta universidad cuesta menos que muchas otras universidades.

_____

5. El equipo femenino de básquetbol gana más partidos que el equipo masculino.

_____

6. Hay clases los sábados.

_____

[1]*emphasis*

---

*¡OJO! This is a spelling-changing verb.

CONCEPTO: El subjuntivo con expresiones de emoción
(página 270)

A **¿Te gusta?** Using the continuum as a guide, state how you feel about the following activities, as in the example. Use as many different expressions as possible.

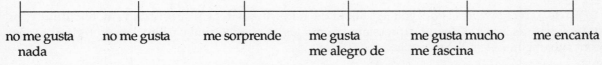

no me gusta nada	no me gusta	me sorprende	me gusta me alegro de	me gusta mucho me fascina	me encanta

EJEMPLO: Tenemos exámenes fáciles. → *Me encanta que tengamos exámenes fáciles.*

1. Vamos al laboratorio de lenguas.

   _____

2. Repetimos el vocabulario en clase.

   _____

3. Algunas veces no terminamos la clase a tiempo.

   _____

4. Tenemos que aprender mucho vocabulario.

   _____

5. Hacemos las tareas en clase.

   _____

6. Vemos vídeos en clase.

   _____

B **¿Qué le parece?** The following is a list of activities and circumstances that might occur in a foreign language class. Changing the verbs to the present subjunctive, state whether or not, in general, your teacher likes each activity, as in the example.

EJEMPLO: Hablamos inglés. → *a mi profesor(a) (no) le gusta que hablemos inglés.*

1. Hacemos la tarea.

   _____

2. Salimos temprano.

   _____

3. Llegamos a la hora.

   _____

4. Vamos al laboratorio de lenguas.

   _____

5. Olvidamos el vocabulario.

   _____

6. Somos perezosos.

   _____

7. Venimos a clase cada día.

_____

8. Dormimos en la clase.

_____

C **¿Qué te parece?** Express how you feel about the following statements related to student life at your institution. Use as many different expressions of emotion as possible and change the verbs given to the present subjunctive, as in the example.

EJEMPLO: Tenemos examen mañana. →

No me gusta que tengamos examen mañana.

o   *Me alegro de que tengamos examen mañana.*

1. El precio de la matrícula[1] es alto.

_____

2. La universidad pone énfasis en los deportes.

_____

3. Los libros de texto cuestan mucho.

_____

4. Los profesores saben las materias que enseñan.

_____

5. Los profesores dan mucha tarea.

_____

6. Hay mucho que hacer.

_____

[1]precio... *registration fees*

DIÁLOGOS: La boda
En la universidad

(páginas 272, 273)

A **¡Hasta cuándo!** Using information from the dialogues, match phrases in columns A and B to explain what must happen for each action to take place.

A	B
Ángela y Jaime no van a tener la luna de miel hasta que	se case.
David espera tener una ceremonia religiosa cuando	tenga trabajo y ahorre suficiente dinero.
David va a casarse cuando	Ángela tenga dos semanas de vacaciones.
María va a comprarles un regalo de bodas tan pronto como	terminen las clases.
Mercedes y Luisa van a la Florida en cuanto	tenga dinero.

1. _____

2. _____

3. _____

4. _____

5. _____

Ⓑ ¿Qué sabes tú? Using information from the dialogues, write answers in complete sentences to the following questions.

1. ¿Cuándo va a casarse David?

   _____

2. ¿Qué no quiere David que sus padres hagan?

   _____

3. ¿Qué tienen muchas universidades estadounidenses para los alumnos casados?

   _____

4. ¿Por qué Ángela y Jaime no tienen la luna de miel ahora?

   _____

5. ¿A quién va a ver Mercedes y cuándo?

   _____

6. ¿Cuándo van a tener fiestas Mercedes y Luisa?

   _____

CONCEPTO: El subjuntivo con expresiones temporales
(página 275)

Ⓐ Vamos a casarnos cuando... One day Jorge thinks about when his girlfriend and he might get married, and he realizes that many things have to happen first. Finish his thoughts with the appropriate form of the present subjunctive for each infinitive listed, as in the example.

EJEMPLO: yo / terminar mi educación → *Vamos a casarnos cuando y termine mi educación.*

1. mi novia / recibir su bachillerato

   _____

2. mi novia y yo / decidir que es el momento apropiado para nosotros

   _____

3. yo / conocer a la familia de mi novia

   _____

4. los padres de mi novia / dar su permiso

   _____

5. yo / pedir su mano

_____

6. yo / tomar las cosas en serio

_____

Ⓑ **Todavía no.** Some things haven't happened yet, and won't until certain circumstances are in place. Complete the minidialogues using the cues provided, as in the example.

EJEMPLO: empezar / la clase // llegar el profesor →

— _¿Ya empezó la clase?_

— _Todavía no. La clase va a empezar cuando llegue el profesor._

1. estudiar / tú / para el examen // yo / terminar / la tarea de álgebra

—_____

—_____

2. encontrar trabajo / tú // yo / graduarme

—_____

—_____

3. escribir el trabajo[1] de inglés / tú // yo / ir a la biblioteca esta noche

—_____

—_____

4. hacer la tarea de español / tú // yo / comprar un diccionario

—_____

—_____

5. comprar los libros del próximo semestre / tú // yo / tener el dinero

—_____

—_____

6. anunciar el examen / Ⓟ // nosotros / saber el subjuntivo

—_____

—_____

[1]*paper*

Ⓒ **Completa la frase.** Complete each sentence with the words given. In each case decide if the sentence involves a repeated or past activity (use the indicative), or a future activity (use the subjunctive), as in the examples.

EJEMPLOS: El profesor Ramos se enoja cuando los estudiantes / no / venir / a clase →

El profesor Ramos se enoja cuando los estudiantes no vienen a clase.

El otro día el profesor Ramos se enojó cuando muchos estudiantes / no / venir / a clase →

El otro día el profesor Ramos se enojó cuando muchos estudiantes no vinieron a clase.

El profesor Ramos va a enojarse cuando / saber / la decisión de la administración de la universidad →

El profesor Ramos va a enojarse cuando sepa la decisión de la administración de la universidad.

1. Generalmente los estudiantes aprenden cuando / hacer / la tarea

_____

2. En el pasado los estudiantes aprendían cuando / hacer / la tarea

_____

3. Los estudiantes van a aprender cuando / hacer / la tarea

_____

4. Los miembros del Club Internacional se divirtieron cuando / ver / la película *El gringo viejo*

_____

_____

5. Los miembros del Club Internacional van a divertirse la próxima semana cuando / celebrar / el cumpleaños del profesor Brewer

_____

_____

6. Generalmente la familia del profesor Brewer cena cuando / todos / estar / en casa

_____

7. Esta noche la familia Brewer va a cenar cuando / todos / estar / en casa

_____

D **En mi opinión.** Complete the following statements, indicating when you do, or will do, the things mentioned. For each sentence, decide whether you need to use the present indicative or subjunctive.

1. Estudio mucho cuando _____

2. Esta noche voy a empezar a estudiar cuando _____

_____

3. Me levanto temprano cuando _____

_____

4. Voy a tener que levantarme temprano cuando _____

_____

5. Salgo con mis amigos cuando _____

_____

6. Voy a poder salir con mis amigos cuando _____

_____

VOCABULARIO: Los eventos importantes de la vida   (página 277)

Ⓐ Empareja las frases. Find the word or phrase in column B that matches each description in column A, and write its letter in the blank provided.

A

1. _____ dar a luz a un bebé

2. _____ ceremonia que tiene lugar cuando muere una persona

3. _____ separación legal de los esposos

4. _____ aniversario del nacimiento de una persona

5. _____ viaje después de una boda

6. _____ lo contrario[1] de muerte

7. _____ unión civil y/o religiosa de los novios

8. _____ ceremonia religiosa que se celebra con agua

B

a. bautizo
b. boda
c. cumpleaños
d. divorcio
e. entierro
f. graduación
g. luna de miel
h. nacimiento
i. vida

[1]*opposite*

Ⓑ Mis experiencias. State when you (or someone you know) experienced, celebrated, or participated in the following events, as in the example.

EJEMPLO: graduación →

<u>Celebré mi graduación en la secundaria en 1994.</u>

o <u>Fui a la graduacion de mi hermana el mes de junio pasado.</u>

1. nacimiento de un bebé

_____

2. boda _____

3. luna de miel _____

4. aniversario de bodas

_____

5. bautizo _____

6. entierro _____

DIÁLOGOS: La muerte   (páginas 278, 279)
En la universidad

Ⓐ ¿Quién? Using information from the dialogues, complete the sentences with the appropriate phrase from the following list.

las costumbres tradicionales
la esquela de defunción
la muerte

las notas necrológicas
se viste de luto

1. David y Elena hablaban de las diferencias entre _____ y las noticias

obituarias.

2. David dice que _____ son más comunes en los EE. UU.

3. La abuela todavía _____ .

4. La abuela insistía en que toda la familia observara _____ .

5. Alfonsina necesitaba escribirle a su tía para darle el pésame por _____

de su cuñada.

Ⓑ ¿Qué sabes tú? Using information from the dialogues, answer the following questions with complete sentences.

1. ¿En qué lugares de los EE. UU. existe la costumbre de las esquelas de defunción?

_____

2. ¿Cuál es una de las diferencias entre una esquela de defunción y una noticia obituaria?

_____

3. ¿Qué quiere la abuela de Carmen y de Celia?

_____

4. ¿Qué buscaba Alfonsina? ¿Por qué?

_____

A PROPÓSITO: El imperfecto del subjuntivo

The past subjunctive is formed as follows.

LAS FORMAS DEL IMPERFECTO DEL SUBJUNTIVO	
1.	Start with the third person plural of the preterite.	hablaron, comieron, vivieron
2.	Remove the **-on** ending.	hablar-, comier-, vivier-
3.	Add the endings.[*]	hablara comiera viviera hablaras comieras vivieras hablara comiera viviera habláramos[†] comiéramos[†] viviéramos[†] hablarais comierais vivierais hablaran comieran vivieran

_____
[*] Note that the endings are the same for **-ar, -er,** and -ir **verbs.**
[†] Note the accent mark on the first-person plural over the vowel before the **r** (**habláramos**). All verbs in Spanish follow this pattern in the past subjunctive.

The **imperfecto del subjuntivo** is used in situations that call for the subjunctive in the past.

> *Present subjunctive:*
> Ahora la profesora insiste en que los estudiantes **vengan** a clase.
> *Past subjunctive:*
> En el pasado no insistía en que los estudiantes **vinieran** a clase.
>
> *Present subjunctive:*
> Me alegro de que **haga** buen tiempo hoy.
> *Past subjunctive:*
> Era lástima que **hiciera** mal tiempo ayer.
>
> *Present subjunctive:*
> Es posible que Joaquín **tenga** examen el lunes.
> *Past subjunctive:*
> Es imposible que **tuviera** examen el domingo pasado.

Ⓐ Una fiesta. Jorge and Joaquín had a party at their apartment last night. Today Joaquín looks back and makes comments about the arrangements and how well things went. Fill in the blanks in his statements with the appropriate forms of the past subjunctive, as in the example.

> EJEMPLO: Era importante que nosotros _compráramos_ (comprar) legumbres.

1. Era triste que nosotros no _____ (tener) mucho espacio.

2. Era mejor que nosotros _____ (comer) en el patio.

3. Era bueno que Felipe _____ (traer) su guitarra.

4. Era importante que Carmen _____ (venir) y que ella _____

   (tocar) su guitarra también.

5. Era lástima que Luisa y su hija no _____ (poder) venir.

6. Era necesario que Jorge _____ (ir) al mercado.

7. También era necesario que Jorge _____ (pasar) por el banco.

8. Me gustó que Alfonsina _____ (preparar) los sándwiches.

9. Con todos estos arreglos, era imposible que nosotros no _____ (divertirse).

Ⓑ ¿Qué te parecía? Express how you feel about the following statements related to student life at your high school. Begin each sentence with **me gustaba que** or **no me gustaba que,** and change the verbs to the past subjunctive, as in the example. Make sentences affirmative or negative, as appropriate.

> EJEMPLO: (No) Teníamos muchos exámenes. →
>
>   _(No) Me gustaba que (no) tuviéramos muchas exámenes._

1. La escuela (no) era vieja.

   _____

2. La escuela (no) ponía énfasis[1] en los deportes.

   _____

[1] *emphasis*

3. La escuela (no) tenía un programa excelente de educación musical.

   _____

4. Los conjuntos musicales famosos (no) venían a la ciudad.

   _____

5. Los libros de texto (no) eran modernos.

   _____

6. Los profesores (no) sabían las materias que enseñaban.

   _____

7. Los profesores (no) daban mucha tarea.

   _____

8. (No) había* mucho que hacer.

   _____

C **Un esquema.** Fill in the chart with the appropriate forms of the past subjunctive.

INFINITIVO	yo	nosotros/as	ellos/as
		pusiéramos	
	estuviera		
			dijeran
divertirse			
			prefirieran
dormir			
	trajera		
			quisieran

CONCEPTO: El subjuntivo con expresiones causales o de influencia (página 282)

A **Tú y yo somos rivales.** You have become friendly rivals with one of your classmates. Anticipate what you will say to him/her about the following activities, as in the examples.

EJEMPLOS: ganar →

   Quiero ganar. No quiero que tú ganes.

   perder →

   No quiero perder. Quiero que tú pierdas.

_____

*¡OJO! The infinitive of **había** is **haber**. It is an irregular verb in the preterite.

1. llegar primero

   _____

2. terminar primero

   _____

3. tener mucho dinero

   _____

4. ser famoso/a

   _____

5. encontrar buen trabajo

   _____

6. comprar un coche elegante

   _____

B **¿Sí o no?** Professor Ramos is asking the class some questions. Using the elements provided, form his questions. Then, write what you think would be the students' responses, whether affirmative or negative, as in the example.

EJEMPLO: Querer / Uds. / que / yo / anunciar / un examen →

—¿Quieren Uds. que yo anuncie un examen?

— No, no queremos que Ud. anuncie un examen.

o —Sí, queremos que Ud. anuncie un examen.

1. Desear / Uds. / que / yo / dar / mucha tarea

   —_____

   —_____

2. Querer / Uds. / que / yo / devolver / la tarea de ayer

   —_____

   —_____

3. Querer / Uds. / que / yo / despedir / la clase temprano

   —_____

   —_____

4. Querer / Uds. / que / yo / venir / a clase el viernes

   —_____

   —_____

5. Insistir / Uds. / en que / yo / estar / en mi oficina mañana

   —_____

   —_____

6. Querer / Uds. / que / yo / explicar / otra vez el subjuntivo

_____

_____

7. Preferir / Uds. / que / yo / repetir / los nuevos verbos

_____

_____

8. Desear / que / yo / pasar / una película en español

_____

_____

⊙ Deseos. Using the present subjunctive, make a list of at least six things that parents want for their children, as in the example.

EJEMPLO: *Los padres quieren que sus hijos sean felices.* _____

1. _____

2. _____

3. _____

4. _____

5. _____

6. _____

DIÁLOGO: ¿Más película?   (página 284)

Para completar. Using information from the dialogue, complete the narrative summary by filling in the blanks with appropriate items from the following list.

Chichén Itzá   sus fotos del viaje
recomienda   sus padres
sacrificios humanos   sus rollos de película
salir   tantas cosas
saque más fotos   un sitio turístico

Elena y David están en _____[1] muy famoso. Elena está preocupada; no quiere que

David _____[2]. A David le sorprende porque fue en esa isla donde los aztecas hacían

_____[3]. Elena dice que David va a necesitar _____[4] porque en

_____[5] la película cuesta mucho.

David espera que _____[6] salgan bien porque quiere que

_____[7] las vean. David sabe que ha tenido la oportunidad de ver

_____[8] que sus padres no han visto. Elena _____[9] que David

compre más película antes de _____[10] para Chichén Itzá.

RECOMBINACIÓN

A **Una conversación incompleta.** Fill in the blanks in the following conversation with any appropriate completion. ¡OJO! When the blanks are preceded by the word **que,** you will need to complete the sentence with a verb form.

TÚ: ¿Quieres ir a la fiesta en mi casa esta noche?

JORGE: Sí, _____ y quiero que Joaquín _____ .

¿_____ que él nos acompañe?

TÚ: Claro. ¿Por qué me preguntas eso?

JORGE: Bueno, es posible que tú _____ .

TÚ: Pues, me gusta que _____ .

JORGE: Está bien. ¿Cuándo _____ ?

TÚ: Buena pregunta. Es necesario que _____ cuando _____ .

JORGE: Entiendo. ¿Prefieres que yo _____ ?

TÚ: No importa.

JORGE: ¿Quieres que yo traiga _____ ?

TÚ: ¡Sí! A todos nos gusta que _____ .

JORGE: Bueno, hasta entonces.

TÚ: _____ .

B **Combinaciones.** Write sentences with the words given, as in the examples. You may use the words in any order. Words or phrases in parentheses may be used in any form you wish; otherwise, use the words in the form given.

EJEMPLOS: es posible, graduación →

Es posible que yo no vaya a la graduación de mi hermana.

(sorprender), (ahorrar) →

Me sorprende que no puedas ahorrar dinero.

1. (nacer), bautizo

_____

2. probable, (vestirse de luto)

_____

3. (sorprender), (sentir)

_____

4. lástima, (divorciarse)

_____

5. quinceañera, no es seguro que

_____

6. boda, es interesante que

_____

7. me gradúe, cuando

_____

8. noviazgo, esperamos que

_____

C **La lógica.** Choose elements from the following columns to write at least five logical sentences. Add the conjunction **que,** as needed, and any other necessary words.

yo	alegrarse de	ayer	aquí
mis amigos y yo	casarse	en el pasado	con alguien que no conozco
(I)	esperar	la universidad	en México
	morir	los estudiantes	ir a una fiesta
un amigo / una amiga	sentir	recientemente	llegar tarde
mis abuelos	vivir	tú	tener éxito[1]
mis profesores	¿ ?	¿ ?	¿ ?
¿ ?			

1. _____

2. _____

3. _____

4. _____

5. _____

[1]tener... *to be successful*

D **Comparaciones.** On a separate sheet of paper, write a paragraph of seven to nine sentences in length that describes the life of a person from your parents' generation (e.g., a relative, a celebrity, or a close friend). Use at least three words from each of the four columns in your description. You will need to conjugate the verbs and add words and phrases as necessary.

cierto	boda	casarse	antes
claro	luna de miel	dar a luz	cuando
evidente	muerte	graduarse	después
interesante	nacimiento	nacer	entonces
seguro	noviazgo	morir	luego
verdad	vida	vivir	más tarde

EJERCICIOS DE LABORATORIO

PRONUNCIACIÓN: *b, v*

The letters **b** and **v** have identical pronunciation in Spanish. At the beginning of a phrase or sentence, after a pause, and after the letters **m** or **n**, the **b** or **v** is pronounced as in the English word *boy* (**bueno**). In other positions the **b** or **v** is pronounced with a softer sound (**navegar**).

Para pronunciar

(A) Repeat the following words.

Bogotá   Barcelona   también   cambio   invierno   bautizo   velorio   conversar   nombre   vida

(B) Repeat the following words, paying special attention to the softer sound.

abuela   noviazgo   saber   nuevo   abogado   Roberto   divorcio   universidad   evidente   probable

DIÁLOGO: El nacimiento   (página 262)

Empareja las frases. La primera mañana en Veracruz, Elena recibe un mensaje explicando que necesita llamar a su madre. Elena hace la llamada y recibe buenas noticias.

Listen to the conversation. Feel free to rewind the tape to listen again, if necessary. Then match the characters in column A with the appropriate descriptions in column B. Repeat the correct answers.

A

1. _____ Lucía es

2. _____ María de la Concepción es

3. _____ Miguel es

4. _____ Los padres de Miguel son

B

a. la tía de María de la Concepción.
b. el esposo de Lucía.
c. los padrinos de María de la Concepción.
d. la niña de Lucía y Miguel.
e. la hermana de Amalia.

CONCEPTO: El subjuntivo   (página 264)

(A) Para completar. Professor Ramos is a very demanding teacher. As you listen to his instructions, fill in the missing words. You will hear the instructions twice.

Primero, quiero que Uds. _____[1] a clase a tiempo. No me gusta que nadie

_____[2] tarde. En la clase es importante que todos _____[3] y que

tomen apuntes en un cuaderno. Prefiero que _____[4] todas las tareas e insisto en

que _____[5] investigación[a] en la biblioteca. Sobre todo, espero que Uds.

_____[6] mucho. Yo sé que _____[7] buenos estudiantes.

[a] *research*

B **¿Qué quiere el profesor Ramos?** Take the role of Professor Ramos and continue to express your expectations, as in the example. Repeat the correct answers.

> EJEMPLO: (No quiero que nadie ... (hablar) durante mis conferencias.) →
> No quiero que nadie hable durante mis conferencias.

1. Pido que Uds. ... (estudiar) todos los días.

2. Recomiendo que Uds. ... (leer) fuera de clase.

3. No permito que nadie ... (comer) durante la clase.

4. Quiero que Uds. me ... (hacer) preguntas.

5. No quiero que nadie ... (hablar) inglés durante la clase.

6. Insisto en que Uds. ... (ir) a la biblioteca.

7. Sé que Uds. ... (ser) muy inteligentes.

CONCEPTO: El subjuntivo con expresiones impersonales
(página 267)

¿Qué opinas? React to the following statements by using the impersonal expressions given to you. Decide whether to use the indicative or the subjunctive, as in the example. Repeat the correct answers.

> EJEMPLO: La abuela cumple 80 años. (es increíble) → Es increíble que la abuela cumpla 80 años.

1. Yo estudio español. (es bueno)

2. Mis clases son buenas. (es importante)

3. Hay conflictos en el mundo. (es triste)

4. Nosotros vamos a la biblioteca esta tarde. (es verdad)

5. David aprende mucho en México. (es probable)

6. El Club Hispánico tiene muchas actividades. (es posible)

7. Sandra prepara una fiesta. (es cierto)

CONCEPTO: El subjuntivo con expresiones de emoción
(página 270)

Sandra habla. Sandra is a thoughtful and caring person. She hopes that things go well for her and also for others. Taking the role of Sandra, complete the sentences, as in the example. Repeat the correct answers.

> EJEMPLO: Espero recibir buenas notas.[1] (Espero que mi hermano también...) →
> Espero que mi hermano también reciba buenas notas.

1. Me alegro de tener buenos amigos. Me alegro de que David también...

2. Siento no ver a la abuela este verano. Siento que mis padres tampoco...

3. Me interesa encontrar un buen trabajo. Me interesa que mi prima también...

[1]grades

4. Estoy contenta de poder estudiar en el extranjero.[2] Estoy contenta de que Jorge y Joaquín también...

5. Temo salir mal en el examen de historia. Temo que mi amiga también...

6. Espero ayudar a otras personas. Espero que mis amigos y yo...

[2]en... *abroad*

DIÁLOGO: La boda

(página 272)

¿Es cierto o no es cierto? Mientras pasean por la ciudad de Veracruz, David y Elena pasan enfrente de una iglesia en Veracruz. Allí ven a unos recién casados saliendo de la iglesia.

Listen to the conversation. Feel free to rewind the tape to listen again, if necessary. Then determine whether the following statements are true (**Es cierto**) or false (**No es cierto**). Repeat the correct answers.

	ES CIERTO	NO ES CIERTO
1. David y Elena ven el final[1] de una boda.	☐	☐
2. A Elena le molestan las bodas.	☐	☐
3. David dice que las bodas cuestan poco dinero.	☐	☐
4. David quiere casarse muy pronto.	☐	☐
5. En las universidades estadounidenses hay residencias para matrimonios.	☐	☐
6. Muchos estudiantes prefieren terminar sus estudios antes de casarse.	☐	☐

[1]end

DIÁLOGO: En la universidad

(página 273)

Empareja las frases. Unos amigos de David van a un **partido** de béisbol, donde comen muchas palomitas de maíz y charlan bastante.

Listen to the conversations. Feel free to rewind the tape to listen again, if necessary. Then match the descriptions in column A with the appropriate characters in column B. Repeat the correct answers.

A	B
1. _____ Se casa con Ángela.	a. El profesor Brewer
2. _____ No tiene vacaciones en este momento.	b. Ángela
	c. Mercedes
3. _____ Quiere ir de compras con María.	d. Jaime
	e. Marisol
4. _____ Celebró su aniversario de bodas recientemente.	
5. _____ Pregunta por su padre.	

CONCEPTO: El subjuntivo con expresiones temporales

(página 275)

¿Cuándo... ? Ramón is a procrastinator at times. Taking the role of Ramón, answer the questions with the information provided, as in the example. Repeat the correct answers.

EJEMPLO: ¿Cuándo vas a ir a la biblioteca? / (cuando (ser) necesario) →
Voy a ir a la biblioteca cuando sea necesario.

1. ¿Cuándo vas a escribir la composición? / cuando yo (terminar) el partido de fútbol

2. ¿Cuándo vas a preparar la presentación? / cuando la profesora (insistir)

3. ¿Cuándo vas a leer los libros? / cuando (llegar) el día del examen

4. ¿Cuándo vas a trabajar? / cuando yo (necesitar) dinero

5. ¿Cuándo vas a empezar la tarea? / cuando yo (encontrar) papel

6. ¿Cuándo vas a limpiar la casa? / cuando yo (tener) más tiempo

VOCABULARIO: Los eventos importantes de la vida (página 277)

¿Qué evento es? You will hear comments that are said on the occasion of some important events. After each comment, identify the event, choosing from the list, as in the example. Repeat the correct answers.

la boda	la graduación	el nacimiento
el divorcio	la luna de miel	el noviazgo
el entierro		

EJEMPLO: ¡Felicidades,[1] Patricia y Paco! 36 años de matrimonio. Espero que tengan muchos más. →
Es el aniversario.

1. ... 2. ... 3. ... 4. ... 5. ... 6. ... 7. ...

[1]Congratulations

DIÁLOGO: La muerte (página 278)

¿Es cierto o no es cierto? El domingo por la mañana, David y Elena toman un café mientras leen el periódico en la terraza de un café cerca de su hotel. David comenta sobre una diferencia que ha notado entre los periódicos de su país y los de México.

Listen to the conversation. Feel free to rewind the tape to listen again, if necessary. Then determine whether the following statements are true (**Es cierto**) or false (**No es cierto**). Repeat the correct answers.

	ES CIERTO	NO ES CIERTO
1. David y Elena hablan del periódico del domingo.	☐	☐
2. David lee un periódico de los EE. UU.	☐	☐
3. David nota una diferencia cultural entre los periódicos de dos países.	☐	☐
4. Las esquelas de defunción son comunes en México.	☐	☐
5. En los EE. UU. las esquelas de defunción son más comunes que las notas necrológicas.	☐	☐

DIÁLOGO: En la universidad (página 279)

Para escoger. Después de las clases, los amigos de David toman un refresco en un bar cerca de la universidad. Hablan de unos aspectos de sus vidas actuales.

Listen to the conversations. Feel free to rewind the tape to listen again, if necessary. Then choose the most appropriate ending to the following sentences. Repeat the correct answers.

1. La abuela de Carmen y Celia _____
   a. se viste como ellas.
   b. se viste de luto.
   c. está con ellas en Wisconsin.

2. La profesora Martínez _____
   a. hizo los planes para la fiesta.
   b. les dio mucha tarea a los estudiantes.
   c. no quiso planear la fiesta.

3. Esta tarde Alfonsina va a _____
   a. buscar una tarjeta.
   b. comprar ropa en el centro.
   c. llamar a su tía.

4. Alfonsina tiene que escribir _____
   a. una composición.
   b. una nota a su tía.
   c. una carta de negocios.

CONCEPTO: El subjuntivo con expresiones causales o de influencia (página 282)

El cumpleaños de Sandra. Sandra is making plans for her birthday party. Taking the role of Sandra, complete each sentence, as in the example. Repeat the correct answers.

EJEMPLO: Quiero invitar a muchas personas. Quiero que mi madre... →
Quiero que mi madre invite a muchas personas también.

1. Quiero preparar una comida sabrosa. Quiero que mi tío...

2. Prefiero celebrar mi cumpleaños en casa. Mis padres prefieren que nosotros...

3. Quiero tener una torta de chocolate. Mi tía quiere que nosotros...

4. Prefiero llevar ropa informal. Prefiero que los invitados...

5. Deseo bailar en la fiesta. Deseo que todos mis amigos...

6. Quiero ayudarle a mi madre antes de la fiesta. Quiero que mis primos...

 EN ACCIÓN (página 285)

Ⓐ **La clase del profesor Ramos.** As you saw earlier in this chapter, Professor Ramos is a demanding teacher. However, he is also very popular. Listen to Alfonsina's comments about his class. Feel free to rewind the tape to listen again, if necessary. Then answer the following questions and repeat the correct answers. First, listen to the questions you will be asked.

1. ¿En qué insiste el profesor Ramos?

2. ¿Es una clase muy activa o muy aburrida?

3. ¿Quiere el profesor Ramos que todos participen?

4. ¿Qué les gusta a los estudiantes?

5. ¿Qué les molesta a los estudiantes?

Ⓑ **En quince años...** David's friends in Wisconsin are having fun at a party. Specifically, Jorge is predicting what his friends' lives will be like in fifteen years. Listen to Jorge's predictions. Then react to his statements with the expressions in parentheses, as in the examples. Repeat the correct answers.

EJEMPLOS: Carmen va a vivir en Nueva York. (Es posible) →
Es posible que Carmen viva en Nueva York.

David va a tener una familia grande. (Es seguro) →
Es seguro que David va a tener una familia grande.

1. Luis va a ser padre de seis hijos. (No es probable)

2. Alfonsina y Tomás se van a casar. (No es cierto)

3. Luisa y su familia van a vivir en Miami. (Es evidente)

4. David va a vivir en México. (Es probable)

5. Nosotros vamos a ser amigos todavía. (Es verdad)

6. Felipe va a tener mucho dinero. (Espero)

7. Alfonsina va a ser estudiante todavía. (Es imposible)

CAPÍTULO 10 El ambiente

EJERCICIOS ESCRITOS

DIÁLOGOS: ¿Y en tu país?
En la universidad

(páginas 296, 297)

¿Qué sabes tú? Using information from the dialogues, answer the following questions with complete sentences.

1. ¿Dónde están Elena y David?

   _____

2. Según David, ¿cuáles son dos de las diferencias entre los bosques de los EE. UU. y las selvas de México?

   _____

3. ¿Cuál es el papel[1] del gobierno en cuanto a los bosques de México y de los EE. UU.?

   _____

4. ¿De qué problema hablan Jorge y Joaquín?

   _____

5. ¿Por qué existe este problema, según Joaquín?

   _____

6. ¿Cuáles son los países de María y Tomás?

   _____

7. En los países de María y Tomás, ¿dónde es el aire completamente puro?

   _____

[1]role

8. ¿De qué problema hablan Celia y Marisol?

_____

9. ¿Cómo comparan el problema de México con el problema de España?

_____

10. Según Celia, ¿qué problema tienen en España?

_____

VOCABULARIO: El medio ambiente (página 298)

Ⓐ **Empareja las frases.** Identify each natural disaster described and write the appropriate letter in the blank provided, as in the example.

        EJEMPLO: _a_ Éste, llamado Hugo, causó muchos daños en Puerto Rico en 1990.

A	B
1. ____ Una famosa ocurrió en Chicago en el siglo XIX, según la anécdota de la vaca de la Sra. O'Leary.	a. huracán
	b. incendio
2. ____ En Oakland ocurrió uno de éstos durante la Serie Mundial de Béisbol.	c. contaminación
	d. inundación
3. ____ En la Biblia se describe una de éstas relacionada con Noé.	e. terremoto
	f. tornado
4. ____ Ocurre cada año en las selvas brasileñas a causa de las lluvias tropicales.	
5. ____ Ocurre frecuentemente en la primavera y el verano en la parte central de los EE. UU.	
6. ____ Es un problema serio en las ciudades grandes.	

Ⓑ **¿Es cierto o no es cierto?** Read the following statements about ecology and the effects of certain natural disasters, and state whether they are true (**Es cierto**) or false (**No es cierto**).

	ES CIERTO	NO ES CIERTO
1. Frecuentemente, unos temblores menores preceden y siguen a un terremoto.	☐	☐
2. La contaminación no afecta la calidad del aire.	☐	☐
3. Después de un terremoto, existe el peligro de un incendio.	☐	☐
4. La lluvia ácida es el resultado de un tornado.	☐	☐
5. Hay incendios grandes después de un terremoto, especialmente en áreas urbanas como México, D.F. y San Francisco.	☐	☐
6. Los huracanes sólo ocurren en el invierno.	☐	☐

EN ACCIÓN (página 301)

Ⓐ **Para leer: del libro del viajero.** In one of their travel books, David and Elena find a description of the geography of Mexico. Before reading the passage, look at the **Antes de leer** section for reading strategies.

Antes de leer

Anticipating the content of a reading can help prepare you for the reading as well as minimize the number of unfamiliar words you look up. There are several strategies for anticipating content. One way is to scan the post-reading comprehension questions before you actually begin the reading itself. These questions can serve as an outline to the reading and let you know what to expect.

Flip to the **Después de leer** section and scan the questions to get some sense of the kinds of things to look for in the reading.

México: un país árido y lluvioso

En México hay algo parecido a un cinturón[1] de tierra de 1.280 kilómetros de largo por 160 de ancho desde el cabo[2] Corrientes, en Jalisco, al oeste hasta Tuxtla, en Veracruz, al este. Esta zona montañosa puede considerarse el límite entre América del Norte y América Central. Al sur de esta línea, un grupo de montañas menores forma la Sierra Madre del Sur, estrechándose[3] hasta alcanzar[4] en el istmo de Tehuantepec algo menos de 160 kilómetros de anchura. También hay montañas en el este del istmo que continúan hasta Guatemala, mientras que al norte la península de Yucatán se extiende plana[5] y con mucha vegetación.

Gran parte de México se caracteriza por montañas y mesetas, mientras que en el norte predominan los desiertos. En Baja California y en los estados de Sonora, Chihuahua y Durango, en el norte, el desierto es el enemigo[6] de la naturaleza, y sólo por medio de la irrigación se puede cultivar la tierra. En la costa del Golfo llueve en exceso y los agricultores tienen que enfrentar un crecimiento desmedido de agua.[7] Mientras que algunas zonas del norte reciben sólo diez centímetros de lluvia al año, algunos lugares de la costa del Golfo reciben seis metros. En la altiplanicie[8] central, donde se cultiva la mayor parte del maíz y judías[9], la lluvia es irregular. A veces muy poco, a veces un torrente.

Muchos bosques mexicanos ya no existen. La tala[10] indiscriminada comienza en tiempos coloniales y continúa hoy en día: unos para cultivar los suelos,[11] y otros para la explotación minera a gran escala.[12] Zacatecas, la región de la plata, cambió mucho a causa de la tala masiva. Los niveles de pluviosidad[13] han descendido; la destrucción de los bosques ha traído como consecuencia un cambio climático. En otro tiempo lo inaccesible de los bosques era una medida de protección. Esto ya no es así. México cuenta hoy en día con más de 200.000 kilómetros de carreteras, de las cuales cerca de un tercio[14] están pavimentadas.[15] El país carece de transporte fluvial.[16] Los ríos son pocos y no navegables.

[1]*belt* [2]*cape* [3]*stretching, extending* [4]*reach* [5]*flat* [6]*enemy* [7]*crecimiento... excessive growth* [8]*high plateau* [9]*beans* [10]*felling of trees* [11]*land* [12]*minera... large scale mining* [13]*rain* [14]*third* [15]*paved* [16]*carece... lacks river transportation*

Después de leer

Answer the following questions with complete sentences.

1. ¿Qué es la Sierra Madre del Sur? ¿Dónde se encuentra?

   _____

   _____

2. ¿Cómo se caracteriza el norte de México?

   _____

   _____

3. ¿Cómo se cultiva la tierra en el desierto?

   _____

   _____

4. ¿Cuál es una de las diferencias entre el norte de México y la costa del Golfo?

_____

_____

5. ¿Por qué ya no existen muchos bosques en México?

_____

_____

6. ¿Qué efecto ha tenido la tala[1] masiva en Zacatecas?

_____

_____

7. ¿Por qué ya no son inaccesibles[2] los bosques de México?

_____

_____

8. México no tiene transporte fluvial.[3] ¿Por qué?

_____

_____

[1]felling of trees   [2]inaccessible   [3]transporte... *river transportation*

Ⓑ Para escribir: diálogo incompleto. David finds himself making small talk with a Mexican tourist at the ruins, and is curious about the gentleman's daily routine. Fill in David's part of the dialogue with any appropriate completions.

DAVID: Buenas tardes, señor, hago una investigación informal para una clase de sociología. ¿Me permite Ud. hacerle unas preguntas sobre su rutina diaria?

SEÑOR: Sí, cómo no. ¿Qué quieres saber?

DAVID: Bueno, _____

SEÑOR: Soy arquitecto.

DAVID: _____

SEÑOR: Trabajo en una oficina en el centro.

DAVID: _____

SEÑOR: Soy madrugador,[1] y me levanto temprano, como a las cinco de la mañana.

DAVID: _____

SEÑOR: Llego a la oficina entre las ocho y media y las nueve.

DAVID: _____

SEÑOR: Bueno, yo trato de hacerlo, pero hoy día es cada vez más[2] difícil volver a casa para la comida. Con frecuencia es necesario que yo me encuentre con clientes o que trabaje con mis socios durante la comida.

DAVID: Comprendo. _____

[1]early riser   [2]cada... *more and more*

SEÑOR: No, mi oficina está lejos de mi casa.

DAVID: _____

SEÑOR: Generalmente, vuelvo a casa entre las siete y las ocho.

DAVID: _____

SEÑOR: Los domingos, nunca, pero algunas veces tengo que ir a la oficina los sábados. Depende del proyecto.[3]

DAVID: Sí, claro. Y, _____

SEÑOR: Generalmente me acuesto temprano como a las diez y media, porque me levanto temprano.

DAVID: Bueno, eso es todo. Ha sido un placer[4] charlar con Ud., y muchas gracias por su tiempo.

SEÑOR: No hay de qué. El gusto es mío.

DAVID: Adiós.

SEÑOR: Adiós.

[3]*project*   [4]Ha... *It has been a pleasure*

DIÁLOGOS: Animales mitológicos En la universidad

(páginas 304, 306)

¿Qué recuerdas tú? Using information from the dialogues, complete the following statements by writing the appropriate letters in the blanks provided.

1. Se ven muchas figuras de animales en _____ .
    a. las casas
    b. las ciudades
    c. las ruinas

2. En las mitologías indígenas hay algunos animales como _____ .
    a. el jaguar y el mono
    b. el elefante y el tigre
    c. el perro y el gato

3. Quetzalcóatl fue uno de _____ principales de los aztecas.
    a. los dioses
    b. los ministros
    c. los presidentes

4. Para los zapotecas, el murciélago representa la oscuridad[1] y _____ .
    a. lo malo
    b. la muerte
    c. la vida

5. Los norteamericanos creen que la corrida de toros _____ .
    a. es buena
    b. es cruel
    c. no es interesante

6. Celia cree que los norteamericanos son hipócritas porque _____ .
    a. van a las corridas de toros
    b. les encantan los toros
    c. comen animales

7. A la señora Brewer le encantan _____ .
    a. los gatos
    b. los murciélagos
    c. los jaguares

8. A Marisol también le gustan pero dice que son _____ .
    a. más populares en México
    b. muy feos en México
    c. menos populares en México

9. El animal favorito de Tomás es _____ .
    a. la serpiente
    b. el buho
    c. la vaca

[1]*darkness*

10. Tomás dice que el ganado[2] es una de las industrias _____ de Argentina.

   a. más crueles   b. menos necesarias   c. más importantes

[2]*livestock*

VOCABULARIO: Los animales   (página 307)

Ⓐ Empareja las frases. Identify each animal described and write the appropriate letter in the blank provided, as in the example.

   EJEMPLO: __d__ «prima» del caballo, conocida por sus listas[1] blancas y negras

A	B
1. _____ gato grande, «rey[2] de la selva»	a. elefante
	b. león
2. _____ animal carnívoro de cola larga, muy inteligente	c. tigre
	d. cebra
3. _____ marsupial de Australia que lleva su cría[3] en una bolsa[4]	e. mono
	f. canguro
4. _____ gato grande con rayas[5] negras	g. zorra
	h. foca
5. _____ animal muy alto de cuello muy largo	i. jirafa
	j. oso
6. _____ el animal más grande de la tierra	
7. _____ animal que es similar a los seres humanos[6]	
8. _____ animal que duerme todo el invierno	
9. _____ animal marino; algunas viven en la Bahía de San Francisco	

[1]*stripes* [2]*king* [3]*young* [4]*pouch* [5]*stripes* [6]*seres... human beings*

Ⓑ Empareja las frases. Match the foods in column A with the animals associated with them in column B by writing the appropriate letter in the blank provided, as in the example.

   EJEMPLO: __a__ camarones

A	B
1. _____ hamburguesa	a. marisco
	b. cabra
2. _____ pollo frito	c. cerdo
	d. gallina
3. _____ jamón	e. oveja
	f. vaca
4. _____ chuleta de cordero	g. pescado
5. _____ chuleta de puerco	
6. _____ cangrejo	
7. _____ huevos	
8. _____ biftec	
9. _____ atún	
10. _____ queso	
11. _____ leche	

C **Animales famosos.** Describe the following famous animals in detail. Include each animal's type, size, color(s), personality characteristics, and any other pertinent details.

1. Garfield

_____

_____

_____

2. Snoopy

_____

_____

_____

3. Daffy Duck

_____

_____

_____

4. Hobbes

_____

_____

_____

5. Scooby-Doo

_____

_____

_____

6. Lassie

_____

_____

_____

D **Asociaciones.** Name at least two animals that you associate with each of the following places and events.

1. un circo[1] _____

2. un rodeo _____

3. una granja[2] _____

4. tu casa _____

5. el desierto _____

6. las montañas _____

[1]circus [2]dairy farm

7. el mar _____

8. el bosque _____

9. México _____

10. un zoológico _____

11. la selva _____

12. China _____

13. África _____

Ⓔ Las mascotas.[1] Answer the following questions about pets with complete sentences.

1. ¿Tienes alguna mascota aquí en la universidad? ¿Qué animal es?

_____

2. ¿Cuando tenías 12 años, ¿tenías alguna mascota? Si no tenías, ¿querías tener una? ¿Qué animal querías? Describe el animal.

_____

_____

3. ¿Qué te parecen los gatos y los perros?

_____

4. En tu opinión, ¿cuáles son mejores, los gatos o los perros?

_____

5. ¿Tiene alguno/a de tus amigos/as un caballo? ¿Dónde lo tiene?

_____

6. ¿Qué animal es una mascota exótica en tu opinión? ¿Por qué?

_____

7. ¿Tiene tu amigo/a una mascota exótica? ¿Qué animal es?

_____

[1]pets

FACETA CULTURAL: Las islas Galápagos

Many areas of Latin America are known for species of plants and animals that are unique to the region. There are few places in the world more famous for unique species of animals than the Galapagos Islands.

These islands of the Pacific, located approximately 650 miles west of Ecuador, were discovered by the Spanish in 1535. Much of their fame, however, is owed to the English naturalist Charles Darwin who visited the Galapagos in 1835. While on the islands, Darwin was able to collect data to support his theory of natural selection. Darwin's observations of the differences between the unique animals of the islands and their relatives on the mainland and on other islands in the archipelago served for what he offered as proof of the ability of animal and plant life to adapt to its surroundings.

These rocky islands have never supported large, permanent settlements of people, although current residents and visitors are served by a town with a port, hotels, restaurants, and other businesses. Currently the islands also house a satellite tracking station and a research post dedicated to the breeding of the Galapagos turtles, which no longer exist in the wild. The islands have been known for these remarkable tortoises, documented to live for up to 160 years. The many animals of the islands have no fear of humans or each other because there are no natural predators on the islands. Visitors can swim with seals, pet monkeys and lizards, and observe wildlife from very close range.

There have been violent incursions on the islands' natural inhabitants. For example, in the nineteenth century the Galapagos turtles were captured for their meat and oil. Yet, due to the islands' isolation, their protected state as an Ecuadorian national park, and the restriction of tourism by the government, the islands remain a valuable source of information about the evolutionary process.

EN ACCIÓN (página 309)

Ⓐ Para leer: la campaña de rescate del lobo gris mexicano. Before reading this letter to the editors from a Mexican nature and travel magazine, *México desconocido*, look at the **Antes de leer** section for reading strategies.

Antes de leer

You may be surprised to learn that wolves are an endangered animal in Mexico, although the government has taken steps to prevent their extinction. Before reading, scan the passage for vocabulary that suggests the wolf's endangered status and the efforts underway to protect the species.

Campaña de rescate[1] del lobo gris mexicano

Desde su aparición,[2] *México desconocido* se ha preocupado por dar a conocer a sus lectores[3] la gran diversidad y belleza de las especies que conforman nuestra fauna y ha hecho un llamado para proteger y conservar aquéllas que se encuentran en peligro de extinción.

En esta ocasión queremos aprovechar el apoyo[4] que los editores nos han brindado[5] y hacer un llamado a los lectores de la revista para que colaboren en el Programa de Rescate del Lobo Gris Mexicano, la cual es una de las especies de nuestra fauna que se encuentra en peligro de extinción inminente.

Las poblaciones del lobo gris mexicano han sido diezmadas[6] debido principalmente al uso extensivo y excesivo de un veneno[7] utilizado en las campañas de control de depredadores[8] y a la destrucción de su hábitat. Esto ha dado como resultado que en la actualidad no subsistan más de 20 ó 30 lobos en estado silvestre.[9]

A pesar de ser[10] una especie protegida y de que el gobierno federal está desarrollando[11] un programa de reproducción en cautiverio[12] para aumentar[13] el número de individuos existentes (en la actualidad se cuenta con 12 lobos mexicanos puros), todavía es necesario realizar varias actividades que nos permitan garantizar la sobrevivencia[14] del lobo: es necesario buscar y determinar el número y estado de los lobos silvestres;[15] hay que crear un banco de semen para intentar inseminaciones artificiales; es necesario construir y mantener nuevos albergues[16] para alojar más parejas reproductoras; es indispensable

[1]Campaña... *Rescue Campaign* [2]*appearance* [3]dar... *let its readers know* [4]aprovechar... *to make good use of the support*
[5]nos... *have offered us* [6]*decimated* [7]*poison* [8]*plunderers, pillagers* [9]en... *in the wild* [10]A... *In spite of being* [11]*developing*
[12]*captivity* [13]*increase* [14]*survival* [15]*in the wild* [16]*shelters, reserves*

desarrollar campañas de información a nivel[17] rural para que se reconozca la importancia y necesidad de proteger a esta especie como parte primordial de los ecosistemas en que vive, y evaluar los sitios que ofrezcan las características necesarias para albergar[18] poblaciones silvestres viables de lobos mexicanos.

[17]*level*   [18]*shelter*

Después de leer

Paso 1. Estudio de palabras. Go back to the reading to find the equivalent Spanish phrases for the following English phrases and write them in the spaces provided. Note the similarity between the two languages and the spelling changes that occur from English to Spanish.

1.   great diversity   _____
2.   to conserve   _____
3.   to collaborate   _____
4.   imminent extinction   _____
5.   decimated populations   _____
6.   extensive and excessive use   _____
7.   destruction of its habitat   _____
8.   result   _____
9.   to determine   _____
10. artificial inseminations   _____
11. ecosystems   _____
12. necessary characteristics   _____

Paso 2. ¿Es cierto o no es cierto? Determine whether the following statements from the reading are true (**Es cierto**) or false (**No es cierto**).

		ES CIERTO	NO ES CIERTO
1.	El gobierno federal mexicano tiene un programa para aumentar[1] el número de lobos existentes.	☐	☐
2.	Según la carta, en la actualidad hay cientos de lobos en estado silvestre en México.	☐	☐
3.	El lobo es una especie protegida en México.	☐	☐
4.	La destrucción del hábitat del lobo es una causa de su extinción inminente.	☐	☐
5.	Según la carta, el lobo forma parte primordial de los ecosistemas en que vive.	☐	☐
6.	Un problema es que la gente rural no reconoce la importancia del lobo en la naturaleza.	☐	☐

[1]*increase*

🅑 Rescate del lobo. Fill in the blanks in the following paragraph with the appropriate form of **ser, estar,** or **tener** in the following list. Be aware of the tense and mood that are appropriate.

        ser: es/era/sea
    estar: está/estaba/esté
    tener: tiene/tenía/tenga

El lobo gris en México _____[1] un animal que _____[2] en peligro de extinción, pero es bueno que, en los EE. UU. y en el Canadá, el lobo gris ahora no _____[3] miedo de desaparecer[a] de la tierra. En el pasado, los gobiernos canadienses y estadounidenses empezaron un programa de rescate[b] cuando se dieron cuenta de que el lobo _____[4] en peligro. Es bueno que el lobo _____[5] un animal fuerte y resistente porque en el pasado necesitaba luchar contra una sociedad que antes _____[6] miedo de un animal que _____[7] la mala suerte de ser carnívoro. Para rescatar[c] el lobo gris en México _____[8] esencial que el gobierno federal _____[9] prisa para realizar sus programas de reproducción en cautiverio[d] y de protección. Por eso, es posible que el lobo, que en el siglo XX _____[10] un animal en peligro, _____[11] un futuro prometedor[e] en México.

[a]disappearing [b]rescue [c]rescue [d]captivity [e]promising

VOCABULARIO: Los números ordinales   (página 311)

Ⓐ La beca. The following students applied for a scholarship. The review committee assigned points to each candidate based on their grades, activities, financial needs, and application essays. Look at the results and state how each one finished in the competition by using ordinal numbers, as in the example.

Brent	135	Lilian	140	Jeremy	210
Eduardo	185	Nicole	170	Anita	155
Teresa	160	Pamela	190	Scott	180

EJEMPLO: Brent salió *el noveno (último).*

1. Eduardo salió _____

2. Teresa salió _____

3. Lilian salió _____

4. Nicole salió _____

5. Pamela salió _____

6. Jeremy salió _____

7. Anita salió _____

8. Scott salió _____

Ⓑ Las clases. Tell in which semester you had, have, or are going to have a course in the following fields, if at all. Then state in which row and which seat you sat, sit, or are going to sit, as in the example.

EJEMPLO: español →

En mi primer semestre en la universidad, tenía/tengo/voy a tener una clase de español y me sentaba/me siento/me voy a sentar en la tercera fila[1] en el segundo pupitre de la derecha.

1.   ciencias políticas

_____

_____

[1]row

2. composición

_____

_____

3. matemáticas

_____

_____

4. ciencias naturales

_____

_____

5. ciencias sociales

_____

_____

6. historia

_____

_____

7. comercio[2]

_____

_____

8. literatura

_____

_____

[2]*business*

EN ACCIÓN   (página 312)

Ⓐ **Para leer: la fauna.** David and Elena find a passage on animals in Mexico in one of their travel books. Before reading the passage, look at the **Antes de leer** section for reading strategies.

Antes de leer

As you read the following passage, concentrate on reading the passage in Spanish, rather than translating it from Spanish to English. If you do this every time you approach a text in Spanish, you will gradually learn to comprehend passages in Spanish, without depending on English to understand them.

You can use several different reading strategies to comprehend texts in Spanish: 1) using cognates, which are especially prevalent in technical and scientific terms, 2) using your own knowledge of the topic being discussed, 3) skimming the titles and sub-titles beforehand to get a sense of the topics, 4) studying the glossed vocabulary words beforehand so that your reading isn't interrupted, and 5) guessing the meaning of unfamiliar words through their context in the sentence or paragraph.

First, look at the title of the following passage and its several sub-titles. What does the passage appear to be about and what kind of vocabulary do you anticipate? Second, study the glossed words for a couple of minutes. Finally, read the entire passage without looking up any words. As you read, concentrate on using your previous knowledge of the subject, using cognates, and guessing the meaning of unfamiliar words through their context in the passage.

La fauna

La fauna de México es muy rica y varía mucho según la zona, por lo que el país se puede dividir en cuatro áreas: las altiplanicies[1] y sierras, cuevas[2] (marinas y terrestres), zona tropical y fauna cercana[3] al agua.
Altiplanicies y sierras. Entre los carnívoros mexicanos está el coyote — coyotl, coyoacán o coyotopec—, conocido por sus aullidos.[4] No es extraño verlo en los suburbios de las ciudades, donde se alimenta de carroña[5] y pequeños animales... El puma o león americano, conocido por muchos, habita en las colinas y montañas rocosas[6] de México; su pelaje[7] va desde el gris pardo[8] al amarillo rojizo.[9] Otros felinos son: el bobcat, casi extinguido y el lince[10] rojo, muy característico de las zonas con poca capa arbórea.[11]

En cuanto a las aves se puede distinguir entre las zonas septentrional,[12] central y meridional.[13] Como ave representativa está el zopilote. Éste mide unos 60 centímetros de longitud y la envergadura de sus alas alcanza[14] los 130 centímetros. Se alimenta de carroña, y es común verlo en los cielos mexicanos.

Los reptiles y anfibios[15] son, en general, muy pintorescos. Entre los primeros, sobresalen[16] las iguanas, las lagartijas anolis[17] (típicas por su agilidad), los lagartos de collar[18] o el terrible monstruo de Gila. Están, además, las serpientes más venenosas[19] como la cobra y la mamba.
Las cuevas. Se ha calculado que existen actualmente ciento cincuenta y cuatro especies diferentes de murciélagos en las cuevas mexicanas. Por lo que parece, tres de estas especies, como mínimo, son vampiros y se alimentan de sangre.

En las cuevas submarinas la fauna es realmente pintoresca: aquí vive el pez cavernícola,[20] ciego[21] y sin pigmentación.
Zona tropical. Entre los herbívoros de la zona tropical predominan el ciervo,[22] el tapir[23] (localizado en Chiapas) y el pecarí,[24] similar al cerdo.

La zona tropical mexicana resulta un verdadero paraíso[25] para las aves, que están muy difundidas[26] por toda el área. Sobresale el quetzal, tanto por su importancia histórica como por su color rojo y verde. Hay además, el ave sol y un gran número de colibríes.[27]

Las representantes principales de los reptiles son la boa constrictora, que puede medir hasta 5 metros, y la venenosa y bella[28] serpiente coral. También hay gran número de especies de gran similitud[29] con aquéllas, pero totalmente inofensivas.

En esta zona abundan los arácnidos,[30] capaces de matar a un ratón o a un ave pequeña en pocos minutos. El veneno de algunos de ellos es fatal para los humanos.
Fauna cercana al agua. La fauna próxima al[31] agua dulce está formada, en su mayoría, por colonizadores que huyeron[32] de la escasez[33] de agua o de comida. Abundan también los cangrejos,[34] siendo el cangrejo violinista[35] residente habitual de los estuarios.[36]

Ya en las costas oceánicas, la fauna es completamente distinta, de tamaño[37] mucho más grande, formada por cocodrilos,[38] tortugas[39] o elefantes marinos.

[1]*high plateaus* [2]*caves* [3]*near* [4]*howls* [5]*se... it feeds on carrion* [6]*rocky* [7]*fur* [8]*dark* [9]*reddish* [10]*lynx* [11]*capa... green area* [12]*northern* [13]*southern* [14]*envergadura... wingspan reaches* [15]*amphibians* [16]*stand out* [17]*lagartijas... type of lizard* [18]*lagartos... type of lizard* [19]*poisonous* [20]*cave-dwelling* [21]*blind* [22]*deer* [23]*tapir* [24]*peccary* [25]*paradise* [26]*spread out* [27]*humming birds* [28]*venenosa... poisonous and beautiful* [29]*similarity* [30]*spiders* [31]*próxima... next to* [32]*fled* [33]*shortage* [34]*crabs* [35]*cangrejo... type of crab* [36]*estuaries* [37]*size* [38]*crocodiles* [39]*turtles*

Después de leer

¿Es cierto o no es cierto? Determine whether the following statements from the reading are true (**Es cierto**) or false (**No es cierto**).

		ES CIERTO	NO ES CIERTO
1.	Hay cuatro zonas diferentes en México.	☐	☐
2.	A veces los coyotes de México van a los suburbios de las ciudades para comer.	☐	☐
3.	Las aves, como el zopilote, no viven en las altiplanicies y sierras.	☐	☐

	ES CIERTO	NO ES CIERTO
4. En las cuevas mexicanas se encuentran pocas especies de murciélagos.	☐	☐
5. El quetzal es una de las aves más conocidas de la zona tropical.	☐	☐
6. En la zona tropical sólo existen serpientes venenosas como la serpiente coral.	☐	☐
7. Algunos arácnidos de la zona tropical son capaces de matar a los humanos.	☐	☐
8. La fauna próxima al agua dulce es distinta de la fauna en las costas oceánicas.	☐	☐

B **Para escribir: Frases incompletas.** Write endings to the following sentences that are true for you.

1. Me gusta dormir tarde _____

_____

2. Me levanto temprano cuando _____

_____

3. Me baño (No me ducho) cuando _____

_____

4. Algunas veces no puedo dormirme porque _____

_____

5. Me acuesto temprano si _____

_____

6. Me visto elegantemente cuando _____

_____

C **Composición controlada.** On a separate sheet of paper, write a brief composition of seven to nine sentences in length that describes your family. Use at least four words from each of the three columns. You may need to use a different form of the words in parentheses. Feel free to add any necessary words and phrases.

A	B	C
(abuelos)	(casarse)	apartamento
esposo/a	(enamorarse)	campo
(hermanos)	(estar)	casa
(hijos)	(estudiar)	ciudad
(padres)	hay	escuela
(primos)	(morir)	grande
	(nacer)	pequeño
	(ser)	trabajo
	(trabajar)	
	(vivir)	

EPISODIOS (página 316)

Detalles. On a separate sheet of paper, use the drawings to write two paragraphs that provide the information requested. Try to provide as many details as possible.

Paso 1. Describe the woman in the drawings, including her relation to the other objects and persons in the drawings and her physical appearance (e.g., prominent physical features, clothes, stature, etc.).

Paso 2. Now describe what the woman is doing in each of the eight drawings. Use your imagination and include as many details as possible.

Actividad comprensiva (página 318)

Detalles. On a separate sheet of paper, use the drawing to write two paragraphs that provide the information requested. Try to provide as many details as possible.

Paso 1. Write descriptions of the various characters in the scene, including what they are wearing, who they are talking to, what they are doing, and so on.

Paso 2. Use your imagination to write three minidialogues that might be overheard between the three pairs of characters in the foreground of the scene: the chef and the policeman, the mother and child, and the two men. Give each character at least three lines.

RECOMBINACIÓN

A **Una conversación incompleta.** Fill in the blanks in the following conversation with any appropriate completion.

TÚ: ¿Por qué no fuiste al cine con nosotros anoche?

JORGE: Bueno, no _____ porque _____ en mi casa.

TÚ: ¿_____? ¿En tu casa? ¿Anoche?

JORGE: ¡Sí! Joaquín _____ cuando _____ .

TÚ: ¿Y todo el mundo[1] está bien?

JORGE: Sí, afortunadamente,[2] pero _____ .

TÚ: ¿Es la primera vez que _____?

JORGE: No, el año pasado en mi país _____ .

TÚ: ¿Sí? ¿No te pasó nada a ti?

JORGE: Bueno, afortunadamente _____ personalmente, pero otras personas

no tuvieron tanta suerte como yo.

TÚ: Me dicen que en tu país también hay _____ algunas veces.

JORGE: Sí, es verdad. Y cuando hay _____, entonces es probable que

_____ también.

TÚ: ¡Qué pena! Bueno, me alegro de que esta vez _____ .

JORGE: Sí, tuvimos mucha suerte. Y por eso, ¿comprendes ahora por qué

_____?

TÚ: Sí, comprendo. Bueno, tal vez la próxima vez.

JORGE: Ojalá. _____ .

TÚ: _____ .

[1]todo... *everyone* [2]*fortunately*

B **Combinaciones.** Write sentences with the words given, as in the examples. You may use the words in any order. Words in parentheses may be used in any form you wish; otherwise, use the words in the form given.

EJEMPLOS: (limpio), (querer) →

Quiero que el aire esté limpio.

(contaminar), importante →

Es importante que no contaminemos el agua.

1. contaminación, ardilla

_____

2. ratón, vio

   _____

3. (tercero), fuimos

   _____

4. estábamos, incendio

   _____

5. teníamos, (ser)

   _____

6. mis, (quinto)

   _____

7. (preferir), (sexto)

   _____

8. calidad, (proteger)

   _____

C **La lógica.** Choose one element from each of the following columns to write at least five logical sentences. Add **que** as needed and any other necessary words.

A	B	C	D
①	desear	los estudiantes	estudiar mucho
	esperar	nosotros	ir al cine el viernes
mis abuelos	insistir en	otros amigos	jugar al tenis
mis amigos y yo	necesitar	tú	limpiar la casa
un amigo / una amiga	preferir	unos vecinos	tener suerte
unos profesores	querer	yo	venir a su casa
yo	¿ ?	¿ ?	¿ ?
¿ ?			

1. _____

2. _____

3. _____

4. _____

5. _____

D **Comparaciones.** On a separate sheet of paper, write a paragraph of seven to nine sentences in length that describes a catastrophe (e.g., a fire, storm, earthquake, etc.). Explain what might happen when such an event occurs. Use the present tense of the verbs you choose. ¡OJO! The verbs you add to follow the phrases in column B must be in the subjunctive. Use at least three words or expressions from each of the four columns in your description. Make any necessary changes and add words and phrases as necessary.

A	B	C	D
huracán	es bueno que	ardilla	árbol
incendio	es horrible que	caballo	arbusto
inundación	es interesante que	gato	calidad
terremoto	es lástima que	insecto	contaminación
tormenta	es malo que	perro	flor
tornado	es triste que	ratón	planta

EJERCICIOS DE LABORATORIO

PRONUNCIACIÓN: *r, rr*

Spanish has two different **r** sounds. Except at the beginning of a word, the **r** is pronounced with a single flap of the tongue (**claro**), similar to the *dd* in the English word *ladder*.

The **rr** (and **r** at the beginning of a word) is trilled with a rapid series of flaps (**ramo, carro**), for which there is no equivalent sound in English. It is important to distinguish between the flap **r** and the trilled **r/rr** because a mispronunciation will at times change the meaning of a word. For example, **caro** means *expensive* and **carro** means *car*.

Para pronunciar

Ⓐ Repeat the following words.

para pero cura tiro cara faro mire tire hora loro toro muro

Ⓑ Repeat the following words, paying special attention to the trilled **r/rr.**

corro barrio guitarra barril barro rico rojo real ropa rana

Ⓒ Repeat the following words.

1. caro/carro
2. coro/corro
3. pero/perro
4. ahora/ahorra
5. Lara/Larra

DIÁLOGO: ¿Y en tu país?   (página 296)

¿Es cierto o no es cierto? David y Elena llegan a su hotel en Mérida muy tarde. Allí pasan la noche, y el próximo día salen temprano para visitar las ruinas de Chichén Itzá. Ya en la zona arqueológica, ven la selva tropical, que cubre[1] la zona.

Listen to the conversation. Feel free to rewind the tape to listen again, if necessary. Then determine whether the following statements are true (**Es cierto**) or false (**No es cierto**). Repeat the correct answers.

	ES CIERTO	NO ES CIERTO
1. David y Elena están en las montañas.	☐	☐
2. Chichén Itzá es una zona arqueológica.	☐	☐
3. Los bosques de Wisconsin son más grandes que las selvas mexicanas.	☐	☐
4. Las especies de árboles de Wisconsin son diferentes de las especies de México.	☐	☐
5. En México y los EE. UU. hay programas para proteger los bosques y las selvas.	☐	☐

[1]*covers*

DIÁLOGO: En la universidad   (página 297)

Para escoger. Unos estudiantes están visitando una exhibición sobre el medio ambiente.

Listen to the conversations. Feel free to rewind the tape to listen again, if necessary. Then choose the correct ending for each sentence. Repeat the correct answers.

1. Según Joaquín, mucha gente ____
   a. se preocupa por las selvas tropicales.
   b. piensa en el futuro.
   c. sólo piensa en tener hoy lo que quiere.

2. En la Argentina, mucha gente de las ciudades ____
   a. no aprecia el aire puro.
   b. pasa los fines de semana en las pampas.
   c. trabaja en las pampas.

3. En México ____
   a. llueve mucho.
   b. hay inundaciones.
   c. hay temblores con frecuencia.

4. En España ____
   a. hay temblores y terremotos.
   b. hay muchas inundaciones.
   c. nunca llueve.

VOCABULARIO: El medio ambiente   (página 298)

Para completar. You will hear a U.S. news report describing natural disasters and environmental concerns. As you listen to the report, fill in the missing words. The report will be given twice.

Los años de 1993 y 1994 se destacaron[a] porque ocurrieron varios desastres naturales. Hubo terribles

_____[1] por la zona del río Misisipí y peligrosos[b] _____[2] en California, un estado

que también sufrió[c] fuertes _____[3]. Un _____[4] causó mucho daño[d] en el sudeste

y hubo un fuerte _____[5] en el estado de Texas. A pesar de[e] estos desastres, mucha gente se

preocupaba más que nunca por el medio _____[6]. Trabajaban para reducir la _____[7]

en las grandes ciudades y mejorar[f] la _____[8] del agua en los lagos y océanos. Saben que el

futuro del _____[9] se basa en el respeto al _____[10] ambiente.

[a]se... stood out   [b]dangerous   [c]suffered   [d]damage   [e]A... In spite of   [f]improve

EN ACCIÓN   (página 301)

Ⓐ **El proyecto[1] del Sr. López.** You will hear Sr. López, a speaker who is promoting the development of tourism in a coastal region of Mexico. Listen to his proposal. Feel free to rewind the tape to listen again, if necessary. Then answer the following questions and repeat the correct answers. First, listen to the questions you will be asked.

[1]project

1. ¿De qué parte de México habla?
2. ¿Qué quiere hacer en la región?
3. ¿Cómo se llama el proyecto?
4. ¿Por qué es bueno este plan?
5. ¿Qué promete[2] para los residentes de la región?

[2]does he promise

B **¿Es cierto o no es cierto?** Listen to a speaker who opposes the tourist development described in Actividad A. Feel free to rewind the tape to listen again, if necessary. Then, determine whether the following statements are true (**Es cierto**) or false (**No es cierto**). Repeat the correct answers.

	ES CIERTO	NO ES CIERTO
1. El proyecto[1] es bueno para todos.	☐	☐
2. El Sr. López y sus socios van a considerar el medio ambiente.	☐	☐
3. En la región no hay especies en peligro.	☐	☐
4. La naturaleza es más importante que la construcción de hoteles y parques.	☐	☐
5. Un parque de atracciones es algo artificial.	☐	☐

[1]project

DIÁLOGO: Animales mitológicos (página 304)

En Chichén Itzá. David y Elena admiran las ruinas de Chichén Itzá y hablan de los artefactos que ven allí.

Listen to the conversation. Feel free to rewind the tape to listen again, if necessary. Then answer the following questions and repeat the correct answers. First, listen to the questions you will be asked.

1. ¿Dónde están David y Elena?
2. ¿Qué ven David y Elena en casi todas las ruinas?
3. Según Elena, ¿son similares o diferentes las culturas de los toltecas, los mayas y los aztecas?
4. ¿Cómo se llama uno de los dioses principales de los aztecas?
5. Según David, ¿qué características tiene el jaguar?
6. Para los zapotecas, ¿qué representa el murciélago?

DIÁLOGO: En la universidad (página 306)

Empareja las frases. Unos estudiantes visitan la feria[1] estatal de Wisconsin donde ven muchas exhibiciones de animales.

Listen to the conversations. Feel free to rewind the tape to listen again, if necessary. Then combine items from columns A and B in order to summarize the conversations. Repeat the correct answers.

A

1. _____ Muchos norteamericanos piensan que
2. _____ A la esposa del profesor Brewer
3. _____ Los animales domésticos
4. _____ La vaca
5. _____ En la Argentina

B

a. es el animal favorito de Tomás.
b. el ganado[2] es una industria muy importante.
c. la corrida de toros es cruel.
d. le encantan los gatos.
e. tienen más aceptación en los EE. UU. que en México.

[1]fair [2]livestock

VOCABULARIO: Los animales   (página 307)

¿Cómo se llama? Elena is looking at a children's book with her young cousin and asking her to identify different animals. Listen to Elena's questions and identify the animals from the following list, as in the example. Repeat the correct answers.

un caballo   una mosca
una culebra   un pájaro
un elefante   un tigre
un gallo   una vaca
una jirafa   un zorro
un mono

EJEMPLO: ¿Cómo se llama este animal tan grande de color gris que está en la selva? →
          Es un elefante.

1. ... 2. ... 3. ... 4. ... 5. ... 6. ... 7. ... 8. ...

EN ACCIÓN   (página 309)

Ⓐ Para completar. Celia is explaining a bit of Spain's geography and climate to her friends at UW-EC. As you listen to her explanation, fill in the missing words. Her explanation will be given twice.

A veces dicen que España es un continente en miniatura porque tiene una gran variedad[a] de paisajes

y de _____[1]. Por ejemplo, en el _____[2], por el

_____[3] Cantábrico, hay muchas _____[4] y

_____[5] bastante.[b] Es muy verde y un poco melancólico. Me

_____[6] las vistas. Un animal típico allí es la

_____[7], ya que esta región produce mucha leche. En cambio, en el

_____[8] hace más _____[9], sobre todo en el

_____[10]. Por cierto, estuve en la feria de Sevilla el año pasado, y los

_____[11] andaluces[c] son muy hermosos.

[a]*variety* [b]*quite a bit* [c]de Andalucía (región de España)

Ⓑ Más sobre España. Celia continues the explanation that began in Actividad A. Listen to her description. Feel free to rewind the tape to listen again, if necessary. Then answer the following questions and repeat the correct answers. First, listen to the questions you will be asked.

1. ¿Dónde prefiere tomar el sol?   4. ¿Por qué le gusta Barcelona?

2. ¿Dónde están las islas Canarias?   5. ¿Cuál es la capital de España?

3. ¿Qué tiempo hace en las islas Canarias?

VOCABULARIO: Los números ordinales   (página 311)

Ⓐ ¿Cuánto sabes? Answer the following questions using ordinal numbers, as in the example. Repeat the correct answers.

EJEMPLO: ¿Cuál es el primer mes del año? → Enero es el primer mes del año.

1. ¿Cuál es el quinto mes del año?
2. ¿Cuál es el séptimo mes del año?
3. ¿Cuál es el décimo mes del año?

4. ¿Cuál es la tercera letra del alfabeto español?
5. ¿Cuál es la segunda letra del alfabeto español?
6. ¿Cuál es la primera letra del alfabeto español?

E **Más números.** The following students live in Towers, the tallest residence hall at UW-EC. State on which floor each student lives, as in the example. Repeat the correct answers.

EJEMPLO: (Alfonsina / 8) → Alfonsina vive en el octavo piso.

1. Luis / 4
2. Felipe / 12
3. Carmen / 9
4. Marisol / 1

5. Tomás / 2
6. Leon / 7
7. María / 6

EN ACCIÓN (página 312)

A **Para completar.** Listen to the following conversation between Alfonsina and Tomás in which they reminisce about childhood. As you listen, fill in the missing words. The conversation will be said twice.

ALFONSINA: ¿Tenías un _____1 cuando eras pequeño?

TOMÁS: Sí, mi _____2 perro se llamaba Alberto. Era grande y _____3. ¿Y tú?

ALFONSINA: A mí nunca me gustaron los _____4 y mis padres no _____5 perros en la casa. Pero tuve mucha suerte porque cuando terminé el _____6 grado de primaria me regalaron un _____7 precioso. Se llama Sol.

TOMÁS: ¡Qué _____8! Y el caballo... ¿dónde está ahora?

ALFONSINA: Mi _____9 Teresa lo cuida ahora. Ella vive en el _____10. Es la _____11 hermana que aprende a _____12 a caballo.

E **Preguntas.** The following questions are based on the previous conversation between Tomás and Alfonsina. Feel free to rewind the tape to listen to the conversation again, if necessary. Then answer the questions. Repeat the correct answers.

1. ¿Qué animal doméstico tenía Tomás cuando era pequeño?
2. ¿Cómo era este animal?
3. ¿Qué animal doméstico no le gustaba a Alfonsina?
4. ¿Cuándo recibió Alfonsina su caballo?
5. ¿Cómo se llama el caballo?
6. ¿Dónde vive Teresa?
7. ¿Cuántas hermanas en la familia de Alfonsina saben montar a caballo?

CAPÍTULO 11

Las comunicaciones

EJERCICIOS ESCRITOS

DIÁLOGOS: De nuevo en la capital   (páginas 326, 327)
En la universidad

A **¿Qué recuerdas tú?** Using information from the dialogues, complete each item by writing the letter for all appropriate completions in the blank provided.

1. David quería comprender la importancia de _____.
   - a. las culturas precolombinas en México
   - b. algunas cosas que vieron la primera vez en la capital
   - c. la llegada de los españoles

2. La influencia de los españoles _____.
   - a. es poderosa[1]
   - b. es rechazada[2] por los mexicanos actualmente
   - c. lo cambió todo

3. Elena dijo que los mexicanos de hoy _____.
   - a. se identifican más con la cultura indígena
   - b. rechazan la herencia[3] que recibieron de los españoles
   - c. son puros indios

4. Mercedes escuchaba _____.
   - a. una canción popular
   - b. la radio
   - c. las noticias de hoy

5. El *Miami Herald* es _____.
   - a. un programa de televisión
   - b. una revista
   - c. un periódico

[1]*powerful* [2]*rejected* [3]*heritage*

6. Joaquín iba a la biblioteca para _____ .
   a. ver las noticias en la televisión
   b. buscar más detalles sobre una situación en España
   c. leer un periódico

7. *El Carillón* es _____ .
   a. una revista de España
   b. un periódico para hispanohablantes
   c. un periódico de los EE. UU.

Ⓑ **¿Qué leía/escuchaba/miraba?** In the dialogue **En la universidad,** characters mentioned what they were reading, listening to, or watching, or commented about others' activities. Using items from the following three columns, create a true statement about each of the characters listed. You will need to put the verbs in column B in the appropriate form of the imperfect tense.

A	B	C
Carmen	buscar	*Cambio 16* cuando estaba en España
Celia	desear	más detalles sobre las manifestaciones en España
Joaquín	escuchar	que Mercedes le bajara el volumen a la radio
Jorge	leer	saber adónde iba Joaquín
Luisa	querer	un periódico para hispanohablantes en los EE. UU.
Mercedes		una canción de Gloria Estefan

1. _____

2. _____

3. _____

4. _____

5. _____

6. _____

VOCABULARIO: Tecnología   (página 328)

Ⓐ **Empareja las frases.** Match the descriptions in column A with the items in column B.

A

1. _____ Se usaba mucho antes de las computadoras.

2. _____ Se usa en las clases de matemáticas.

3. _____ Se usa para ver películas en casa.

4. _____ Se usa para escuchar música en el autobús, en la calle, etcétera.

5. _____ Se usa para ver programas de otros estados o países.

6. _____ Se usa para hablar por teléfono en el coche.

7. _____ Se usa para grabar[1] eventos especiales como bodas y fiestas.

8. _____ Se usa, por ejemplo, para escribir cartas en el avión.

B

a. calculadora
b. teléfono celular
c. radiocassette portátil
d. máquina de escribir
e. videocasetera
f. computadora portátil
g. cámara de vídeo
h. televisión por cable/satélite

[1]*tape, record*

ⓔ ¿Qué necesitas? State which piece of technology you need for each of the following things you want to do, as in the example.

EJEMPLO: Acabas de recibir tus cheques cancelados del banco y quieres saber cuánto dinero tienes. →

Necesito una calculadora.

1.   Quieres escuchar tu nuevo disco compacto.

_____

2.   Quieres escribir un trabajo[1] mientras vas en un avión.

_____

3.   Quieres hablar por teléfono en el patio.

_____

4.   Quieres alquilar una película con unos amigos.

_____

5.   Quieres escuchar música pero tu compañero/a quiere silencio porque tiene que estudiar.

_____

6.   Quieres ver una película en el canal HBO.

_____

7.   Quieres escuchar música mientras caminas a la universidad.

_____

8.   Quieres pasar en limpio[2] un trabajo para una clase de historia.

_____

[1]*paper*   [2]*pasar... to do a final version of*

ⓒ ¿Cuántas veces? Using the frequency continuum as a guide, tell how often you use the items listed, and then explain why or why not, as in the example. NOTE: **nunca** should come before the verb in this exercise.

| (casi) nunca | raramente | algunas veces | con frecuencia | (casi) todos los días |

¿Con cuánta frecuencia usas estos aparatos[1] y para qué los usas? Si no los usas, di[2] por qué.

EJEMPLO: ¿la computadora? →

Uso la computadora casi todos los días para escribir composiciones y para calcular mi cuenta[3] de banco.

1.   ¿la máquina de escribir?

_____

_____

[1]*devices*   [2]*say*   [3]*account*

2. ¿la videocasetera?

_____

_____

3. ¿la calculadora?

_____

_____

4. ¿el radiocassette portátil?

_____

_____

5. ¿la televisión por cable?

_____

_____

6. ¿el estéreo?

_____

_____

7. ¿la grabadora?

_____

_____

8. ¿los auriculares?

_____

_____

D **Preguntas personales.** Answer the following questions with complete sentences.

1. Cuando manejas, ¿escuchas la radio, cassettes, discos compactos u otra cosa?

_____

2. ¿Qué escuchas en tu cuarto ahora que estás en la universidad?

_____

3. ¿Escuchabas también eso en la escuela secundaria?

_____

4. ¿Qué prefieres escuchar en la radio, música, deportes u otro tipo de programa(s)?

_____

5. ¿Cómo prefieres informarte de las noticias del día, por la televisión, por la radio, por el periódico o por otro medio?

_____

6. ¿Por qué crees que son tan populares los radiocassettes portátiles?

_____

7. ¿Tienes uno tú? ¿Por qué sí o no?

_____

8. ¿Qué aparatos tecnológicos usaste la semana pasada y para qué?

_____

_____

_____

9. ¿Cuáles crees que vas a usar durante la práctica de tu profesión y para qué?

_____

_____

_____

EN ACCIÓN (página 329)

Ⓐ Para leer: El museo. Although David and Elena have been to the Museo Nacional de Antropología before, this is the first time they have looked at the information in the guide book. Before reading the selection, look at the **Antes de leer** section for reading strategies.

Antes de leer

Prefixes can be very useful in understanding the meaning of unfamiliar words in a reading passage. For example, the Spanish prefix **re** means *again*. Therefore, if you know the base word, you can guess what the **re-** word means:

formar *to form* → reformar *to reform*
hacer *to do, make* → rehacer *to redo, remake*
nacer *to be born* → renacer *to be reborn*
tocar *to touch* → retocar *to retouch*

Similarly, the Spanish prefix **pre** means *before*. Consequently, you can guess the meanings of Spanish words with this prefix if you are familiar with their base words:

ver *to see* → prever *to foresee*
decir *to say, tell* → predecir *to predict*
histórico *historic* → prehistórico *prehistoric*

In the following passage you will find words such as **reproducir** and **prehispano.** Try using your knowledge of Spanish prefixes to guess the meaning of these words and others like them.

El Museo Nacional de Antropología

Hay gente que viaja a México sólo para ver este museo, una caminata[1] de 4 km por salas[2] que recogen[3] los mayores tesoros[4] arqueológicos y etnográficos de México.

[1]*long walk* [2]*rooms* [3]*collect* [4]*treasures*

El museo, edificado[5] con roca volcánica, madera y mármol,[6] se inauguró en 1964. Pedro Ramírez Vázquez, junto con un equipo de 42 ingenieros y otros 52 arquitectos, elaboró el proyecto y levantó la estructura. En los 18 meses que duró[7] la construcción, arqueólogos, compradores y 20 equipos de etnógrafos se afanaron[8] por aumentar[9] la colección del museo.

Necesitarías[10] unos tres días para explorar todo el museo. Vale más que emplees[11] el tiempo en una investigación completa de parte de las obras expuestas[12] que en un recorrido apresurado[13] por todo el museo. Por ejemplo, puedes centrarte[14] en los hallazgos[15] arqueológicos de una determinada cultura y en las exposiciones etnográficas de la moderna sociedad a la que dio lugar. Las salas arqueológicas, destinada[16] cada una a una cultura o región específica, ocupan la planta baja.[17] Las salas etnográficas están en la segunda planta. En el lado[18] norte de la planta baja, yendo[19] de este a oeste, las galerías muestran objetos de las culturas que han dominado la Cuenca de México[20] ordenados cronológicamente. En el lado sur están todas las culturas de los alrededores:[21] la de Oaxaca, la de la Costa del Golfo, la maya y las del norte y del oeste de México. Cada una de las salas del piso superior[22] contiene[23] una exposición etnográfica relacionada[24] con la exposición arqueológica de la sala que se encuentra debajo de ella.

Todas las salas etnográficas del museo presentan poco más o menos la misma disposición,[25] mostrando los utensilios, juguetes, vestidos, moradas,[26] danzas, religiones y lenguas de los diversos grupos étnicos que viven hoy en México. La mayoría de los objetos han sido buscados y reunidos por 20 equipos de etnógrafos. Los habitáculos[27] expuestos son obra[28] de indígenas contratados para reproducir sus moradas en el museo. Las salas más interesantes de la primera planta son la 20 (una visión general de Centroamérica), la 21 (orígenes, los vestigios más antiguos) y la 25 (cultura prehispana).

[5]*built* [6]*marble* [7]*lasted* [8]*se... worked hard* [9]*increase* [10]*You would need* [11]*Vale... It's better to use* [12]*exhibited* [13]*recorrido... hurried tour* [14]*focus* [15]*findings* [16]*devoted* [17]*planta... first floor* [18]*side* [19]*going* [20]*Cuenca... Valley of Mexico* [21]*surrounding areas* [22]*piso... top floor* [23]*holds* [24]*related* [25]*layout* [26]*abodes* [27]*dwellings* [28]*work*

Después de leer

Answer the following questions based on the reading in complete sentences.

1. ¿De qué trata este artículo?

   _____

2. ¿En qué año terminaron el museo?

   _____

3. ¿Se necesita mucho o poco tiempo para ver todas las obras de este museo?

   _____

4. ¿Cuáles son dos tipos de salas que se encuentran en el museo?

   _____

5. ¿Qué tipo de salas están en la planta baja? ¿y en la planta segunda?

   _____

6. ¿De qué culturas vienen los objetos del lado sur de la planta baja?

   _____

7. ¿Quiénes buscaron y reunieron la mayoría de los objetos de las salas etnográficas?

   _____

B **Para escribir: Mi guía turística.** On a separate sheet of paper, use the preceding description of the museum as a model to write a brief description of seven to nine sentences in length of a tourist attraction you are familiar with. Include several reasons why tourists would want to visit this place.

C **Para escribir: Oraciones incompletas.** Write completions to the following sentences about food and meals that are true for you.

1. Mi comida favorita del día es _____ porque

_____

2. Mi restaurante preferido de comida rápida es _____ porque

_____

3. Mi restaurante preferido para desayunar es _____ porque

_____

4. La comida típica de otros países que prefiero es _____ porque

_____

5. Mi restaurante preferido para comer esa comida típica de otros países es

_____ porque _____

_____

6. Cuando desayuno en casa prefiero prepararme _____ porque

_____

7. Cuando almuerzo en casa prefiero prepararme _____ porque

_____

8. Cuando ceno en casa prefiero prepararme _____ porque

_____

9. Cuando tengo invitados[1] a cenar en mi casa, prefiero preparar _____

porque _____

[1]*guests*

DIÁLOGOS: En el quiosco   (páginas 332, 333)
En la universidad

A **¿Qué recuerdas tú?** Using information from the dialogues, complete each item by writing the letter of all appropriate completions in the blank provided.

1. David y Elena hablaban de _____.
   a. algunas cosas para leer
   b. algunas revistas en español
   c. un artículo del periódico

2. *Vanidades* y *Buenhogar* son ____ .
   a. revistas que Elena compró
   b. periódicos con artículos sobre la economía
   c. revistas que Elena no conocía antes

3. David dijo que quería ____ .
   a. documentarse[1] mejor sobre lo que estaba pasando en el mundo
   b. leer *Buenhogar* en el avión
   c. probar algunas de las recetas de cocina

4. David se informó sobre el acuerdo económico por medio de ____ .
   a. el noticiero que vio por televisión
   b. un artículo en *El Universal*
   c. una noticia de primera plana[2] en el periódico

5. Los estudiantes estaban escuchando ____ .
   a. el canal en español en el sistema de tele por cable
   b. unos informes especiales sobre un terremoto
   c. las noticias en la radio

6. Los informes especiales eran sobre ____ .
   a. un área afectada en la costa
   b. un terremoto
   c. un desastre enorme

7. El desastre era tan serio que ____ .
   a. no había heridos[3]
   b. la Cruz[4] Roja estaba solicitando contribuciones especiales
   c. había más de 200 muertos

8. Según el informe especial ____ .
   a. un reportero llegó a la zona afectada
   b. podían enviar una transmisión visual
   c. el gobierno aprobó[5] la institución[6] de un fondo especial

[1]*to bring himself up-to-date*   [2]primera... *first page*   [3]*injured people*   [4]*Cross*   [5]*approved*   [6]*establishment*

B **Empareja las frases.** Using information from **En la universidad,** match each statement in column A with its source in column B.

A

1. ____ Comentó que no podían mandar reporteros al sitio del desastre.

2. ____ Comentó sobre el número de muertos.

3. ____ Dijo que temen que ocurran otros temblores.

4. ____ Recordó haber visto[1] fotos de otros terremotos.

5. ____ Anunció que la tragedia atraía la atención del mundo entero.

6. ____ Aprobó[2] fondos por tres millones de dólares.

7. ____ Pedía contribuciones especiales.

B

a. Joaquín
b. la Cruz Roja
c. Jorge
d. el locutor
e. Marisol
f. Alfonsina
g. el senado[3]

[1]haber... *having seen*   [2]*It approved*   [3]*senate*

VOCABULARIO: La informática (página 336)

Ⓐ Empareja las frases. Match the computer-related terms in column B with the descriptions in column A.

A

1. _____ conjunto[1] de datos electrónicos
2. _____ en ésta ves el programa o la aplicación que usas
3. _____ los botones[2] que pulsas[3] para escribir
4. _____ aparato[4] que usas para poner un documento electrónico en papel
5. _____ conjunto de botones que pulsas para escribir
6. _____ aparato externo que usas para introducir datos y realizar[5] otras operaciones

B

a. teclado
b. impresora
c. ratón
d. fichero
e. teclas
f. pantalla

[1]group   [2]buttons   [3]you push   [4]apparatus   [5]perform

Ⓑ Preguntas personales. Answer the following questions with complete sentences.

1. ¿Cuáles son los componentes más importantes de un sistema de computadoras personales?

_____

2. ¿Cuántas veces usaste una computadora la semana pasada?

_____

3. Entre las computadoras personales, ¿cuál es tu marca preferida?

_____

4. ¿Qué aplicación prefieres para escribir composiciones?

_____

5. ¿Qué tipo de impresora prefieres para imprimir documentos?

_____

6. ¿Te interesa mucho la programación o te interesa poco?

_____

7. ¿Por qué es importante que autocopies con frecuencia los ficheros?

_____

8. ¿Perdiste un fichero alguna vez? ¿Cuándo?

_____

 **EN ACCIÓN** (página 338)

Ⓐ Para leer: Un cuento de Rubén Darío. The following is the selection which Jorge plans to record for the students in Professor Ramos' class. Before reading the story, look at the **Antes de leer** section.

Antes de leer

Learning to recognize word patterns in Spanish can be very helpful in reading passages in Spanish. One frequent pattern is the suffix **-dad** in many Spanish nouns. This ending always indicates a feminine noun and is usually a cognate ending in *-ity* in English:

personalidad	*personality*
nacionalidad	*nationality*
facilidad	*facility*

Can you guess how to write the following English words in Spanish?

formality _____

masculinity _____

simplicity _____

In the following passage you will encounter words such as **virginidad** and **utilidad.** Apply your knowledge of suffixes to understand these words and others like them.

El nacimiento de la col
Rubén Darío (Nicaragua)

En el paraíso terrenal,[1] en el día luminoso en que las flores fueron creadas,[2] y antes de que Eva fuese tentada[3] por la serpiente, el maligno espíritu[4] se acercó[5] a la más linda rosa[6] nueva en el momento en que ella tendía,[7] a la caricia[8] del celeste sol, la roja virginidad de sus labios.

—Eres bella.[9]

—Lo soy —dijo la rosa.

—Bella y feliz —prosiguió el diablo[10]—. Tienes el color, la gracia y el aroma. Pero...

—¿Pero?...

—No eres útil.[11] ¿No miras esos altos árboles llenos de bellotas[12]? Ésos, a más de ser frondosos,[13] dan alimento a muchedumbres[14] de seres animados[15] que se detienen[16] bajo sus ramas.[17] Rosa, ser bella es poco...

La rosa entonces —tentada como después lo sería[18] la mujer— deseó la utilidad de tal modo que hubo palidez en su púrpura.[19]

Pasó el buen Dios[20] después del alba[21] siguiente.

—Padre —dijo aquella princesa floral, temblando[22] en su perfumada belleza[23]—, ¿queréis hacerme útil?

—Sea, hija mía —contestó el Señor, sonriendo.[24]

Y entonces vio el mundo la primera col.

[1]paraíso... *earthly paradise* [2]*created* [3]fuese... *was tempted* [4]maligno... *evil spirit* [5]se... *approached* [6]linda... *beautiful rose* [7]*extended* [8]*caress* [9]*beautiful* [10]*devil* [11]*useful* [12]llenos... *full of acorns* [13]*luxuriant* [14]*crowds* [15]seres... *living creatures* [16]se... *linger* [17]*branches* [18]*would be* [19]utilidad... *utility in such a way that its purple color became pale* [20]*God* [21]*dawn* [22]*trembling* [23]*beauty* [24]*smiling*

Después de leer

Put in chronological order the following sentences summarizing the story's plot.

a. _____ El diablo le dice a la rosa que ella no es útil como el árbol.

b. _____ La rosa le pide a Dios la utilidad.

c. _____ El espíritu maligno, el diablo, habla con la rosa.

d. _____ La rosa llega a ser algo muy útil —una col.

e. _____ Es el día luminoso en que las flores fueron creadas.

f. _____ La rosa está preocupada porque no es útil.

B **Para escribir: Listas y oraciones.** Make lists of at least six items that fit the following categories. Then write four sentences that each contain one element from each of the categories. Add any words you need to make your sentences logical and grammatically correct.

FIESTAS / DÍAS FESTIVOS   MIEMBROS DE LA FAMILIA

_____   _____

_____   _____

_____   _____

_____   _____

_____   _____

ADJETIVOS   VERBOS

_____   _____

_____   _____

_____   _____

_____   _____

_____   _____

_____

1. _____

_____

2. _____

_____

3. _____

_____

4. _____

_____

C **Para escribir: Eventos memorables.** On a separate sheet of paper, write a brief composition of seven to nine sentences in length about a wedding you attended or heard about. Use at least four words from each of the following categories. Words in parentheses may be used in any appropriate form.

A	B	C	D
(abuelos)	(casarse)	boda	(bonito)
(amigos)	(enamorarse)[2]	cámara de vídeo	(contento)
(hermanos)	(estar)	ceremonia	(chistoso)
(invitados)[1]	había	ciudad	(extraño)
(novios)	(mudarse)[3]	edificio	(grande)
(padres)	(pasar)	iglesia	(pequeño)
	(ser)	luna de miel	(triste)
	(tener)	recepción	
	(venir)		
	(vivir)		

[1]*guests*   [2]*to fall in love*   [3]*to move (change residence)*

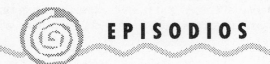
Paso 1. Using the drawing, answer the following questions in complete sentences about Jorge and Joaquín's activities last weekend.

1. ¿Qué pasó cuando Marisol entró en la casa de Jorge y Joaquín?

_____

2. ¿Qué hacía Jorge cuando eran las siete menos veinte?

_____

3. ¿Por qué limpió su casa Jorge?

_____

4. ¿Qué hacía Jorge cuando Joaquín se levantó?

_____

5. ¿Qué crees que Jorge y Joaquín compraron en el supermercado para la fiesta?

_____

6. ¿A qué hora llamó Jorge a sus amigos por teléfono?

_____

7. ¿Qué pasó a medianoche?

_____

8. ¿Qué hacía Jorge a las cuatro y media?

_____

Paso 2. Imagine you were at the surprise birthday party for Marisol and overheard several fragments of conversations between different characters. On a separate sheet of paper, write out four conversations in which each character has at least two lines.

Paso 3. Jorge spends all day preparing for the party. Imagine five things he wants to happen that day and write them out, as in the example.

EJEMPLO: *Jorge quiere que todos sus amigos vengan a la fiesta.* _____

1. _____

2. _____

3. _____

4. _____

5. _____

Actividad comprensiva   (página 344)

Detalles. On a separate sheet of paper, use the drawing to write paragraphs providing the information requested. Choose only two of the four paragraphs to write about and provide as many details as possible.

Párrafo 1. Focus on the couple in the park leaning on the wall. Give a physical description of each, including what they're wearing, and make inferences about their personality characteristics. Use your imagination to fill in any details not shown in the drawing. Then describe the objects around them and the location of the couple relative to the other objects in the drawing. Be sure to use **ser** and **estar** correctly in your descriptions.

Párrafo 2. Choose one of the people in the drawing and speculate about his or her activities and the reasons for them. Invent a scenario for why the person is where he/she is at that moment, what his/her profession is, and any other details you would like to add. State what you think the person was doing in the few minutes before entering this scene, and what the person is going to do in the next few minutes.

Párrafo 3. Describe the various means of transportation in the drawing and say where each vehicle is in relation to the others. Speculate about each vehicle's purpose and its destination.

Párrafo 4. Focus on the two individuals approaching the far corner of the intersection in front of the clothing store. Write a dialogue that they might be having. Your dialogue could reveal who they are, their relationship to each other, their reasons for being on this street, and their activities in the next few minutes. Invent names and other details as needed. Write at least five lines for each character.

RECOMBINACIÓN

Ⓐ Una conversación incompleta. Fill in the blanks in the following conversation with any appropriate completion.

JORGE: Bueno.

TÚ: Hola, Jorge. Soy yo.

JORGE: ¡Hola! ¿_____ ?

TÚ: Bien, gracias. ¿_____ ?

JORGE: No, Joaquín no está aquí. _____ .

TÚ: ¿En la biblioteca? ¿Esta noche? ¿Por qué?

JORGE: Bueno, mañana tiene un examen _____ y necesitaba

_____ .

TÚ: ¿Un examen? _____ .

JORGE: Bueno, parece que sí.

TÚ: Evidentemente. ¿_____ ?

JORGE: Sí, claro. Un momento. Necesito un lápiz y papel. Muy bien, ya estoy listo.

TÚ: Bueno, quiero que Joaquín _____ mañana conmigo.

JORGE: Comprendo. ¿_____ ?

TÚ: Es el 3-34-89-44.

JORGE: Joaquín siempre quiere que yo apunte[1] la hora. ¿Qué hora es?

TÚ: _____ .

JORGE: Y la fecha de hoy es el doce, ¿no?

TÚ: No, _____ .

JORGE: Pues, está bien. Voy a decirle a Joaquín que te llame.

TÚ: _____ .

JORGE: De nada. Adiós.

TÚ: _____ .

[1]*write down*

B **Combinaciones.** Write sentences with the words given, as in the examples. You may use the words in any order. Words in parentheses may be used in any form you wish; otherwise, use the words in the form given.

EJEMPLOS: (salir), apagar →

Debes apagar el estéreo cuando sales de casa.

(suceder), extraño →

Algo muy extraño sucedió anoche.

1. computadora, (escribir)

_____

2. (imprimir), fichero

_____

3. (guardar ficheros), (darse cuenta de)

_____

4. (introducir datos), es mejor que

_____

5. las telenovelas, (preguntarse)

_____

6. disco compacto, radio

_____

7. canal, (buscar)

_____

8. tecnología, informática

_____

C **La lógica.** Choose one element from each of the following columns to write at least five logical sentences. Add the conjunction **que** as needed and any other necessary words.

A	B	C	D
algunos profesores	mandar	los estudiantes	autocopiar los datos
(I)	permitir	nosotros	guardar los ficheros
	preferir	otros amigos	imprimir el documento
mis amigos y yo	querer	sus hijos	informarse sobre los
mis padres	recomendar	tú	avances de la tecnología
un amigo / una amiga	requerir	yo	traer una calculadora a clase
yo	¿?	¿?	usar una computadora
¿?			¿?

1. _____

2. _____

3. _____

4. _____

5. _____

Ⓓ Comparaciones. On a separate sheet of paper, write a paragraph of seven to nine sentences in length that compares your use of technological advances with those of people from your parents' generation. Use at least three words from each of the four columns in your comparisons. You will need to change the endings of words to fit the situation and add words and phrases as necessary.

A	B	C	D
carta	auricular	aplicación	diccionario
disco	impresora	computadora	enciclopedia
estéreo	pantalla	disco compacto	mapa
máquina de escribir	ratón	informática	papel
radio	televisión por cable	programación	periódico
teléfono celular	televisión por satélite	videocasetera	revista

EJERCICIOS de LABORATORIO

PRONUNCIACIÓN: Diptongos

The combination of a strong vowel (**a, e, o**) and a weak vowel (unaccented **i** or **u**) is pronounced as a single syllable, forming a diphthong. Some examples of vowel combinations that form diphthongs are **ai, au, ei, ia, ie, io, ua,** and **ue.** Note the difference in pronunciation between the unaccented **i** in **tiene,** which forms a diphthong with the **e,** and the accented **i** in **día,** which does not form a diphthong with the **a.**

Para pronunciar. Repeat the following words after you hear them.

baile fraile auricular autógrafo veinte treinta familia estudia siete tiene diccionario estudio cuatro Guatemala cuenta buena

DIÁLOGO: De nuevo en la capital (página 326)

Empareja las frases. El viaje de Chichén Itzá a México, D.F., es largo pero fascinante. Desde el autobús, David y Elena ven cafetales[1], bananales[2] y varios pueblos pintorescos.[3] Por fin llegan a la capital, donde descansan un día antes de ir de nuevo al Museo Nacional de Antropología. Ahora los primos charlan enfrente del museo.

Listen to the conversation. Feel free to rewind the tape to listen again, if necessary. Then combine items from columns A and B in order to summarize the conversation. Repeat the correct answers.

A

1. _____ Los primos visitan el museo

2. _____ David se ha dado cuenta de

3. _____ Para entender el México de hoy

4. _____ La presencia española

5. _____ Los españoles llegaron en

B

a. lo cambió todo.
b. el siglo XVI.
c. la importancia de las culturas precolombinas.
d. por segunda vez.
e. es necesario comprender la historia del país.

[1]*coffee plantations* [2]*banana plantations* [3]*picturesque*

DIÁLOGO: En la universidad (página 327)

Preguntas. Unos compañeros del Club Hispánico ven la influencia de los medios de comunicación en su vida.

Listen to the conversations. Feel free to rewind the tape to listen again, if necessary. Then answer the following questions and repeat the correct answers. First, listen to the questions you will be asked.

1. ¿Qué escucha Mercedes?

2. ¿Adónde va Jorge?

3. ¿Qué quiere leer Jorge?

4. ¿En qué país hay manifestaciones estudiantiles[1]?

5. ¿Qué leía Celia en España?

6. ¿Qué es *El Carillón*, una revista o un periódico?

[1]manifestaciones... *student protests, demonstrations*

VOCABULARIO: La tecnología (página 328)

¿Qué necesita Sandra? David's family in Wisconsin has many electronic items. Choosing from the list, say what device Sandra needs to do the following activities, as in the example. Repeat the correct answers.

los auriculares
la calculadora
la computadora portátil

el radiocassette portátil
el tocador de discos compactos
la videocasetera

EJEMPLO: Sandra va a mirar las noticias de México. →
Sandra necesita la televisión por satélite.

1. Sandra va a ver un vídeo en casa.

2. Sandra va a escuchar un disco compacto de Gloria Estefan.

3. Sandra va a hacer la tarea de matemáticas.

4. Sandra va a escuchar música sin molestar[1] a sus padres.

5. Sandra va a escuchar música en la playa.

6. Sandra va a escribir un trabajo de investigación.[2]

[1]sin... *without bothering*   [2]trabajo... *research paper*

 **EN ACCIÓN** (página 329)

Ⓐ **¿Es cierto o no es cierto?** Listen to an advertisement for Tecno, an electronics store in Guadalajara. Feel free to rewind the tape to listen again, if necessary. Then determine whether the following statements are true (**Es cierto**) or false (**No es cierto**). Repeat the correct answers.

	ES CIERTO	NO ES CIERTO
1. Tecno ofrece precios baratos.	☐	☐
2. Los televisores más baratos cuestan 800 nuevos pesos.	☐	☐
3. La tienda vende discos compactos.	☐	☐
4. Es posible alquilar vídeos en Tecno.	☐	☐
5. La tienda está abierta los domingos.	☐	☐
6. Hay dos tiendas Tecno en Guadalajara.	☐	☐

Ⓑ **Vamos al centro comercial.** Listen to the telephone conversation between Alfonsina and Tomás. Feel free to rewind the tape to listen again, if necessary. Then answer the following questions and repeat the correct answers. First, listen to the questions you will be asked.

1. ¿Quién llama por teléfono, Alfonsina o Tomás?

2. ¿Adónde quiere ir Tomás?

3. ¿Qué quiere comprar Alfonsina?

4. ¿Qué quiere comprar la hermana de Alfonsina?

5. ¿A qué hora se van a reunir Tomás y Alfonsina?

DIÁLOGO: En el quiosco (página 332)

Empareja las frases. David y Elena se encuentran enfrente de un quiosco, donde tratan de decidir qué comprar para su viaje mañana a los EE. UU.

Listen to the conversation. Feel free to rewind the tape to listen again, if necessary. Then match the statements in column A with the characters they describe in column B. Repeat the correct answers.

A	B
1. _____ Compró dos revistas ayer.	a. la mamá de David
	b. David
2. _____ Le gustan las recetas de cocina de *Buenhogar*.	c. Sandra
	d. Elena
3. _____ Escuchó el noticiero anoche.	e. la profesora Martínez
4. _____ David le va a dar unos periódicos mexicanos.	
5. _____ Va a recibir unas revistas de Elena.	

DIÁLOGO: En la universidad (página 333)

¿Cuándo pasó? Los amigos están mirando con interés las noticias que presentan en el canal de lengua española.

As you listen to the conversation, put the following sentences in chronological order. Feel free to rewind the tape to listen again, if necessary. First, listen to the sentences you will put in chronological order.

a. _____ Jorge tiene que ir a clase.

b. _____ Marisol dice que hay más de 200 muertos.

c. _____ Hubo un terremoto fuerte.

d. _____ Un reportero llega a San Cristóbal.

e. _____ Joaquín recuerda haber visto[1] fotos de los efectos de otros terremotos.

f. _____ El canal interrumpe el programa para dar más noticias.

[1]haber... *having seen*

VOCABULARIO: La informática (página 336)

Para completar. Professor Ramos is giving an introduction to his class in Advanced Composition. As you listen to his explanation, fill in the missing words. His explanation will be given twice.

Uds. ya saben que la _____¹ está cambiando la manera en que hacemos las cosas. Por ejemplo, gracias a la _____², Uds. pueden escribir sus composiciones con _____³. En todos los edificios de la universidad van a encontrar computadoras e _____⁴. Uds. tienen que _____⁵ y entregarmeª una copia de cada composición. Después, quiero que _____⁶ una segunda copia, basándose en mis comentarios. Claro, deben _____⁷ todo en un _____⁸ para facilitarᵇ su trabajo en este curso.

ªhand in to me   ᵇfacilitate

EN ACCIÓN

(página 338)

Ⓐ Empareja las frases. Professor Martínez utilizes modern technology in her classroom and daily life. Match her activities in the left column with the electronic equipment she uses in the right column, as in the example. Repeat the correct answers.

EJEMPLO: Escribe un artículo para el periódico universitario. →
c. Escribe un artículo para el periódico universitario con una computadora.

1. _____ Toca música mexicana en su clase.
2. _____ Llama por teléfono desde su coche.
3. _____ Calcula las notas de sus estudiantes.
4. _____ Ve vídeos en su casa.
5. _____ Imprime copias de sus exámenes.
6. _____ Ve programas de muchos países latinos.

a. videocasetera
b. teléfono celular
c. computadora
d. calculadora
e. impresora
f. televisión por satélite
g. radiocassette portátil

Ⓑ El problema de Roberto. You will hear a conversation on a call-in show about personal concerns. Listen to the caller's explanation of his problem and the host's advice. Feel free to rewind the tape to listen again, if necessary. Then answer the following questions and repeat the correct answers. First, listen to the questions you will be asked.

1. ¿Por qué llama Roberto al programa?
2. ¿Qué hace su esposa todo el día?
3. ¿Qué es lo que no hace, por ejemplo?
4. ¿Cuándo empezó esta situación?
5. ¿Qué piensa hacer Roberto para arreglar la situación?
6. ¿Qué recomienda la presentadora del programa?

CAPÍTULO 12
Los hispanos en los EE. UU.

EJERCICIOS ESCRITOS

DIÁLOGOS: En los EE. UU.
En la universidad

(páginas 352, 353)

A **Preguntas y respuestas.** Using information from the dialogues, write the questions that elicit the following answers. In most cases, both the questions and answers appear in the dialogues; in others you will need to use your imagination.

1. _____

   Todos están muy bien.

2. _____

   No, prefiero que hablemos español en casa.

3. _____

   No, no tuvieron tiempo.

4. _____

   Sí, es para darle la bienvenida a Elena.

5. _____

   Unas pocas semanas.

6. _____

   Buena idea, Joaquín. Así vamos a tener una comida muy variada y muy especial.

7. _____

   Sí, Mercedes, puedes ir.

E **¿Por qué?** Using information from the dialogues, complete the following statements.

1. La Sra. Nelson le dice a David que pueden hablar después porque...

   _____

2. La Sra. Nelson piensa en la madre de Elena porque...

   _____

3. Elena cree que debe hablar inglés porque...

   _____

4. David y Elena no visitaron a la familia de Marisol en Morelia porque...

   _____

5. El Club Hispánico va a tener una fiesta porque...

   _____

6. Jorge cree que a Elena le gustaría la paella porque...

   _____

7. Mercedes puede asistir a la fiesta de bienvenida porque...

   _____

EN ACCIÓN

(página 354)

A **Para leer: Poesía.** Before reading the poems by Orlando Ramírez and Pat Mora, look at the **Antes de leer** section.

Antes de leer

A significant portion of North American literature has been written by Latinos, in Spanish, English, or a combination of the two languages, as in the following poems. A predominant theme running through this corpus of poetry, short stories, and novels is the theme of identity. In the following poems, this theme is explored as two writers express their experiences related to older or younger generations. In each instance the experience involves people whose world is set apart from others by the factors which traditionally separate generations: age and world view. In the following poems, however, language differences are an additional important factor to the feelings of isolation expressed.

Palabras de mi padre
Orlando Ramírez (EE. UU.)

Las palabras de mi padre
son del trabajador,
de los hombres quemados[1] negros
por un sol duro[2] y sin lástima.

My words portray an educated man,
frail, dense, seeking recompense
for their pale utility.

[1]*burnt (by the sun)* [2]*hardened*

306 *Capítulo 12*

Cansado del trabajo, él me decía,
«No trabajes[3] como trabajo, hijo.
Hallas[4] un trabajo adonde no hay sol.»

And I have followed my father's wish
and learned a language too precious and precise
for my father.

Yet we speak beyond language,
finding the dominion of love
in the actions we share;
the rough way we walk,
the way we smile upon
the futility of ambition.

But I feel I have lost something
that can never be replaced
and it burns a deep shadow,
brutal as the silence
between father and son.

[3]*No... Don't work* [4]*Find*

Elena
Pat Mora (EE. UU.)

My Spanish isn't enough.
I remember how I'd smile
listening to my little ones,
understanding every word they'd say,
their jokes, their songs, their plots.
    Vamos a pedirle dulces a mamá. Vamos.
But that was in Mexico.
Now my children go to American high schools.
They speak English. At night they sit around
the kitchen table, laugh with one another,
I stand by the stove and feel dumb, alone.
I bought a book to learn English.
My husband frowned, drank more beer.
My oldest said, "*Mamá*, he doesn't want you
to be smarter than he is." I'm forty,
embarrassed at mispronouncing words,
embarrassed at the laughter of my children,
the grocer, the mailman. Sometimes I take
my English book and lock myself in the bathroom,
say the thick words softly,
for if I stop trying, I will be deaf
when my children need my help.

Después de leer

Answer the following questions in complete sentences.

1. In both poems the authors combine Spanish and English. What does this fact tell you about the intended reader of the poems?

   _____

   _____

   _____

2. In each of the poems, language is seen as more than a vehicle for communication. Describe how language is viewed in each work. Why is language important?

   _____

   _____

   _____

3. David Nelson Muñoz is going to write a poem called "Bilingüe . . . and Proud." What do you imagine he will say about the advantages of speaking two languages from birth?

   _____

   _____

   _____

4. On a separate sheet of paper, try your hand at writing a poem of approximately five to seven lines similar to the one David might write.

⑬ Para leer: Dos estados mexicanos. While on the bus to Veracruz, Elena shows David her Mexico guidebook in which an essay on the states of Oaxaca and Chiapas appears. Before reading the essay, look at the **Antes de leer** section.

Antes de leer

Re-read **México y los mexicanos: De viaje** at the beginning of **Capítulo 8** of *Interacciones* to prepare yourself for the following reading. Look at the map of Mexico on page 232 of your book to find the state of Oaxaca. Although Chiapas is not shown on the map, it is the bigger of the two states located east of Oaxaca. In what part of Mexico are they found? What do you know about the geography of these states? Are they predominantly flat or mountainous? On what body of water do they border? What do you know about the inhabitants of these states? Are they mostly of European, African, or Native American origin?

Oaxaca y Chiapas

Oaxaca y Chiapas son los estados mexicanos más al sur de México. Aunque[1] los dos tienen una costa larga al océano Pacífico, son principalmente regiones montañosas. Los dos estados se conocen por sus poblaciones indígenas grandes. Aunque, generalmente, los grupos indígenas de Oaxaca son relacionados con los zapotecas, y los grupos de Chiapas se asocian con los mayas, en los dos estados hay docenas de grupos indígenas distintos. Muchos de los miembros de estos grupos hablan español sólo como segundo idioma. Por lo general, hablan sus respectivos dialectos indígenas.

Según algunos, esta región es mejor conocida por sus contribuciones al período precolombino de la historia de México, aunque ha dado al país dos de sus líderes más famosos. Benito Juárez, conocido como el Abraham Lincoln de su país, y el dictador Porfirio Díaz, cuyo[2] gobierno fue responsable en parte por la revolución mexicana, son ambos[3] de Oaxaca.

[1]*Even though* [2]*whose* [3]*both*

Después de leer

Answer the following questions based on the reading in complete sentences.

1. ¿En qué parte de México se encuentran los estados de Oaxaca y Chiapas?

   _____

2. ¿Cuáles son los aspectos geográficos prominentes de estos estados?

   _____

3. ¿Cómo se llaman los principales grupos indígenas que se asocian con estos estados?

   _____

4. ¿Cuántos grupos indígenas viven en estos estados?

   _____

5. ¿Qué lengua(s) hablan estas personas?

   _____

6. ¿Cómo se llaman los líderes mexicanos nativos de Oaxaca?

   _____

7. ¿Cómo es conocido cada uno de ellos en la historia de México?

   _____

   _____

C **¿Qué pasó?** Complete the Spanish translation of the account of an incident on campus by writing the Spanish equivalents of the English verbs. Decide if the preterite or the imperfect is appropriate for the meanings expressed, then conjugate the verbs appropriately.

It was[1] a Monday night. Jorge and Joaquín were going[2] to the library because they needed[3] to study for their chemistry test. They sat down[4] at a table near the magazines and began[5] to study. Suddenly they heard[6] loud voices and angry words. When they looked[7] in the direction of the noise,

_____[1] (Ser) un lunes por la noche. Jorge y Joaquín _____[2] (ir) a la biblioteca porque ellos _____[3] (necesitar) estudiar para un examen de química. _____[4] (Sentarse) a una mesa cerca de las revistas y _____[5] (empezar) a estudiar. De repente, _____[6] (oír) voces fuertes y palabras en tono enojado. Cuando _____[7] (mirar) en la dirección de

they saw[8] that two students <u>were</u> <u>fighting</u>.[9] <u>It was</u>[10] an ugly scene. Soon, the authorities <u>arrived</u>[11] and <u>separated</u>[12] the two boys. Jorge <u>said</u>[13] that <u>he thought</u>[14] <u>he</u> <u>recognized</u>[15] one of them, but <u>he</u> <u>didn't know</u>[16] what <u>caused</u>[17] the incident. Moments later, the two boys <u>returned</u>[18] to their studies.

donde venían las voces, _____[8] (ver) que dos estudiantes _____[9] (pelearse). _____[10] (Ser) una escena muy fea. Pronto _____[11] (llegar) las autoridades y _____[12] (separar) a los dos muchachos. Jorge _____[13] (decir) que él _____[14] (creer) que _____[15] (reconocer) a uno de ellos, pero él no _____[16] (saber) qué _____[17] (causar) el incidente. Momentos después, los dos muchachos _____[18] (volver) a sus estudios.

D **Listas y oraciones.** Make lists of at least six items that fit the following categories. Then write four sentences that each contain one element from each of the categories. Add any words you need to make your sentences logical and grammatically correct.

TIEMPO / CLIMA	ACTIVIDADES EN LAS HORAS LIBRES
_____	_____
_____	_____
_____	_____
_____	_____
_____	_____
_____	_____

ADJETIVOS	ROPA
_____	_____
_____	_____
_____	_____
_____	_____
_____	_____
_____	_____

1. _____

2. _____

3. _____

4. _____
   _____

E **Para escribir: Composición controlada.** On a separate sheet of paper, write a brief composition of ten to twelve sentences in length about a party you recently attended.

Antes de escribir

Review the forms and uses of **ser** and **estar** (**Capítulos 1–2**) and the forms and uses of the preterite and imperfect (**Capítulos 6–8**).

A escribir

Provide the following information.

- State where the party was given.
- Give the day and date the party took place.
- Include the time the party started as well as the time you arrived and left.
- Identify several of the other party-goers, especially your companion(s), if any.
- Explain why the party was being given.
- Describe the scene where the party took place.
- Tell whether you liked the party and explain why.
- Add other details, as necessary.

Después de escribir

Review your composition to make sure that . . .

- all the adjectives agree with the nouns they describe.
- you have the correct endings on all verb forms.
- you have chosen the preterite or imperfect to convey the meanings you intended.
- you have chosen **ser** and **estar** appropriately.
- you have included transition words to help your composition read smoothly.

DIÁLOGO: La fiesta de bienvenida (página 358)

A **Empareja las frases.** Using information from the dialogue, match the pairs of characters in column A with the topics they discuss in column B. Note that there is more than one answer for each item.

A

1. _____ Elena y Mercedes

2. _____ Luis y Sandra   hablan de (del)

3. _____ Tomás y Celia

B

a. parentesco entre las familias de David y Elena.
b. la paella.
c. cuánto comió el padre de David.
d. las clases de Mercedes.
e. los planes de David para el próximo año.
f. la escuela de Mercedes en la Florida.
g. viaje de David.
h. los planes para mostrarle a Elena algunos sitios de interés.

B **Conversaciones.** At most parties people move from one group to another and talk about many things; this **fiesta de bienvenida** is no different. Choose ten characters from the two-column list on the left and put them into pairs. Then choose five topics from the list on the right. On a separate sheet of paper, use the five topics you have chosen to create five very brief dialogues (2–3 lines per character) which might occur at this party.

	CHARACTERS		TOPICS
Alfonsina	Luis		la actual[1] situación política en Cuba
Ana	Luisa		las clases en la universidad
Carmen	María		la comida de la cafetería
Celia	Marisol		la destrucción de las selvas tropicales
David	Mercedes		el fin de semana pasado
Elena	el profesor Brewer		una película reciente
Felipe	el profesor Ramos		los planes para el verano
Joaquín	la profesora Martínez		las profesiones
Jorge			los restaurantes
			el tiempo

[1]*current*

EN ACCIÓN   (página 362)

ⓐ Para leer: Las estadísticas. Before reading the three short articles that present some statistics on different aspects of life, look at the **Antes de leer** section.

Antes de leer

To better comprehend the following articles, review adjectives of nationality (**Capítulo 2**) and numbers (**Capítulos 1, 5**). Note that percentages in Spanish are read as follows: 64,8% = **el sesenta y cuatro coma ocho por ciento.** Practice saying the following numbers.

     234   76,5%   4.852   88,5%   25%   500   700   900

Common fractions in Spanish are read as follows: 1/3 = **una tercera parte;** 3/5 = **tres quintas partes;** 3/4 = **tres cuartas partes.** Practice saying the following fractions.

     2/3   1/5   5/8   6/7   1/4

Reyes del kilómetro

Los estadounidenses son quienes más kilómetros recorren[1] por año en automóvil, con un promedio de 14.100 per cápita, aventajando[2] por ¡casi 5.000! a los australianos. Los habitantes del país de los canguros viajan 9.300, seguidos de: canadienses, 8.800; austríacos, 8.300; suecos,[3] 7.800; suizos, 7.400; daneses, 7.300; franceses, 7.200; británicos, 7.000; alemanes, 6.600; holandeses, 6.100; italianos, 5.950; belgas, 5.900; portugueses, 3.600; españoles, 2.600, y turcos, 500.

   Curiosamente, en la mayoría de las ciudades estadounidenses el aire es más limpio que en las europeas. ¿Motivo? Los camiones no transitan en las cercanías[4] o dentro de las ciudades; lo hacen en carreteras periféricas. Según estudios, en Alemania mueren cada año 4.000 personas por envenenamiento[5] pulmonar. La causa: gases tóxicos emanados por los autos. El problema es alarmante, ya que desde ahora hasta el año 2005 la calidad del aire se reducirá 25%.

[1]*travel* [2]*surpassing* [3]*Swedes* [4]*vicinity* [5]*poisoning*

El cáncer en México

«La mortalidad por tumores malignos ha aumentado[1] considerablemente, la urbanización, industrialización y estilos de vida dan lugar al aumento[2] de estos padecimientos.[3] En el período comprendido[4] entre

[1]*ha... has increased* [2]*increase* [3]*illnesses* [4]*encompassed*

los años 1938–1990, de una tasa de 20 por 100 habitantes, alcanza[5] una cifra de 51,8; y de un 24[0][6] lugar como causa de muerte en general, llega en 1990 al segundo lugar», señala un documento de la Secretaría de Salud.

La Dirección General de Epidemiología en un informe destaca que los cánceres más comunes en una investigación llevada a cabo[7] en el Distrito Federal son el de cérvix uterino, mama,[8] tejido linfático (linfomas), próstata, estómago, sistema hematopoyético (leucemias) y pulmón,[9] y representan hasta el 50 por ciento de los casos presentados. También informa que el 64,8 por ciento, es decir, dos terceras partes de los casos, correspondió a mujeres, quienes son más susceptibles de desarrollar[10] estos padecimientos entre los 50 y 59 años. Los varones,[11] en cambio, tienen mayores posibilidades entre los 60 y 69. Respecto a la incidencia en relación a la edad dice: «En los menores de 20 años en ambos sexos, las leucemias y los linfomas fueron las neoplasias más frecuentes... El cáncer de testículo ocurrió con mayor frecuencia entre los 20 y 34 años de edad, mientras que los cánceres de próstata y pulmón se manifestaron en forma importante después de los 50 años de edad. En la mujer los tumores del cérvix uterino y mama fueron los más frecuentes a partir de[12] los 25 años de edad.»

[5]reaches [6]vigésimocuatro (24th) [7]llevada... carried out [8]breast [9]lung [10]develop [11]males [12]a... starting at

¿Cuántos son... ?

Una de las preguntas más difíciles de responder es: ¿Cuántos países hay en el mundo? Nadie tiene una contestación universal y exacta... mucho menos en esta época, donde nacen nuevos territorios soberanos en zonas de conflicto. Por ejemplo, las Naciones Unidas tienen 184 países miembros, pero 185 naciones son parte de la Unión Postal Internacional. Si contamos los «códigos telefónicos» internacionales, encontramos 182. El Comité Olímpico Internacional (COI) tiene 186 miembros... 2 menos que la FIFA — Federación Internacional de Fútbol Asociado (188 reconocidos). Mientras tanto, el *Almanaque Mundial* confirma la existencia de 194 países... y Coca Cola asegura que vende refrescos en 195.

Después de leer

Complete the following activities.

Paso 1. Match the following statistics with the country to which they refer, based on information in **Reyes del kilómetro.**

PAÍS				KILÓMETROS RECORRIDOS POR AÑO, PER CÁPITA	
1. ____ Alemania		9. ____ Francia		a. 14.100	i. 7.000
				b. 9.300	j. 6.600
2. ____ Australia		10. ____ Holanda		c. 8.800	k. 6.100
3. ____ Austria		11. ____ Inglaterra		d. 8.300	l. 5.950
				e. 7.800	m. 5.900
4. ____ Bélgica		12. ____ Italia		f. 7.400	n. 3.600
				g. 7.300	o. 2.600
5. ____ Canadá		13. ____ Portugal		h. 7.200	p. 500
6. ____ Dinamarca		14. ____ Suecia			
7. ____ España		15. ____ Suiza			
8. ____ EE. UU.		16. ____ Turquía			

Paso 2. Complete the following sentences with statistical information from the article **El cáncer en México.**

1. El aumento de muertes por tumores malignos se debe en gran parte a la _____,

   la _____ y los _____.

2. En 1990, el cáncer ocupó el _____ lugar entre las causas de muerte en general.

3. En esta investigación, el _____ por ciento de los casos de cáncer correspondió a las mujeres.

4. Las mujeres son más susceptibles de desarrollar el cáncer entre los _____ y _____ años de edad.

5. Los hombres tienen mayores posibilidades de cáncer entre los _____ y _____ años de edad.

6. Las leucemias y los linfomas fueron los padecimientos más frecuentes entre los menores de _____ años.

7. Para las mujeres, el cáncer del cérvix uterino y mama fueron los más frecuentes a partir de los _____ años de edad.

Paso 3. Match the following statistics with the organization or source to which they refer, based on information in **¿Cuántos son... ?**

ORGANIZACIÓN/FUENTE	NÚMERO DE PAÍSES
1. _____ *Almanaque Mundial*	a. 182
2. _____ Coca Cola	b. 184
	c. 185
3. _____ códigos telefónicos	d. 186
4. _____ Comité Olímpico Internacional	e. 188
5. _____ Federación Internacional de Fútbol Asociado	f. 194
	g. 195
6. _____ Naciones Unidas	
7. _____ Unión Postal Internacional	

Paso 4. Answer the following questions about the reading with complete sentences.

1. ¿Cuál de los tres artículos te interesó más y por qué?

_____

_____

2. En tu opinión, ¿cuál de los tres presenta las estadísticas más interesantes? ¿Por qué?

_____

_____

3. En tu opinión, ¿cuál es el tema más importante? ¿Por qué?

_____

_____

4. ¿Y cuál crees que es el menos importante? ¿Por qué?

_____

_____

B Para escribir: Oraciones incompletas. Write completions to the following sentences that are true for you about a mentor or advisor in your life and his or her suggestions. Note that you will need to use the subjunctive in the sentences in which someone is advising you to do something.

1. Un consejero / Una consejera muy importante en mi vida es _____

_____

2. Yo le pido que me dé consejos[1] sobre _____

_____

3. Sobre la profesión que quiero seguir, me recomienda que yo _____

_____

4. Sobre mis amigos y nuestras actividades, me recomienda que nosotros _____

_____

5. Sobre mis clases y mis notas,[2] me recomienda que yo _____

_____

6. Para ser feliz en la vida, me recomienda que yo _____

_____

[1]advice   [2]grades

C Empareja las frases. For each vocabulary word in column A, choose the most appropriate category from column B, and write its letter in the blank provided.

A

1. _____ abogado

2. _____ llanura

3. _____ falda

4. _____ abuelo

5. _____ pan

6. _____ refresco

7. _____ carnicería

8. _____ tormenta

9. _____ pájaro

10. _____ computación

11. _____ parque

12. _____ queso

13. _____ iglesia

B

a. comida
b. bebida
c. tienda
d. ropa
e. lugar
f. familia
g. tiempo
h. profesión
i. animal
j. geografía
k. materia escolar

Using the drawing, answer the following questions in complete sentences about Luisa's activities yesterday.

1. A las doce menos cuarto Luisa hablaba por teléfono. ¿Con quién hablaba y de qué?

   _____

2. ¿A qué hora se maquillaba?

   _____

3. ¿Dónde estaba a las dos y cuarto?

   _____

4. ¿Por qué crees que Luisa se durmió en clase?

   _____

5. Mientras Luisa preparaba la cena, ¿qué hacía Mercedes?

   _____

6. ¿Qué hizo Luisa a las siete y media?

   _____

7. ¿Qué hacían Luisa y Mercedes a las ocho menos cinco?

   _____

8. ¿Qué hacía Luisa a las once?

_____

Actividad comprensiva (página 367)

Detalles. On a separate sheet of paper, use the drawing to write paragraphs or dialogues as indicated. Provide as many details as possible.

Paso 1. Write a description of the party, including who is talking to whom, what actions are taking place, what different characters are wearing, and any other pertinent details.

Paso 2. Describe the food and beverages served at this party and their locations in relation to each other on the table.

Paso 3. Use your imagination to write the conversations that might take place between the following characters. Each character should have at least three lines.

- Joaquín and Ana Nelson (shown in the right foreground of the drawing)
- Felipe, Luis, and María (shown in the left background of the drawing)
- Elena and Tomás (shown in the center of the drawing)
- Luisa and Alfonsina (shown in the left foreground of the drawing)

RECOMBINACIÓN

A **Una conversación incompleta.** Fill in the blanks in the following conversation with any appropriate completion.

TÚ: ¿No querías ir al cine anoche?

JORGE: Sí, _____ pero no _____ .

_____ limpiar la casa.

TÚ: ¿La casa? ¿Anoche? ¿Por qué?

JORGE: Bueno, ayer mucha gente _____ para una fiesta.

TÚ: ¿Una fiesta? ¿Fue una ocasión especial?

JORGE: Sí, _____ .

TÚ: ¿_____ ?

JORGE: Miembros del Club Hispánico. ¿Por qué no viniste tú?

TÚ: ¿Yo? Bueno _____ con Cristina a la casa de sus padres aquí en

la ciudad.

JORGE: Ah, _____ . Bueno, la próxima vez entonces.

TÚ: Sí, con mucho gusto _____ Cristina y yo.

JORGE: Bueno, nos vemos.

TÚ: _____ .

E **Combinaciones.** Write sentences with the words given, as in the examples. You may use the words in any order. Words in parentheses may be used in any form you wish; otherwise, use the words in the form given.

EJEMPLOS: ciencia, catorce →

Cuando tenía catorce años, me gustaba mucho la ciencia.

(comprar), videocasetera →

Ayer compré una videocasetera para mi apartamento.

1. legumbres, (comprar)

_____

2. vinieron, abuelita

_____

3. te pongas, zapatos

_____

4. dijiste, perros

_____

5. (estar), pasado

_____

6. (divertirse), anoche

_____

7. salgamos, lástima

_____

8. trajo, disco compacto

_____

C La lógica. Choose one element from each of the following columns to write at least five logical sentences. You may add any necessary words. NOTE: All verbs should be in the past tense.

A	B	C	D
(I)	comprar	biftec	en el supermercado
mis abuelos	desear	cerveza	antes de la película
mis amigos y yo	pedir	guitarra	después de las clases
un amigo / una amiga	preparar	paella	en la casa de Joaquín
unos profesores	querer	pollo asado	para beber
yo	traer	refrescos	para la fiesta
¿ ?	¿ ?	¿ ?	¿ ?

1. _____

2. _____

3. _____

4. _____

5. _____

D Comparaciones. On a separate sheet of paper, write a paragraph of ten to twelve sentences in length that compares your current college life with what your life was like in high school, as in the example. Use at least three words from each of the four columns in your comparisons. You will need to conjugate the verbs and add words and phrases as necessary.

A	B	C	D
estudiar	acostarse	divertirse	beber
seguir	bañarse	encantar	comer
tomar	despertarse	gustar	dormir
trabajar	ducharse	interesar	escribir
viajar	levantarse	salir	hablar
vivir	vestirse	visitar	llamar por teléfono

EJEMPLO: *En la escuela secundaria me acostaba temprano, pero ahora me gusta acostarme tarde.*

EJERCICIOS DE LABORATORIO

PRONUNCIACIÓN: Linking Between Words

In spoken Spanish, words are linked together according to the following rules.

1. Join a final vowel of one word and an initial vowel of the next.

   mucho͜ amor   una͜ amiga   mi͜ apartamento   ese͜ elefante

2. Join a final consonant of one word and an initial vowel of the next.

   un͜ arreglo   estas͜ oportunidades   los͜ alumnos   San͜ Andrés

3. Join identical consonants at the end of one word and the beginning of the next.

   el͜ lugar   los͜ saludos   un͜ nido   unas͜ salsas

Para pronunciar. Repeat the following sentences. Pay special attention to the linking.

1. Elena͜ es de Saltillo.

2. David viaja͜ en͜ autobús.

3. Sandra trabaja͜ en la biblioteca.

4. La͜ abuela cumple͜ ochenta͜ años.

5. Los primos van͜ a visitar la capital.

DIÁLOGO: En los EE. UU. (página 352)

No es cierto. David y Elena llegan al aeropuerto de Minneápolis donde se encuentran con la familia de David.

The following sentences contain false statements about the dialogue. Listen to the conversation. Feel free to rewind the tape to listen again, if necessary. Then correct each sentence. Repeat the correct answers.

1. David y Elena llegan en autobús.

2. Elena es la hija de la Sra. Nelson.

3. Elena está muy cansada.

4. David va a sacar muchas fotos.

5. El Sr. Nelson sugiere que hablen inglés en casa.

DIÁLOGO: En la universidad (página 353)

Para escoger. Los miembros del Club Hispánico se reúnen en el jardín de la casa del profesor Brewer.

Listen to the conversations. Feel free to rewind the tape to listen again, if necessary. Then choose the correct ending to each of the following sentences. Repeat the correct answers.

1. David y su prima llegaron _____
   a. el jueves.
   b. el martes.
   c. el lunes.

2. El sábado va a haber _____
   a. una fiesta de bienvenida.[1]
   b. una fiesta de despedida.
   c. una fiesta de cumpleaños.

3. Joaquín recomienda preparar _____
   a. un plato mexicano.
   b. platos típicos de muchos países.
   c. una comida típica de Cuba.

4. A Elena le interesa saber algo de _____
   a. las clases en los EE. UU.
   b. la historia de la familia Nelson.
   c. las experiencias de los hispanohablantes en los EE. UU.

5. Los abuelos de Mercedes _____
   a. son mexicanos.
   b. nacieron en los EE. UU.
   c. son cubanos.

[1]*welcome*

EN ACCIÓN

(página 354)

A **David habla.** At the Nelson home David continues to talk about the trip to Mexico. Listen to his description of Mérida and Chichén Itzá. Feel free to rewind the tape to listen again, if necessary. Then answer the following questions and repeat the correct answers. First, listen to the questions you will be asked.

1. ¿Cómo es la ciudad de Mérida?

2. ¿Cuánto tiempo pasaron David y Elena en Chichén Itzá?

3. ¿Qué le gustó más a David del centro arqueológico?

4. ¿Por qué quiere volver a Yucatán?

5. ¿Dónde está el centro arqueológico de Tulum?

B **¿Es cierto o no es cierto?** Listen to a speaker who opposes the English Only movement. Feel free to rewind the tape to listen again, if necessary. Then determine whether the following statements are true (**Es cierto**) or false (**No es cierto**). Repeat the correct answers.

	ES CIERTO	NO ES CIERTO
1. En Chicago se hablan unas 15 lenguas.	☐	☐
2. Los EE. UU. son el quinto país hispanohablante.	☐	☐
3. Hay más hispanohablantes en los EE. UU. que en México.	☐	☐
4. La población latina de los EE. UU. es muy diversa.	☐	☐
5. Según el orador,[1] los hispanos sólo deben hablar inglés.	☐	☐

[1]*speaker*

DIÁLOGO: La fiesta de bienvenida   (página 358)

Empareja las frases. El sábado por la noche, los miembros del Club Hispánico celebran una fiesta en la casa del profesor Brewer para darle la bienvenida a Elena.

Listen to the conversations. Feel free to rewind the tape to listen again, if necessary. Then combine items from columns A and B in order to summarize the conversations. Repeat the correct answers.

A

1. _____ David quiere que

2. _____ Las clases de Mercedes

3. _____ Los Sres. Nelson piensan

4. _____ Para preparar la paella, Carmen y Celia

5. _____ Es posible que David

B

a. tuvieron que ir a varias tiendas.
b. llevar a Elena a varios sitios de interés.
c. el profesor Brewer conozca a Elena.
d. cambie de especialización.
e. empiezan muy temprano.

EN ACCIÓN   (página 362)

Ⓐ ¿Es cierto o no es cierto? Mercedes, Luisa's eight-year old daughter, is talking on the phone to her grandmother in Florida the day after Elena's welcoming party. Listen to Mercedes' part of the conversation as she describes the party. Feel free to rewind the tape to listen again, if necessary. Then determine whether the following statements are true (**Es cierto**) or false (**No es cierto**). Repeat the correct answers.

	ES CIERTO	NO ES CIERTO
1. Según Mercedes, había muchos niños en la fiesta.	☐	☐
2. Mercedes dice que Elena es la sobrina de David.	☐	☐
3. Mercedes y su mamá prepararon arroz con pollo para la fiesta.	☐	☐
4. Elena y Mercedes hablaron de programas de televisión en español.	☐	☐
5. Elena y Mercedes hablaron de la escuela de Mercedes.	☐	☐
6. Dos profesores hablaron del tiempo en la fiesta.	☐	☐
7. Mercedes se durmió durante la fiesta.	☐	☐

Ⓑ Luisa y su mamá. The telephone conversation continues as Luisa talks with her mother. Listen to the conversation. Feel free to rewind the tape to listen again, if necessary. Then answer the following questions and repeat the correct answers. First, listen to the questions you will be asked.

1. ¿A Mercedes le gustó o no le gustó la fiesta?

2. ¿Qué notas[1] tuvo Mercedes?

3. ¿Qué notas tuvo Luisa?

4. ¿Cuándo van a ir Luisa y Mercedes a la Florida?

5. ¿Qué tiempo hace en Miami?

6. ¿Qué quiere hacer la abuela cuando Mercedes y Luisa estén de visita?

7. ¿Cuándo va a graduarse Luisa?

[1]grades